Moi, je suis de Bouctouche

Moi, je suis de Bouctouche
Les racines bien ancrées

Donald J. Savoie

McGILL-QUEEN'S UNIVERSITY PRESS

Montreal & Kingston • London • Ithaca

ISBN 978-0-7735-3576-3

Dépôt légal, 3ième trimestre 2009
Bibliothèque nationale du Québec

Imprimé au Canada sur papier non acide qui ne provient pas de forêts anciennes
(100% matériel post-consommation), non blanchi au chlore.

Cet ouvrage a été publié grâce à une subvention de l'Université de Moncton.

Nous reconnaissons l'aide financière du gouvernement du Canada par l'entremise du
Programme d'aide au développement de l'industrie de l'édition (PADIÉ) pour nos activités
d'édition. Nous remercions le Conseil des Arts du Canada de l'aide accordée à notre
programme de publication.

Catalogage avant publication de Bibliothèque et Archives Canada

Savoie, Donald J., 1947–
Moi, je suis de Bouctouche, les racines bien ancrées / Donald J. Savoie.

Traduction de: I'm from Bouctouche, me: roots matter
Comprend des références bibliographiques et un index.
ISBN 978-0-7735-3576-3

1. Savoie, Donald J., 1947–. 2. Acadiens–Nouveau-Brunswick–Biographies. 3. Nouveau-
Brunswick–Politique et gouvernement–1952–1970. I. Titre.

FC2475.1.S38A314 2009   971.5'104092   C2009-900903-X

Cet ourage a été photocomposé par studio oneonone en Sabon 10.4/14

Ce livre est dédié à :

Margaux, Julien et Linda, et ils savent pourquoi;
mes parents, qui l'ont rendu possible;
mes ancêtres, qui n'ont jamais abandonné;
et
Louis J. Robichaud, qui a donné aux Acadiens tous les outils
dont ils avaient besoin.

Tables des matières

Préface

Ma mère disait souvent que je suis né sous une bonne étoile. J'ai eu, en effet, la chance de voir de mes propres yeux comment un peuple a atteint sa maturité, comment il s'est débarrassé de son image « passéiste », comment il a bâti de nouvelles institutions et entreprises, et comment il a forgé une nouvelle relation avec la majorité anglophone qui l'entourait.

C'est l'histoire de la lutte des Acadiens pour prendre leur juste place dans la société canadienne. Comme je suis l'un d'entre eux, c'est donc aussi mon histoire. Elle débute dans un petit hameau où les gens se tournaient vers l'Église catholique romaine pour trouver de l'espoir, et vers l'agriculture, la pêche et la construction pour gagner leur vie. En l'espace d'une génération, le monde acadien a bien changé, a été complètement transformé. C'est une histoire qui mérite d'être racontée non seulement pour le bénéfice des Acadiens, mais aussi pour celui des autres groupes minoritaires et de tous les Canadiens. Cette histoire témoigne de la tolérance et de l'ouverture du Canada, et de la bienveillance avec laquelle il accueille divers groupes en respectant les droits de tous. Dans un monde où ces valeurs semblent se faire rares, cette histoire célèbre le Canada et les perspectives qu'il offre à chaque Canadien et Canadienne.

J'espère que le lecteur en tirera une meilleure compréhension de l'expérience de la collectivité acadienne et de la lutte que celle-ci a menée pour sa survivance au 20ᵉ siècle en tant que groupe minoritaire. Les regards que portent la majorité et les minorités sur la société et sur le rôle qu'elles y exercent diffèrent de façon marquée. Il y a beaucoup de choses que la majorité tient pour acquises mais pas les minorités – surtout pas leur survie. Nous, les Acadiens, avons été engagés dans un combat pour notre survie d'une génération à l'autre, tentant de conserver notre langue, notre culture et notre sentiment d'appartenance à la communauté face à la fragmentation, à la dislocation et à la mondialisation. C'est ce qui explique notre profond attachement à nos racines : elles sont le symbole de notre survivance et l'ancre de notre lutte incessante. Au moment où j'écrivais cette préface, ma fille, Margaux, et mon gendre, Matthew, assistaient à une réunion publique à Saint John pour inciter le gouvernement provincial à établir une école élémentaire de langue française à Quispamsis, afin de permettre à notre premier petit-fils de recevoir son éducation en français. Margaux a été vivement impressionnée par le nombre de personnes qui s'y étaient présentées, y compris deux Canadiens d'origine asiatique qui étaient venus faire valoir que l'apprentissage du français procurerait une meilleure éducation à leurs enfants, et deux Néo-Brunswickois anglophones qui faisaient tous les efforts pour parler français afin de bien faire comprendre aux représentants du gouvernement l'importance d'apprendre le français. Que de chemin nous avons parcouru, en effet!

De nombreuses personnes ont rendu possible la publication de ce livre, et je désire les en remercier. Je ne peux passer sous silence le travail remarquable de Réjean Ouellette qui, non seulement a traduit la version anglaise, mais qui aussi a rendu mon récit plus vivant, ce dont je lui suis profondément reconnaissant. Ginette Benoit m'a également aidé à préparer et à peaufiner le texte. Grâce à leur travail méticuleux, le livre s'en trouve grandement amélioré. De plus, deux lecteurs anonymes ont fait d'importantes suggestions qui se sont avérées fort utiles. Enfin, j'ai toujours bénéficié du soutien indéfectible de l'administration et de mes collègues de l'Université de Moncton. Ils m'ont donné toutes les possibilités de me consacrer à mes recherches (limitant au strict minimum le nombre de réunions auxquelles je suis tenu de participer). Tout cet appui m'a été et continue de m'être très précieux.

DONALD J. SAVOIE
Chaire de recherche du Canada
en administration publique et gouvernance

Moi, je suis de Bouctouche

1

Introduction

Je suis un Acadien natif d'un hameau situé juste à l'extérieur de Bouctouche, une petite localité de l'est du Nouveau-Brunswick. Le fait d'être né Acadien signifiait qu'on était catholique, fort probablement un partisan du Parti libéral et presque assurément un supporter des Canadiens de Montréal. Le fait d'habiter dans les Maritimes signifiait qu'on était aussi fort probablement un partisan des Red Sox de Boston. J'étais tout cela et, jusqu'à ce jour, je suis resté fidèle aux Canadiens de Montréal et aux Red Sox de Boston.

Grandir dans un milieu acadien, cela voulait dire un certain nombre d'autres choses. Dans les années 1950, la société acadienne était généralement pauvre, rurale, sans éducation, isolée, craintive et dominée par le clergé catholique. Bouctouche est située en plein cœur du comté de Kent, comté qui dans les années 1950 et 1960 était classé comme le plus pauvre du Canada. Nous comptions quelques entreprises aussi rares que précieuses, et depuis des générations les Acadiens tiraient de la terre et de la mer de quoi gagner leur vie du mieux qu'ils pouvaient. Nous allions à l'église tous les dimanches matin bon gré mal gré, advienne que pourra. C'était un péché mortel que de ne pas assister à la messe, et nous avons très tôt appris à nous tenir loin des péchés mortels car ils étaient un aller simple pour l'enfer. Je me rappelle contemplant les fresques des murs de notre église qui représentaient l'enfer et j'étais bien déterminé à ne pas y aller.

Les prêtres rappelaient souvent aux paroissiens qu'il était plus facile pour un chameau de passer par le chas d'une aiguille que pour un riche d'entrer au paradis. Puisque les commerces appartenaient aux protestants anglais, nous étions persuadés en quelque sorte que, pour cette raison, ils finiraient par payer un lourd tribut. Dans mon enfance, j'ai souvent essayé d'imaginer comment les protestants anglais pourraient bien trouver moyen de se faufiler par le chas d'une aiguille pour aller là où nous, en revanche, étions assurés d'aller.

La plupart d'entre nous pratiquaient la pêche, l'agriculture ou travaillaient dans les bois comme bûcherons ou dans l'industrie de la construction comme ouvriers et charpentiers. De nombreux habitants du comté de Kent plièrent bagages pour s'exiler à Waltham ou à d'autres localités du Massachusetts afin de travailler dans l'industrie de la construction ou dans les usines. Quelques rares privilégiés allaient à l'université et la plupart d'entre eux devenaient prêtres ou médecins, dentistes ou avocats. Pour avoir une idée assez juste du niveau de pauvreté des communautés acadiennes dans les années 1950, il suffit de se tourner vers certaines communautés autochtones d'aujourd'hui.

Toutefois, les choses changèrent radicalement pour le mieux dans les années 1960. L'un des nôtres, Louis J. Robichaud, devint en 1960 le premier Acadien élu premier ministre dans l'histoire du Nouveau-Brunswick. Pierre Trudeau, un Québécois qui croyait réellement que le Canada français comprenait davantage que le seul Québec, devint premier ministre du Canada en 1968. Le programme « Chances égales » de Robichaud provoqua une onde de choc aux quatre coins de la province. Par la même occasion, certains médias de langue anglaise accusèrent Robichaud de vouloir « voler Peter pour donner à Pierre ». Le programme fortement controversé visait à offrir un niveau de services uniforme et des chances égales à chacun partout dans la province dans les domaines de l'éducation, des services sociaux et de la santé, d'où son nom « Chances égales pour tous ». Robichaud nous donna également notre propre université en 1963, l'Université de Moncton, et Trudeau et lui firent tous deux promulguer une loi sur les langues officielles, l'une pour le Nouveau-Brunswick et l'autre pour le Canada.

Les médias nationaux, centrés sur l'Ontario et le Québec comme ils l'ont toujours été et le demeurent, l'ont à peine remarqué, mais nous avons nous aussi été témoins de notre propre révolution, qui était plus audacieuse, plus déchirante et plus dérangeante que la Révolution tranquille au Québec. J'ai été très chanceux de me trouver aux premières loges de cette époque et de voir une communauté autrefois sous-développée commencer à prendre la place qui lui revenait dans la société. Cette époque fut riche en leçons à tirer, et je voulais par ce livre en saisir quelques-unes pour le bénéfice des autres et de l'histoire.

Voici donc mon histoire. J'ai publié de nombreux livres, mais de toute évidence celui-ci est particulier. J'ai longtemps voulu raconter mon histoire non pas parce que je désire rendre compte de mes propres contributions, comme je tiens à l'assurer au lecteur. En effet, mon parcours universitaire n'est pas bien différent de celui de certains de mes pairs qui ont consacré toute leur carrière à enseigner et à travailler fort pour être publiés. Je ne me suis jamais porté candidat à un poste électif et je n'ai pas bâti une entreprise à partir de zéro afin de soutenir la concurrence sur les marchés mondiaux. J'ai plutôt décidé d'écrire mon histoire pour faire voir le Canada aux Canadiens et aux Canadiennes à travers les yeux d'un Acadien qui a assisté à l'émergence de sa communauté en tant que membre de la grande famille canadienne. Comme je n'étais pas un observateur passif de cette émergence, le présent ouvrage décrit également certaines de mes activités et des relations que j'ai eues avec mes collaborateurs au fil des ans.

J'écris mon histoire en espérant qu'elle procurera aux Canadiens et aux Canadiennes une meilleure compréhension de leur pays, de ses valeurs et des raisons de nos tensions linguistiques et régionales. Peu d'observateurs ont examiné le Canada dans une perspective acadienne. Cela s'explique non seulement parce que nous sommes peu nombreux, mais aussi parce qu'il y a relativement peu de temps que nous avons appris à écrire, à plus forte raison à écrire des livres.

J'ai eu énormément de plaisir à travailler à ce livre. Pour la première fois, il n'était pas nécessaire que j'indique, révise, vérifie et re-vérifie littéralement des milliers de références bibliographiques et de notes en fin de texte, comme ce fut le cas pour tous mes livres précédents. Ce livre offre un autre avantage en prime : ma propre famille, mes sœurs et certains de mes amis le trouveront beaucoup plus accessible et plus intéressant que tous mes livres précédents mis ensemble. Dans un compte rendu d'un de mes livres, *The Politics of Public Spending in Canada*, l'historien canadien Michael Bliss avait des commentaires très positifs à formuler à son sujet, mais il ajoutait que mes ouvrages étaient difficiles à lire. Si mes publications scientifiques sont difficiles à lire pour Bliss, on imagine facilement ce que doivent en penser ceux qui n'ont qu'un intérêt passager dans les politiques publiques et l'administration publiques!

Il y a même de fortes chances que certains d'entre eux lisent réellement ce livre. C'est ce que m'a fait remarquer Ginette Benoit, mon adjointe depuis les 26 dernières années. Au fil des ans, Ginette a organisé mon travail, elle m'a aidé dans mes recherches, elle a planifié mes séjours à l'étranger et tapé tous mes manuscrits dans la bonne humeur, en faisant preuve d'un degré élevé de loyauté et d'un niveau de compétence extraordinaire. Personne n'aurait pu être mieux servi. Elle est aussi très respectée de tous à l'Université de Moncton et des personnes qui l'ont côtoyée, une réputation tout à fait méritée. Souvent, elle a eu la tâche ingrate d'expliquer pourquoi je n'assisterais pas à une rencontre ou à une conférence ou je n'accepterais pas de prononcer une allocution. Mais ce n'est pas tout. Elle possède la capacité bien affûtée d'appeler un chat un chat. Après avoir tapé plusieurs pages de ce manuscrit, elle m'a dit : « Ce livre est bien différent de tous tes précédents. Ce livre-ci sera très intéressant. » J'espère que d'autres seront d'accord avec elle, jusqu'à un certain point!

On m'a affirmé que l'on ne peut se dire Acadien que si la lignée de l'un de ses ancêtres était présente lors du Grand Dérangement – l'expression que nous utilisons pour désigner la déportation des Acadiens (1755–1762). Dans ce cas, je peux doublement me réclamer de l'identité acadienne, car mes ancêtres du côté de mon père comme du côté de ma mère furent arrachés de force à leurs terres et dépouillés de leurs biens dans la Nouvelle-Écosse actuelle lors de ce grand bouleversement.

Si j'ai bien compris, mes ancêtres ont réussi à éviter d'être placés à bord de bateaux pour être déportés sur la côte est des États-Unis, en France ou vers d'autres lieux lointains, en s'enfuyant à travers les bois. Ils remontèrent vers le nord pour atteindre finalement les communautés côtières du littoral du Nouveau-Brunswick actuel, à ce qu'on m'a dit.

Mes parents m'ont aussi raconté que, après le Grand Dérangement, mes ancêtres se rendirent à Bouctouche, une charmante localité côtière au bord du détroit de Northumberland. Ils s'y établirent sur une terre vierge pour pratiquer la pêche et l'agriculture et couper du bois. On m'a dit que certains ne prirent pas la peine d'enregistrer leur terre, probablement parce qu'ils ignoraient comment ou, peut-être, de crainte d'être découverts par les Anglais. J'ai découvert plus tard que mes ancêtres du côté des Savoie avaient bel et bien enregistré leur terre de Bouctouche. En 1794, Jean Savoie présenta au lieutenant-gouverneur du Nouveau-Brunswick une demande de concession de 1 400 acres de terre et de 50 acres de marais près de Bouctouche[1]. Ils cultivaient la terre et construisirent des maisons très modestes.

Des années plus tard, des Anglais vinrent à Bouctouche et réclamèrent les terres cultivées qui n'avaient pas été enregistrées, et des familles acadiennes furent encore une fois obligées de déménager. Mes ancêtres du côté de ma mère optèrent pour Saint-Maurice, un hameau nommé en l'honneur de mon arrière-grand-père, Maurice Arsenault, le premier à s'y établir. Certains descendants de Jean Savoie décidèrent eux aussi d'aller s'installer à Saint-Maurice. Le hameau est situé à l'intérieur des terres, à environ six kilomètres de « toute civilisation », c'est-à-dire Bouctouche. Ils recommencèrent à zéro encore une fois, abattant les arbres, défrichant la terre et construisant de modestes habitations. Cependant, ils s'assurèrent cette fois d'enregistrer leur terre auprès du gouvernement. De leur côté, les colons britanniques finiraient avec le temps par quitter Bouctouche et à poursuivre leur route ailleurs, en quête de nouvelles perspectives économiques. De nombreux Acadiens retournèrent à Bouctouche sans manquer, cette fois, d'enregistrer leur terre auprès du bureau local d'enregistrement des terres. Je m'empresse d'ajouter que tous ces renseignements se fondent sur l'histoire orale. Il se peut que les histoires aient été embellies à mesure qu'on se les transmettait de génération en génération. Ce que nous savons avec certitude, c'est que les Acadiens représentent aujourd'hui bien au-delà de 90 % de la population de Bouctouche.

Quand on est Acadien, on ne peut jamais se dissocier de ses ancêtres. Encore de nos jours, à Saint-Maurice ou à Bouctouche, je ne suis pas Donald Savoie, mais bien Donald à Adelin (mon père) à François (mon grand-père paternel) à Aimé (mon arrière-grand-père). Alors, si vous allez à Bouctouche et que vous demandez : connaissez-vous Donald Savoie?, on risque fort de vous répondre : voulez-vous dire Donald à Adelin? Mais même cette précision risque d'être insuffisante. Reuben Cohen, un financier bien connu de Moncton et un bon ami, aime raconter l'histoire suivante dans la région. Il rapporte qu'un jour il a rencontré une jeune réceptionniste dans une clinique médicale de Moncton et qu'il lui a demandé d'où elle venait. Elle lui a répondu qu'il ne connaîtrait pas son village parce qu'il était bien trop petit, mais qu'il était situé près de Bouctouche. Il a insisté pour connaître le nom du village en question. Elle s'est laissé convaincre et a dit finalement Saint-Maurice. « Oh, a dit Reuben, je connais Saint-Maurice. Un fils de votre village est devenu très connu. Il a publié une quarantaine de livres. – De qui parlez-vous? a-t-elle demandé. – Donald Savoie, de répondre Reuben. Vous le connaissez? – Non, jamais entendu parler de lui », a-t-elle dit.

J'ai consulté un certain nombre d'Acadiens pour tenter de savoir pourquoi les Acadiens ont toujours senti le besoin de décliner les noms de leurs ancêtres après leur prénom. Certains rapportent que cette pratique s'imposa par nécessité, parce que nous étions une petite communauté remplie de Savoie, de LeBlanc, de Thériault, de Cormier et de quelques autres noms, de sorte qu'il devint important de regarder du côté des parents et des grands-parents pour connaître avec précision l'identité de quelqu'un. D'autres, conformément à la notion selon laquelle la pomme ne tombe jamais loin de l'arbre, soulignent qu'il s'agissait simplement de reconnaître que tel père, tel fils. Maurice Basque, historien à l'Université de Moncton, fournit probablement l'explication la plus plausible : « Pendant longtemps, fait-il remarquer, les Acadiens étaient analphabètes. Nous n'avions pas le choix de nous tourner vers l'histoire orale afin d'établir qui nous étions et d'où nous venions, si bien que "Donald à Adelin à François à Aimé" indiquait aux gens de ta communauté tout ce qu'ils avaient besoin de savoir à ton sujet. »

Tout au long de ma carrière, j'ai répété maintes et maintes fois la phrase : « Moi, je suis de Bouctouche », comme mes amis, mes collègues et même de simples connaissances peuvent l'attester. À certains moments, « Moi, je suis de Bouctouche » a été ma façon de demander à quelqu'un de préciser quelque chose qu'il ou elle venait de dire, mais que je n'avais pas tout à fait compris. Mais c'est bien plus que cela. Je sais que j'ai dit cette phrase beaucoup trop souvent au goût de certains. Je sais fort bien que cette expression a agacé plusieurs de mes amis et collègues de l'extérieur. Je me souviens de Jocelyne Bourgon, ancienne greffière du Conseil privé et secrétaire du Cabinet durant les années Chrétien, qui répondait à « Moi, je suis de Bouctouche » en disant « Moi, je suis de Papineauville, alors où veux-tu en venir? » Jim Travers, un chroniqueur au *Toronto Star*, me déclara, probablement après m'avoir entendu répéter cette phrase plus souvent qu'il ne souhaitait l'entendre : « Savoie, maintenant que tu as publié *Governing from the Centre*, cette phrase ne marche plus très bien pour toi. » Il se peut aussi que j'aie agacé certains Néo-Brunswickois. Frank McKenna m'a déjà dit, au cours d'une partie de golf : « Je ne comprends pas pourquoi tu dis tout le temps "Je suis de Bouctouche." Je pourrais dire que je suis d'Apohaqui, qui est encore plus petit que Bouctouche, mais je ne le fais pas. »

En 2004, à titre de boursier Simon Reisman, j'ai travaillé pour le gouvernement canadien à Ottawa, où l'on m'a demandé d'aider le Secrétariat du Conseil du Trésor à trouver des réponses au scandale des commandites qui a eu lieu au cours des années Chrétien. J'avais alors de fréquentes rencontres avec Reg Alcock, président du Conseil du Trésor de l'époque. Alcock est toute une pièce d'homme, mesurant six pieds et six pouces et pesant plus de 130 kilogrammes. Il avait aussi la capacité de pondre une nouvelle idée ou davantage toutes les heures s'il le jugeait nécessaire. Certaines de ses idées avaient du mérite, mais il me semblait que bon nombre d'entre elles étaient farfelues et sans aucune valeur pratique. À ces idées, je répondais : « Monsieur le Ministre, moi, je suis de Bouctouche et je peux vous dire que ça ne prendrait pas avec les clients du Tim Horton de Bouctouche. » Après que je l'eus répétée quelques fois, il pouvait prévoir que j'allais à nouveau lui servir cette phrase et il prenait les devants en disant : « Oui, oui! Je sais que ça ne prendra pas au Tim Horton de Bouctouche! »

Au printemps de 2005, le caucus libéral tint une réunion à Halifax. Alcock avait ensuite un autre engagement à Fredericton, au Nouveau-Brunswick, à cinq heures de route de Halifax. Alors qu'ils traversaient Moncton, Alcock demanda au chauffeur de faire un détour par Bouctouche, à 40 kilomètres plus au nord. Accompagné de son adjointe, caméra en main, Alcock se rendit au Tim Horton de l'endroit. Il voulait prendre une photo afin de me montrer que lui aussi, il était allé à Bouctouche, et que lui aussi, il s'était entretenu avec les gens de la place. La jeune fille au comptoir ne savait pas trop quoi penser de ce géant de langue anglaise venu d'ailleurs, qui portait un manteau de cuir orné d'un écusson du Canada plutôt grand, pendant que son adjointe prenait des photos à l'aide de sa caméra. La serveuse jugea que la prudence était de mise et alla chercher le gérant à l'arrière du restaurant. Le gérant se présenta devant Alcock, pencha la tête par en arrière afin de pouvoir le regarder bien en face et lui demanda : « Est-ce que je peux faire quelque chose pour vous? » Alcock baissa les yeux vers lui et répondit : « Vous ne me connaissez pas, mais je suis quelqu'un de pesant à Ottawa. » Le gérant dévisagea ce géant et lui répliqua sans hésiter : « Eh bien, vous êtes quelqu'un de pesant à Bouctouche aussi. » Alcock s'expliqua : ce qu'il voulait dire, c'est qu'il était le président du Conseil du Trésor à Ottawa et, par le fait même, ministre dans le cabinet de Paul Martin, et il lui exposa la raison pour laquelle il se trouvait là.

Ils rirent tous un bon coup, et le géant ainsi que son adjointe quittèrent Bouctouche avec leurs photos en poche.

Il y a plusieurs raisons qui expliquent ma tendance à dire « Moi, je suis de Bouctouche » même si je suis parti de la région alors que j'étais encore bien jeune. C'est à cause de mes racines acadiennes. On a souvent dit que les Acadiens ont un attachement à leur communauté, davantage que la plupart des autres peuples. Si le moment marquant dans l'histoire d'un peuple est celui où il se voit expulsé de force de ses foyers et où ses villages sont réduits en cendres, alors on comprend aisément le profond attachement qui le lie à toute nouvelle terre d'accueil. Ce n'est pas un hasard si Antonine Maillet, le premier auteur à l'extérieur de la France à avoir remporté le prix Goncourt, a reçu le prix pour son roman *Pélagie-la-Charrette*, qui raconte l'histoire d'Acadiens retournant vers leurs racines.

L'allusion à Bouctouche témoigne également de notre dépendance passée envers l'histoire orale. Nous révélons automatiquement bien des choses à notre sujet en disant de quel village acadien nous sommes. Jusqu'à récemment, l'Acadie n'était composée que d'un chapelet de petits villages qui parsemaient le littoral du Nouveau-Brunswick, de la Nouvelle-Écosse et de l'Île-du-Prince-Édouard. Par exemple, lors de notre première rencontre en début de semestre, j'ai toujours demandé à mes étudiants acadiens de l'Université de Moncton leur nom et de quel village ils sont originaires. Une fois, l'un d'entre eux m'a répondu avec fierté : « Je m'appelle Marc Comeau et je suis de Comeauville », un petit village de la Nouvelle-Écosse.

« Moi, je suis de Bouctouche » est aussi ma façon d'évoquer la mémoire de mes ancêtres. J'ai souvent imaginé comment ils devaient se sentir lorsqu'ils furent forcés d'abandonner toutes leurs possessions non pas une, mais au moins deux fois, pour aller s'établir sur des terres inhabitées et refaire leur vie, animés uniquement par le courage, une profonde foi religieuse et l'espoir que, de quelque façon et pour quelque raison, demain serait meilleur qu'aujourd'hui. Voilà une autre raison qui explique notre sentiment d'appartenance à la communauté.

Cela dit, je reconnais que « Moi, je suis de Bouctouche » ne signifie pas grand-chose pour des non-Acadiens et peut-être maintenant pour certains Acadiens, en particulier parmi ceux de la jeune génération qui ont élu domicile dans des régions urbaines comme Moncton et Halifax. Et pourquoi en serait-il autrement? Mais cette phrase veut tout dire pour moi. Elle définit qui je suis et témoigne des épreuves de mes ancêtres, de notre riche histoire et de mes racines. Les Acadiens sont très attachés à leurs racines parce que, pendant très longtemps, c'est à peu près tout ce qu'ils avaient de précieux. C'était la seule chose qui nous appartenait et, aux lendemains du Grand Dérangement, la seule chose qu'il nous était permis de posséder. En outre, jusqu'à une époque plutôt récente, nous étions dépourvus de littérature, dépourvus d'une histoire écrite, dépourvus de commerces et, pour ainsi dire, de toute présence au gouvernement. Mais nous avions un profond sentiment d'appartenance à un lieu que nous pouvions appeler chez nous. Bref, nous avons toujours eu et nous avons encore des racines.

J'adore Bouctouche. C'est vraiment un endroit magique, niché entre le détroit de Northumberland, une magnifique rivière, un petit port pittoresque et une dune de sable décrite comme « l'une des dernières grandes dunes de sable du littoral nord-est de l'Amérique du Nord[2] ». C'est le site du Pays de la Sagouine, une reconstitution d'un village acadien inspirée de l'un des romans d'Antonine Maillet, et de l'Écocentre Irving, qui œuvre à la protection de la dune de sable et à la sensibilisation du public à cet écosystème.

Libre au lecteur de ne pas se contenter de mes éloges sur la beauté de Bouctouche, dont les mérites sont maintenant largement reconnus. En février 2008, Bouctouche a été sélectionnée comme seul finaliste canadien au prix de la destination dans le cadre du concours des prix *Tourism for Tomorrow*, organisé par le World Travel and Tourism Council[3]. Grâce à cette reconnaissance, Bouctouche est maintenant une destination de calibre mondial. Bouctouche et les localités adjacentes sont aussi le lieu d'origine d'un certain nombre d'éminents Canadiens. Antonine Maillet est de Bouctouche, et nous reviendrons à elle plus loin dans ce livre. K.C. Irving, l'un des plus grands entrepreneurs et industriels canadiens du

20ᵉ siècle, est également de Bouctouche. Il y a amorcé sa carrière dans les affaires, a conservé l'ancienne ferme familiale et y retournait tous les étés. On rapporte qu'il a déclaré à maintes reprises que Bouctouche était le seul endroit du monde où il se sentait vraiment chez lui. Ses trois fils et lui ont doté Bouctouche de plusieurs installations et attractions de classe mondiale. Louis J. Robichaud, qui a fait entrer le Nouveau-Brunswick dans l'ère moderne contre vents et marées et qui est le plus important architecte de la renaissance acadienne, est né et a grandi à Saint-Antoine, à une faible distance de route de Bouctouche.

Mon histoire commence à Saint-Maurice. J'étais le plus jeune de sept enfants. D'après les normes modernes, une famille de sept enfants est une grosse famille, mais à l'époque, dans les localités acadiennes, c'était une famille normale. Puisque Saint-Maurice se trouve à plusieurs kilomètres de la côte, la pêche n'était pas une option à envisager. Comme on l'a vite découvert, la terre n'était pas très propice à l'agriculture. Le mieux que l'on pouvait espérer, c'était de cultiver un jardin pour nourrir sa famille. Un seul type d'emploi s'offrait aux premiers colons : aller travailler dans les chantiers, et c'est précisément ce que firent bon nombre d'entre eux. Ceux qui ne travaillaient pas dans les camps forestiers devaient temporairement aller ailleurs afin de trouver du travail[4].

J'ai fréquenté une école à une seule pièce, dépourvue d'eau et d'électricité, où l'institutrice enseignait aux élèves de la première à la sixième année. Après ma sixième année, ma famille alla s'établir à Moncton, où j'habite depuis lors.

Je ne pourrais imaginer une vie meilleure, plus heureuse, plus enrichissante et plus satisfaisante. J'étais le plus jeune de sept enfants et ma mère disait souvent (ce qui, par moments, avait probablement le don d'agacer mes frères et sœurs) que j'étais né sous une bonne étoile. « Tout ce que tu entreprends ou que tu touches, m'a-t-elle souvent dit, finit toujours par bien tourner, pour quelque raison. » Avec le recul, je comprends maintenant ce qu'elle voulait dire. Je crois sincèrement que je n'aurais pu avoir une vie plus choyée.

Je suis redevable à mes ancêtres, à mes parents, à mes frères et sœurs, ainsi qu'à mon épouse grâce à qui tout a été possible et qui

m'a témoigné un degré de patience que même Job ne pourrait éga-
ler; à mes enfants, qui ont toléré mon obsession pour mon travail,
mon université, ma province, ma région et mon pays; et en dernier
lieu mais sûrement pas le moindre, à Louis J. Robichaud. Ensemble,
ils ont fait en sorte que tout a été possible, en me donnant toutes les
chances que j'aurais jamais pu souhaiter. Je ne peux imaginer une
vie meilleure que d'avoir été aux premières loges de l'émergence
d'un peuple qui est sorti de sa coquille, qui a acquis de l'assurance
et qui a pris sa juste place au soleil.

Cette histoire est donc une histoire heureuse. J'ai vu un peuple
qui a mis de côté son passé douloureux pour se tailler une place
dans la société. Le lecteur conclura peut-être qu'il y a un peu de Pol-
lyanne en moi : je n'écris pas au sujet de mes ennemis et je ne
cherche pas à régler de vieux comptes. Il se peut très bien que j'aie
eu des ennemis, mais je ne leur ai prêté aucune attention, de sorte
que j'ai bien peu de vieux comptes à régler. Il y a très longtemps, j'en
suis venu à la conclusion qu'il faut de l'énergie, du temps et des efforts pour traiter avec des ennemis ou des personnes désagréables.
Ce n'est jamais bon pour l'esprit. J'ai toujours su me couper complètement de toute personne avec qui je ne désirais pas être associé.
Je reconnais que j'ai eu la chance d'exercer un type de travail qui me
permet de le faire.

J'ai toujours eu horreur des réunions, sauf celles auxquelles on
assiste pour faire bouger les choses. De même, j'évite les conférences
et les rencontres universitaires sauf lorsque je n'ai pas le choix. À
vrai dire, j'estime que le temps que je ne passe pas à écrire ou à faire
de la recherche est du temps perdu. John L. Manion, ancien greffier
associé du Bureau du Conseil privé avec qui je me suis lié d'amitié
avec le temps, en était bien conscient. Une fois, il a déclaré à un
sous-ministre : « Il y a quelque chose que tu dois savoir au sujet de
Savoie : il ne sacrifiera jamais son écriture pour quoi que ce soit. »

Par moments, je suis devenu une espèce de moine du Moyen-
Âge, travaillant d'arrache-pied à un livre, inconscient de tout ce qui
m'entourait. Pendant la rédaction de chacun des livres que j'ai écrits,
il y a eu un moment où il me fallait concentrer toutes mes énergies
afin de définir l'« amorce » ou le thème central du livre, l'idée à par-

tir de laquelle tout le contenu du livre s'articule. Ce « moment » peut durer jusqu'à six semaines durant lesquelles je deviens plutôt coupé du monde extérieur et n'ai besoin que de cinq à six heures de sommeil par nuit. Linda, mon épouse, et Ginette, mon adjointe, s'en rendaient rapidement compte lorsque j'étais en pleine recherche d'une amorce. Ginette a pris connaissance de ces signes au moment où elle m'aidait à produire le premier de mes livres auxquels elle a collaboré. Elle a appris à filtrer mes appels téléphoniques à certains moments et à décliner les invitations à assister à des réunions et à des conférences, sans même discuter de la question avec moi.

Quand je regarde en arrière, j'imagine sans peine que je n'ai pas toujours été l'invité le plus divertissant dans les rencontres sociales. Je suis perdu dans mes pensées, ce qui me rappelle les paroles de la chanson dans *Midnight Cowboy* : « *Everybody's talking at me, I don't hear a word they're saying* » (Tous les gens me parlent, mais je n'entends pas un mot de ce qu'ils disent). J'ai eu des comportements excentriques alors que je cherchais une amorce. Un jour, Yvon Fontaine, notre recteur à l'Université de Moncton et l'un de mes anciens étudiants, m'a invité à prendre un café un matin de bonne heure. Quand je suis entré dans son bureau, il m'a regardé et m'a demandé : « Je sais qu'il fait froid dehors, mais as-tu fait exprès de mettre ton chandail comme ça? » Je me suis regardé pour découvrir que le V de l'encolure de mon chandail était sens devant derrière. Il y a des matins où je suis parti de la maison avant que Linda n'ait eu le temps de s'assurer que tout était à sa place et que les couleurs étaient assorties.

J'écris ces anecdotes afin que mes amis et mes sœurs comprennent maintenant ce que Linda et Ginette – et, espérons-le, mes enfants – ont compris depuis belle lurette. Certains seront peut-être portés à conclure que j'ai vécu ma vie avec détachement et impassibilité. Si j'ai blessé ou offensé des membres de ma famille ou des amis, j'en suis désolé. J'écris ces anecdotes afin qu'ils sachent pourquoi je leur ai semblé distrait et distant, et s'ils en ont ressenti quelque affront, je tiens à leur assurer que telle ne fut jamais mon intention.

Ginette Benoit a raison, bien sûr, de dire que ce livre est très différent de tout ce que j'ai écrit auparavant. C'est un ouvrage per-

sonnel qui raconte mon histoire et présente mon point de vue sur la
« renaissance acadienne ». Tout universitaire qui s'engage dans cette
voie s'expose à un grand risque. Quiconque obtient du succès dans
un genre n'est guère assuré d'en avoir dans un autre. J'aimerais rappeler ici le souvenir de Stephen Leacock, auteur adulé de fiction hu-
moristique du Canada anglais. Ce que certaines personnes ignorent
peut-être, c'est que Leacock était également professeur d'économie
politique à l'Université McGill. Un jour, il publia un livre sur la politique monétaire dont le compte rendu, paru dans *The Economist*,
affirmait qu'il s'agissait de loin du livre le plus drôle de Leacock.
Ce n'était peut-être pas la critique qu'il avait espérée, mais au moins
il pouvait en apprécier l'ironie.

Dans le cas de mes livres précédents, j'ai toujours refusé qu'ils
fassent l'objet d'un lancement. Je ne voyais aucune raison d'accepter un lancement. Cette fois, en revanche, j'ai demandé à avoir l'occasion de lancer cet ouvrage, étant entendu que le lancement aurait
lieu à Bouctouche, au Pays de la Sagouine. J'espère que le lecteur
prendra autant de plaisir à lire ce livre que j'en ai eu à l'écrire.

L'honorable Reg Alcock à Bouctouche (Nouveau-Brunswick).

Les participants à une conférence que j'ai organisée à Bouctouche en 1999 en l'honneur de Louis J. Robichaud. *Première rangée, de gauche à droite* : Henry Irwin (ministre du gouvernement Robichaud), Donald J. Savoie, Wendell M. Meldrum (ministre du gouvernement Robichaud), Michel Cormier (journaliste), Louis J. Robichaud, Ginette Benoit, Norbert Thériault (ministre du gouvernement Robichaud) et Georges Cyr; *deuxième rangée, de gauche à droite* : Joseph Yvon Thériault, Bernard A. Jean (ministre du gouvernement Robichaud), B. Fernand Nadeau (ministre du gouvernement Robichaud), Jacqueline Robichaud, Chedly Belkhodja, Roger Ouellette, Maurice Beaudin, Tony Barry (adjointe administrative du premier ministre Robichaud), Robert Pichette, Wendell Fulton (conseiller du premier ministre Robichaud) et Robert A. Young. Absents de la photo : Alcide Godin, Pier Bouchard et Sylvain Vézina.

La statue du révérend père Clément Cormier, fondateur de l'Université de Moncton, surplombant le campus.

Le Pays de la Sagouine, à Bouctouche (Nouveau-Brunswick).

L'auteur à Oxford. À l'arrière-plan, la University Church of St Mary the Virgin, l'All Souls College, et le Queen's College (avec le dôme).

2

L'Acadie : comment tout
a commencé

Il apparaît opportun de faire un bref survol de l'histoire de l'Acadie. Bien que de nombreux Acadiens connaissent leur histoire, en particulier en ce qui a trait au Grand Dérangement, il est nécessaire que les gens de l'extérieur aient une certaine connaissance, même préliminaire, des débuts de l'Acadie et de ses premières années afin de bien comprendre mon histoire. Cependant, si je m'arrête un instant pour y penser, force m'est d'admettre que je ne saurais rendre justice à l'histoire riche et trépidante de l'Acadie et des Acadiens. Par définition, ce chapitre est incomplet, mais si je réussis à donner envie au lecteur d'en apprendre davantage sur les Acadiens et leur histoire, alors tant mieux! Il existe maintenant d'excellentes études de parution récente sur l'histoire de l'Acadie, de ses origines à nos jours[1].

Tout a commencé en 1604, lorsque 80 hommes levèrent les voiles dans l'ouest de la France à la recherche d'un endroit en Amérique du Nord où jeter les bases d'une présence française permanente. Comme on le sait, les Européens sillonnaient la côte est de l'Amérique du Nord depuis un siècle en quête de poisson et de fourrures. Guidés par Samuel de Champlain, les explorateurs jetèrent l'ancre dans un havre à l'écart, qu'ils baptisèrent Port-Royal (aujourd'hui Annapolis Royal, en Nouvelle-Écosse). De là, ils se rendirent sur une île plus au nord, située à l'embouchure de la rivière Sainte-Croix, qui sépare de nos jours le Nouveau-Brunswick et l'État du Maine. Ils y construisirent un campement pour passer l'hiver mais, comme on le sait également, celui-ci fut particulièrement rigoureux. Trente-six membres de l'expédition moururent du scorbut et de malnutrition. Le printemps suivant, les hommes qui restaient retournèrent s'établir à Port-Royal, qui devint ainsi en 1605 le premier établissement français permanent en Amérique du Nord, et non Québec, comme certains l'ont prétendu, dont la fondation date de 1608[2]. Ils y furent accueillis par des centaines de Mi'kmaq, qui leur permirent de construire un fort et une habitation[3]. Les historiens rapportent que les Acadiens et les Mi'kmaq nouèrent des liens étroits à cette époque, des liens qui durèrent au moins un siècle ou jusqu'au Grand Dérangement. Il est peu probable en effet que l'Acadie ait pu survivre sans ces loyaux alliés. Les mariages entre Amérindiennes et colons français renforcèrent davantage cette amitié.

Les relations entre les Mi'kmaq et les colons français s'envenimèrent, mais seulement jusqu'à un certain point, lorsque la communauté autochtone fut durement frappée par des maladies qui jusque-là lui étaient inconnues – la syphilis, la gonorrhée, la rougeole, la variole et le choléra. Les Amérindiens durent toutefois soupeser l'impact de ces maladies redoutables et du problème de dépendance à l'alcool par rapport aux avantages qu'ils tiraient du commerce avec les Français. Ces échanges leur procuraient toutes sortes de nouveaux outils et de bienfaits. Les chasseurs mi'kmaq apprirent rapidement à concentrer leurs efforts sur les peaux ayant une grande valeur commerciale, comme celles du castor, de l'orignal, du cerf et d'autres animaux. En échange, ils recevaient des hachettes, des chaudrons en cuivre, des couteaux et des aiguilles.

On imagine sans peine que la vie dans le Nouveau Monde n'était pas faite pour les cœurs sensibles. Tout ce qu'elle impliquait était difficile, depuis la traversée de l'Atlantique jusqu'à l'adaptation aux rudes mois d'hiver. La survie dépendait de l'arrivée du navire de ravitaillement qui venait de France une fois l'an et du soutien continu de la mère patrie. À un moment donné, les Français retournèrent dans leur pays d'origine en quête de nouveaux appuis financiers après que les recettes tirées des fourrures expédiées en France l'année précédente se furent révélées insuffisantes pour couvrir les frais liés au maintien d'un avant-poste à Port-Royal[4].

Les Français revinrent en 1610 avec de nouveaux colons, de nouveaux approvisionnements et un nouveau soutien financier. Cette fois, les colons étaient accompagnés d'un prêtre chargé de convertir les Autochtones au catholicisme. Encore une fois, les Mi'kmaq les reçurent à bras ouverts. Cependant, de nouveaux problèmes surgirent. Des conflits internes, des incursions par des colons anglais des colonies américaines et le manque d'appui de la France, y compris de l'État français, rendirent la vie tout aussi difficile qu'elle l'était en 1605.

Toutefois, un problème encore plus persistant allait pointer, un problème qui tourmenterait les colons jusqu'au Grand Dérangement. Immanquablement, les batailles qui souvent faisaient rage en Europe entre la France et l'Angleterre se feraient sentir en Acadie. Les années 1604 à 1632 s'avérèrent particulièrement éprouvantes, tellement que la colonie acadienne eut peine à survivre. Les attaques, les difficultés à attirer de nouveaux colons de France et l'incertitude politique qui régnait en Europe firent en sorte que la vie dans la colonie demeurait précaire et remplie de défis. En 1613, par exemple, Samuel Argall, un corsaire gallois agissant sous les ordres du gouverneur Thomas Dale, de Jamestown, pénétra dans le bassin de Port-Royal et trouva le village déserté par ses habitants partis les uns à la pêche, les autres travailler dans les champs à « la grande prairie », en amont de la rivière. Il ordonna à ses hommes de charger tout ce qu'ils pourraient porter à bord des navires puis de détruire le village[5].

Pour récompenser William Alexander, un de ses tuteurs, Jacques VI d'Écosse (Jacques Ier d'Angleterre) lui accorda par mandat royal la concession des terres situées « entre nos colonies de la Nouvelle-Angleterre et Terre-Neuve, qui seront connues sous le nom de Nouvelle-Écosse[6] » ou *Nova Scotia* en latin. En fin de compte, les Écossais échouèrent, et la France et l'Angleterre signèrent un accord de paix en 1632. Le traité de Saint-Germain-en-Laye remit l'Acadie sous le contrôle de la France[7]. Mon ancêtre François Savoie, premier Savoie venu en Acadie, arriva à Port-Royal en 1643 en provenance de Loudun, une localité de l'ouest de la France située environ à mi-chemin entre Paris et Bordeaux[8].

La colonie progressait rapidement et une communauté acadienne, ayant sa propre identité forgée dans le Nouveau Monde, commençait à prendre forme. Pour pouvoir s'enraciner et survivre, il fallait que la nouvelle communauté jouisse d'une certaine stabilité politique. Cette stabilité ne fut jamais assurée même si la France allait gouverner en Acadie durant la majeure partie du 17e siècle. Il y eut toutefois des exceptions, notamment la période de 1654 à 1667, durant laquelle l'Acadie passa sous l'autorité de l'Angleterre. Cette période posa un problème particulier aux Acadiens, comme le feraient tous les conflits ultérieurs entre la France et l'Angleterre. Néanmoins, on en vint à certains accommodements, et les quelque 700 Acadiens se virent offrir le choix de retourner en France ou de rester dans la colonie « sans être dérangés » tout en conservant leur liberté de religion. Les Acadiens décidèrent de rester et acceptèrent de s'engager par serment à ne jamais prendre les armes contre les Anglais[9]. Ce compromis contenait les germes d'un arrangement spécial – un serment d'allégeance avec réserve – qui allait guider les relations entre l'Angleterre et l'Acadie jusqu'au Grand Dérangement. La France récupéra la colonie avec la signature du traité de Breda, en 1667. Cela ne mit pas fin pour autant aux attaques menées par la Nouvelle-Angleterre contre la colonie, auxquelles les troupes françaises devaient faire face.

La question de la souveraineté sur l'Acadie fut réglée une fois pour toutes, du moins aux yeux de certains, en 1713, lorsque l'Angleterre obtint le contrôle de l'Acadie en vertu du traité d'Utrecht. Ce fut le dernier changement d'autorité impériale dans la colonie[10]. Ses effets sur l'Acadie furent toutefois bien moins néfastes qu'on aurait pu l'imaginer, du moins au début. Selon Naomi Griffiths, sans doute la plus éminente spécialiste canadienne de l'histoire de l'Acadie, la communauté acadienne connut un essor considérable entre 1713 et 1755 et commença à présenter des caractéristiques distinctives. Griffiths évoque par exemple l'empreinte de l'influence mi'kmaq, le rôle de l'Église catholique romaine dans la colonie, l'établissement de liens familiaux étroits et la construction de digues, une tâche qui exigeait la contribution de toute la communauté. On y parlait le français, un mélange des variantes de la langue parlée dans diverses régions de France, et le vocabulaire reflétait les nouvelles conditions et circonstances trouvées dans la colonie. À l'instar d'autres historiens, Noami Griffiths a qualifié cette période d'« âge d'or de l'Acadie[11] ».

Les Acadiens s'établirent sur la côte, dans les terres basses le long des marais salants, et durent assécher certaines terres pour pratiquer l'agriculture. John Mack Faragher, un historien de Yale, écrit que les Acadiens réalisèrent un des aménagements les plus remarquables de la colonisation en Amérique du Nord au 17e siècle, un réseau hautement perfectionné de digues appelées « aboiteaux »[12]. Grâce à ces digues, les Acadiens obtinrent des terres plus productives que les hautes terres, ce qui leur permit de pratiquer l'agriculture sans empiéter sur le territoire des Mi'kmaq. Griffiths affirme que « la construction d'aboiteaux, une tâche qui exigeait une grande coopération entre les habitants, contribua également à produire des communautés tissées serré[13] ».

Selon cette historienne, cette période fut l'âge d'or des Acadiens, car la majorité des établissements acadiens « ne connut pas la guerre, ni les épidémies, ni la famine ou la persécution[14] ». De plus, l'économie, fondée sur la pêche, l'agriculture, la traite des fourrures, la coupe du bois et le commerce en général, était florissante. Le commerce avec la Nouvelle-Angleterre se développait et, grâce aux aboiteaux, la région devint autosuffisante en produits alimentaires de base dès les années 1680.

Dans la lointaine Europe, cependant, de nouvelles tensions politiques se faisaient sentir, et malgré tous les efforts qu'elle fit pour les ignorer, l'Acadie n'y échapperait pas. Dans le sillage du traité d'Utrecht de 1713, les Anglais commencèrent à leur réclamer un serment d'allégeance. Le traité accordait à l'Angleterre l'autorité complète sur ce qui, de nos jours, est la Nouvelle-Écosse, à l'exception du Cap-Breton. À cette époque, il n'était pas inusité en Europe que l'on demande un serment d'allégeance, mais la réponse des Acadiens, elle, fut plutôt inusitée. Naomi Griffiths explique que la réponse ne fut ni le rejet, ni l'acceptation, mais quelque chose entre les deux – une solution de conception tout acadienne.

Les Acadiens en avaient assez des répercussions des guerres européennes sur leur vie et leurs établissements. À mesure qu'ils prenaient conscience de leur identité propre, ils se détachaient de plus en plus de leur mère patrie et s'intéressaient de moins en moins aux vieux conflits entre la France et l'Angleterre. Ils n'étaient pas prêts à promettre leur allégeance sans réserve aux autorités anglaises, mais acceptaient plutôt de leur promettre la « neutralité » lors de tout conflit futur entre les Français et les Anglais. Les Acadiens attachèrent donc une importante réserve au serment d'allégeance, selon laquelle ils ne prendraient « pas les armes ni contre Sa Majesté britannique, ni contre la France ou contre n'importe quel de leurs sujets ou de leurs alliés[15] ». Les autorités anglaises acceptèrent finalement cette condition en 1730 et les Acadiens furent dès lors connus à Londres, à Paris, à Boston et au Québec comme « les neutres »[16].

Bien que les Acadiens aient refusé d'être mêlés aux futurs conflits et de se ranger d'un côté ou de l'autre, le traité d'Utrecht était loin de mettre un point final aux conflits européens et aux tensions entre la France et l'Angleterre. Les officiers militaires britanniques ne tardèrent pas à remettre en question la sagesse de la décision d'accepter la neutralité des Acadiens. À cet égard, Griffiths explique que, comme tant d'autres peuples frontaliers dont les voisins plus puissants se déclaraient la guerre, les Acadiens virent leur neutralité remise en question[17]. Les militaires anglais et français considéraient tous que la possession des terres des Acadiens procurait un important avantage stratégique, et certains croyaient que, s'ils étaient forcés de choisir, les Acadiens s'allieraient à la France.

Comme si les choses n'étaient pas assez compliquées, les conflits entre la France et l'Angleterre se ravivaient toutes les quelques années après que l'Angleterre eut accepté la demande des Acadiens de prêter un serment tout en promettant de demeurer neutres. Ainsi, la guerre se déclencha à nouveau entre la France et l'Angleterre en

1742, mais les Acadiens demeurèrent fermement neutres. La solution tout acadienne aux conflits européens semblait efficace, du moins de l'avis des Acadiens.

Les tensions entre la France et l'Angleterre ressurgirent à nouveau à la fin des années 1740 et au début des années 1750, mais cette fois les deux parties cherchaient délibérément à consolider leur position en Amérique du Nord. Durant cette période, les Français écartèrent le concept de neutralité afin d'encourager les Acadiens à quitter leurs établissements de Port-Royal et d'ailleurs pour aller s'installer au Cap-Breton (île Royale), qui était demeuré sous contrôle de la France. Certains Acadiens acceptèrent, mais la grande majorité refusa. Quant aux Mi'kmaq, longtemps perçus comme des alliés indispensables des Acadiens, ils furent eux aussi invités à aller s'établir à l'île Royale, mais ils étaient encore moins enthousiastes à l'idée[18]. Les Acadiens et les Mi'kmaq avaient tissé des relations si étroites qu'ils devinrent, selon les mots de John Faragher, « des peuples apparentés, des acteurs dans la même histoire[19] ».

Les Britanniques devaient aussi contrôler ou gérer une autre force dans la région, soit les colons de la Nouvelle-Angleterre. Les attaques et contre-attaques perpétrées par des colons de la Nouvelle-Angleterre, des Amérindiens et des Acadiens avaient des conséquences évidentes pour tous. Dans les années qui précédèrent le Grand Dérangement, même les échanges commerciaux entre la Nouvelle-Angleterre et les Acadiens devinrent beaucoup plus difficiles. Les colons de la Nouvelle-Angleterre regardaient avec envie les riches terres agricoles que les Acadiens avaient réussi à mettre en valeur à l'aide des aboiteaux. Dans les colonies américaines, les officiers militaires virent d'un mauvais œil la décision des autorités britanniques de remettre la forteresse de Louisbourg sous le contrôle de la France en 1749, quatre ans seulement après que des troupes de la Nouvelle-Angleterre l'eurent capturée, avec l'appui de la marine britannique.

William Shirley, gouverneur du Massachusetts, croyait quant à lui que les Acadiens représentaient une menace pour le Massachusetts et d'autres colonies américaines. En Nouvelle-Angleterre et dans les établissements anglais de la Nouvelle-Écosse, les rumeurs voulant que la France et des corsaires français ainsi que des guerriers mi'kmaq étaient en position d'attaquer allaient bon train. Néanmoins, Shirley n'était pas certain de l'attitude à adopter envers les Acadiens, reconnaissant qu'ils avaient le droit d'être neutres étant donné que leur requête en ce sens avait reçu la sanction royale du gouvernement britannique[20].

On ne saurait dire à quel point d'autres approuvaient le droit à la neutralité des Acadiens. Il semble ne faire aucun doute qu'en 1730 Richard Phillips donna effectivement sa parole aux Acadiens, à titre de gouverneur de la Nouvelle-Écosse, qu'ils pourraient bénéficier d'un statut de neutralité lors de futurs conflits. Cependant, il ne consigna pas sa décision sur papier et n'envoya aucune confirmation écrite à Londres. Phillips conclut qu'un serment avec réserve valait mieux que rien du tout et qu'il avait porté la question aussi loin qu'il avait pu. Ce qui était crucial pour les Acadiens, c'est qu'ils ne prendraient pas les armes contre la France, ni contre les Mi'kmaq, ni contre le roi d'Angleterre ou son gouvernement[21]. Le ministre des Affaires étrangères de France se moqua par la suite de la naïveté des Acadiens, qui négligèrent d'insister auprès de Phillips pour qu'il leur fournisse un engagement par écrit.

La neutralité était un concept relativement nouveau dans le Nouveau Monde et il ne faisait aucun doute qu'il serait difficile à appliquer même dans les meilleures conditions. L'Europe du 18e siècle ainsi que la situation politique de la Nouvelle-Angleterre, de la Nouvelle-France et de l'Acadie ne fournissaient pas les meilleures conditions. Les Britanniques avaient toutes les raisons de s'inquiéter du rôle de l'Église catholique en Acadie. Les prêtres étaient nommés par l'évêque de Québec et étaient rémunérés par la couronne française. À leur arrivée en Acadie, ils possédaient une connaissance limitée de l'histoire des Acadiens et faisaient peu de cas de l'importance que les Acadiens attachaient au principe de la neutralité. Il y eut plusieurs incidents où des prêtres tentèrent de dresser les Acadiens contre les forces britanniques.

Pendant ce temps, des puritains de la Nouvelle-Angleterre vouaient une animosité particulière au catholicisme et pressèrent eux aussi les autorités de régler le problème acadien. À la capture de Louisbourg, en 1745, on célébra la victoire à Boston, et certains habitants de la Nouvelle-Angleterre y virent un premier pas vers la création d'un « empire britannique protestant » s'étendant « de la rivière du Canada jusqu'aux confins de l'Amérique ». Le révérend Thomas Prince, de Boston, déclara que, par la conquête de Louisbourg, Dieu avait « triomphé de ses ennemis antichrétiens et des nôtres[22] ». Selon Shirley, une solution au problème acadien consistait à encourager l'immigration de protestants français dans la région et à prendre des mesures pour transformer la prochaine génération d'Acadiens en leur faisant adopter la langue anglaise.

En 1750, les Acadiens étaient entourés par des forces qui n'auguraient rien de bon. Les Britanniques décidèrent de fonder Halifax qui, comme on le sait, possède l'un des meilleurs havres naturels que l'on puisse trouver. Halifax devint donc un important port d'attache pour la marine britannique et fut rapidement en mesure d'attirer une population de 5 000 habitants. En outre, en vertu d'une politique, l'établissement était peuplé par des protestants. Des colons de la Nouvelle-Angleterre applaudirent la décision des Britanniques de fonder Halifax, et certains d'entre eux choisirent d'aller s'y établir. La fondation de Halifax et ses répercussions ne manquèrent pas d'inquiéter les Acadiens. Ceux-ci n'allaient plus dominer en Acadie et avoir affaire seulement à des garnisons britanniques relativement isolées, situées aux abords de certains de leurs établissements. Halifax assurerait immédiatement une importante présence politique, économique et militaire dans la région. Un certain nombre d'Acadiens comprirent que la situation ne serait jamais plus la même et, craignant qu'elle ne se gâte davantage, décidèrent d'aller s'installer à l'île Royale (Cap-Breton), à l'île Saint-Jean (aujourd'hui l'Île-du-Prince-Édouard) et au nord de l'isthme de Chignectou, tous des territoires encore sous contrôle français.

De son côté, la France ne resta pas inactive. Peu après le retour de Louisbourg sous son autorité, la France consolida sa position sur l'île Royale. Elle décida aussi de revendiquer avec plus de force les territoires au nord de l'isthme de Chignectou, le pont terrestre qui relie le Nouveau-Brunswick et la Nouvelle-Écosse actuels. En riposte, les forces britanniques construisirent un fort dans la région en 1750 afin d'y renforcer leur position, mais les Français ne tardèrent pas à ériger le fort Beauséjour à une courte distance en 1751.

Charles Lawrence, un militaire de carrière, fut nommé lieutenant-gouverneur de la région en 1754. L'histoire nous apprend maintenant que Lawrence voyait tout dans une perspective militaire. Il exhortait sans cesse ses supérieurs à Londres de forcer les Acadiens à prêter un serment d'allégeance inconditionnel et, en cas d'échec, de les déporter. Certes, les années 1750 furent marquées par les préoccupations militaires des deux côtés de l'Atlantique. Les événements menèrent à la guerre de Sept Ans (1756-1763), qui opposa l'Angleterre et ses alliés, soit la Prusse et Hanovre, à la France, l'Autriche, la Saxe et la Russie. Les hostilités entre les deux empires se manifestèrent cependant dès 1754 dans les colonies américaines, ce qui rendit le concept de la neutralité acadienne plus difficile à défendre, du moins aux yeux de Lawrence et des colonies américaines.

Il est donc permis de croire que les autorités britanniques reconnurent la légitimité du serment d'allégeance conditionnel prêté devant le gouverneur Phillips en 1730. Nous savons également que les Acadiens s'opposèrent à maintes reprises à ce qu'on apporte des changements à ce qu'ils avaient convenu avec le gouverneur Phillips, faisant valoir que les conflits militaires à l'extérieur de leurs établissements n'avaient aucun intérêt pour eux. Par-dessus tout, ils désiraient rester neutres afin de pouvoir professer leur foi catholique et de ne pas avoir à prendre les armes contre qui que ce soit, en particulier leurs amis mi'kmaq.

En 1749, les forces britanniques subirent une attaque en Nouvelle-Écosse, lancée par des Mi'kmaq, des Abénaquis et des Malécites. Par la suite, les Britanniques découvrirent que des Acadiens avaient été impliqués dans l'attaque, poussés à agir par les Mi'kmaq « sous peine de mort[23] ». Lawrence n'était pas d'humeur à écouter les Acadiens blâmer les Mi'kmaq pour leur participation. Il y eut aussi des escarmouches le long de l'isthme de Chignectou, où des prêtres avaient incité les Acadiens à prendre les armes contre les forces britanniques. Craignant que la situation ne se détériore, un nombre accru d'Acadiens décidèrent de quitter leurs établissements au profit des territoires sous contrôle français.

Vers le milieu des années 1750, la situation en Acadie devint intenable, du moins selon le point de vue de Lawrence. Les colonies américaines le pressaient de régler rapidement le problème acadien, et les événements en Europe laissaient croire qu'une guerre certaine se préparait entre la France et l'Angleterre. Les conditions étaient réunies pour que Lawrence apporte une solution à ce qu'il avait toujours considéré comme une décision malavisée du gouverneur Phillips qui avait placé la Grande-Bretagne dans une position impossible. Lawrence et William Shirley décidèrent de joindre leurs forces et d'attaquer le fort Beauséjour. En moins de quelques jours, les Français se rendirent.

Lawrence estimait que les Acadiens étaient une nuisance, sans plus, et il ne pouvait imaginer qu'ils puissent un jour être utiles à la Nouvelle-Écosse. Il leur donna une dernière chance de prêter un serment d'allégeant inconditionnel à la couronne britannique, sans toutefois leur préciser clairement les conséquences qu'ils subiraient s'ils refusaient. Les Acadiens répondirent : « Nous et nos pères ayant pris pour eux et pour nous un serment de fidélité qui nous a été approuvé plusieurs fois, au nom du Roy, [...] et sous les privilèges desquels nous sommes demeurés fidèles et soumis à Sa Majesté britannique [...] nous ne commettrons jamais l'inconstance de prendre un serment qui change tant soit peu les conditions et privilèges dans lesquels nos souverains et nos pères nous ont placés dans le passé[24]. » Ils ajoutèrent qu'ils n'avaient aucune intention de se battre un jour contre les Britanniques, insistant une fois de plus pour dire qu'ils souhaitaient rester neutres. Lawrence qualifia leur lettre d'acte de trahison et déclara que les Acadiens ne pouvaient plus être considérés comme des sujets britanniques. Toutefois, il ne leur laissa jamais entendre qu'en prêtant un serment d'allégeance inconditionnel ils seraient assurés de jouir en toute tranquillité de la possession de leurs terres.

Au Massachusetts, Shirley était d'accord avec Lawrence, et tous deux considéraient que l'expulsion était la seule solution viable. Les autorités de Londres continuaient cependant de s'opposer à une telle mesure. Londres avait deux inquiétudes : la première était qu'un dépeuplement soudain de la Nouvelle-Écosse aurait de profondes répercussions économiques, et la deuxième était que la déportation ternirait l'image de la Grande-Bretagne auprès de ses alliés. Whitehall, déjà reconnu au 18e siècle comme le centre du gouvernement britannique, n'approuva jamais la déportation et il envoya même une lettre pour réitérer sa position le 13 août 1755. Cette lettre répondait à une missive envoyée par Lawrence le 28 juin 1755 dans laquelle il évoquait la possibilité de déporter les Acadiens. La lettre de Whitehall n'arriva cependant à Halifax qu'à la fin d'octobre 1755, trop tard pour avoir quelque effet[25] : la déportation des Acadiens était alors essentiellement un fait accompli.

Tout au long des conflits entre la France et l'Angleterre, les Acadiens réussirent à se forger une identité distincte. Les Français comme les Britanniques le reconnurent en 1713, lorsque l'Acadie devint la Nouvelle-Écosse et que les Acadiens décidèrent de devenir des sujets de l'empire britannique au lieu de se réfugier à l'île Royale, à l'île Saint-Jean ou en Nouvelle-France[26]. Cette identité serait toutefois mise à une rude épreuve dont les conséquences se font encore sentir de nos jours.

L'IDENTITÉ DISPERSÉE AUX QUATRE VENTS

Le Grand Dérangement a été bien documenté dans d'autres ouvrages. Il suffit de mentionner les faits suivants : Lawrence en confia l'exécution au colonel Robert Monckton (région de Chignectou), au colonel Winslow (les Mines) et au major Handfield (Annapolis Royal). La ville de Moncton et ma propre université, où j'ai passé la majeure partie de ma carrière, ont été nommées en mémoire du colonel Monckton. Ils reçurent l'ordre de capturer les Acadiens, de les déporter vers les colonies américaines et au-delà, y compris en France et en Angleterre, d'incendier les maisons et les villages des Acadiens et de faire main basse sur leur bétail.

Plus de 6 000 Acadiens furent déportés à l'automne de 1755 et plus de 10 000 d'entre eux, soit 75 % de la population totale, avaient été déportés en 1763. Ils furent dispersés parmi les colonies américaines (900 au Massachusetts, 675 au Connecticut, 955 en Caroline du Sud, et ainsi de suite). Certains déportés réussirent à se rendre au Québec actuel, d'autres furent repoussés en France et en Angleterre, et d'autres encore purent gagner la Louisiane (où leurs descendants sont maintenant appelés les Cajuns). En 1785, le gouvernement espagnol offrit des terres en Louisiane aux Acadiens et 1 600 d'entre eux acceptèrent l'invitation.

Mes ancêtres, quant à eux, furent envoyés à divers endroits. Certains Savoie furent déportés à New York, un autre fut fait prisonnier à Halifax et un autre encore parvint à se rendre au Québec. D'après la tradition orale, mon ancêtre direct fut emprisonné au fort Beauséjour, réussit à s'échapper et s'enfuit au nord de la rivière Miramichi avec l'aide des Mi'kmaq. Son fils Jean Savoie se rendit finalement à Bouctouche, où il mourut en 1815 à l'âge de 75 ans. Pendant que l'on mettait à exécution l'ordre de déportation, quelque 8 000 colons de la Nouvelle-Angleterre vinrent occuper les riches terres agricoles que les Acadiens avaient si bien réussi à arracher aux marais pour les mettre en valeur.

Il est pratiquement impossible de rendre pleinement compte des épreuves que subirent les Acadiens. Des familles furent séparées, les hommes allant d'un bord, les femmes et les enfants de l'autre. Lawrence jugeait inutile de garder les familles unies, comme il l'écrivit à Monckton : « Je vous recommande de ne pas attendre que les femmes et les enfants montent à bord, mais d'envoyer les hommes sans eux[27]. » Encore de nos jours, de nombreux Acadiens se font raconter par leurs parents et grands-parents que du rivage de Grand-Pré s'élevaient les voix des Acadiens priant, pleurant, criant et chantant, alors qu'ils étaient séparés et mis de force sur des bateaux pour être envoyés comme du bétail vers des destinations inconnues.

La scène de la déportation à Grand-Pré a été représentée dans des peintures et immortalisée dans le poème *Évangéline*, de Henry W. Longfellow. Publié en 1847, ce poème s'est vendu à des milliers d'exemplaires et est devenu l'un des plus populaires dans l'histoire de la littérature américaine. Il raconte l'histoire d'Évangéline, une jeune Acadienne qui fut séparée de son amant Gabriel le jour de leur mariage. Évangéline voyagea par monts et par vaux à la recherche de Gabriel, qu'elle finit par retrouver sur son lit de mort à Philadelphie.

Même certains de ceux qui furent chargés de planifier et de superviser la déportation en ressentirent des remords. Lawrence n'en laissa jamais voir aucun, mais John Winslow écrivit dans son journal : « Je ne crois pas qu'ils aient imaginé alors, ni même maintenant, qu'ils doivent réellement être expulsés. J'en éprouve maintenant une grande peine au cœur et une grande tristesse dans l'âme. J'ai rencontré les femmes et les enfants... Beaucoup de lamentations... J'ai mal d'entendre leurs sanglots [...] la pire affectation qu'il m'ait été donné d'assumer[28]. »

Les Acadiens qui échappèrent à la déportation, et ils furent nombreux, y parvinrent à leurs risques et périls. Lawrence mit leur tête à prix, et ils apprirent à vivre constamment dans la peur, sans jamais savoir quand les Anglais les trouveraient. Un certain nombre d'Acadiens finirent par se rendre aux autorités britanniques de peur de mourir de faim ou de froid.

Ceux qui furent déportés ne s'en tirèrent pas mieux. La plupart des Acadiens furent envoyés aux colonies américaines, qui étaient hostiles à l'Église catholique et à tout ce qui était français. De nombreux déportés moururent avant d'atteindre leur destination. Les navires étaient pleins à craquer et certains firent naufrage. La Virginie repoussa un millier d'Acadiens qui furent par la suite envoyés en Angleterre, mais 260 périrent au cours du voyage. Un bateau quitta Grand-Pré à destination de Boston avec 166 Acadiens à son bord, mais il n'en restait que 125 à l'arrivée. Un autre navire leva l'ancre avec 263 Acadiens, mais seulement 205 survécurent au voyage[29]. La maladie, notamment la variole, la typhoïde et la diarrhée, fit des ravages. Ceux qui réussirent à atteindre les colonies américaines arrivèrent dans un milieu hostile sans le sou et, bien souvent, sans famille. Parce qu'ils avaient refusé de prêter le serment d'allégeance, ils n'étaient pas considérés comme des sujets britanniques.

Les Acadiens furent déportés dans les colonies américaines, car on craignait qu'ils ne reprennent les armes et ne reviennent réclamer leurs terres s'ils étaient envoyés en France ou dans les colonies françaises. Il convient de citer un passage relativement long de John M. Faragher sur la façon dont les Acadiens se débrouillèrent dans leur nouvel environnement : « Un groupe d'exilés furent forcés de passer des jours sans abri dans la campagne enneigée, blottis les uns contre les autres pour avoir un peu de chaleur, jusqu'à ce qu'un ministre du culte de l'endroit réussisse à leur obtenir un logement. Bon nombre d'entre eux furent réduits à mendier de porte en porte. Après que les fonctionnaires locaux eurent reçu des plaintes au sujet des vagabonds acadiens, l'Assemblée du Maryland adopta, au printemps de 1756, une loi autorisant les autorités locales à incarcérer les Acadiens indigents et à "engager" leurs enfants auprès d'une tierce personne aux meilleures conditions qu'elles pouvaient obtenir. Une majorité de ces enfants fut ainsi enlevée de force au Maryland et dans la colonie de New York et placée au service de quelqu'un[30]. » De nombreux hommes étaient incapables de se trouver du travail en raison des préjugés largement répandus au sujet des Acadiens, et un grand nombre d'entre eux se résignèrent à voler pour se nourrir.

En Acadie, les officiers britanniques continuaient à pourchasser les fugitifs acadiens et à brûler les maisons qui étaient restées debout, poussés encore une fois par la crainte que les Acadiens n'essaient de revenir. Pendant ce temps, Lawrence et Shirley mirent au point un processus afin de diviser les terres entre des protestants intéressés à venir s'établir sur les riches terres agricoles de la Nouvelle-Écosse. Nous savons que le comte de Halifax écrivit au roi George II pour lui rapporter que la déportation des Acadiens avait rendu « disponibles de vastes étendues de terres en culture des plus fertiles et, dans ces régions de la province, les mieux situées pour le commerce[31] ».

Toutefois, les protestants découvrirent bientôt qu'ils étaient incapables de réparer et d'entretenir les aboiteaux. Ils n'avaient tout simplement pas les connaissances et les habiletés nécessaires et ils n'eurent d'autre choix que de s'adresser aux Acadiens pour obtenir de l'aide. En 1760, les autorités britanniques détenaient environ

2 000 réfugiés acadiens qui s'étaient rendus en masse ou qui avaient été capturés. Ceux-ci reçurent l'ordre d'aider les nouveaux arrivants protestants à réparer les digues non pas en tant qu'égaux, mais en tant que prolétaires.

La guerre de Sept Ans prit fin en 1763. L'année suivante, les Acadiens reçurent l'autorisation officielle de revenir en Acadie. James Murray, le gouverneur militaire du Canada, lança également, en 1766, une invitation aux Acadiens à revenir s'établir chez eux « sur un pied d'égalité avec les nouveaux sujets acadiens de Sa Majesté ». Beaucoup acceptèrent l'invitation et vinrent se joindre aux quelque deux milliers d'Acadiens qui étaient restés d'une façon ou d'une autre. Certains se rendirent au Bas-Canada, maintenant le Québec, d'autres au Cap-Breton, d'autres à Grand-Pré et de nombreux autres dans ce qui constitue l'est du Nouveau-Brunswick actuel. Néanmoins, ils n'y eurent pas la vie facile. À cet égard, Faragher écrit que c'était « la fin d'une longue et douloureuse époque. Mais l'expulsion des Acadiens eut des conséquences permanentes. Pendant longtemps, les Acadiens de la région des Maritimes demeurèrent une population soumise. La loi provinciale interdisant aux catholiques de posséder des terres et bannissant le clergé catholique ne fut officiellement révoquée qu'en 1783, et ce n'est pas avant cette décennie que les autorités permirent la création de paroisses catholiques dotées de prêtres résidents. Les catholiques se virent refuser le droit de vote en Nouvelle-Écosse jusqu'en 1789 et ils furent maintenus à l'écart des charges publiques par le serment du Test. Les Acadiens continuèrent de vivre dans la pauvreté et certains demeurèrent dépourvus de terre, alors que les *Planters* et leurs descendants prospéraient dans les fermes fertiles protégées par les vieilles digues acadiennes[32]. »

LES ANNÉES D'ERRANCE

L'Acadie d'après la déportation se révéla bien différente de ce qu'elle était avant 1755. Tout d'abord, le centre de l'Acadie se déplaça du bassin des Mines, en Nouvelle-Écosse, à l'est du Nouveau-Brunswick, là où s'étaient réfugiés la plupart de ceux qui avaient échappé à la déportation. Les Acadiens durent commencer à refaire leur vie et fonder de nouveaux établissements dans un environnement politique qui leur était hostile. Les relations avec les anglo-protestants demeuraient tendues. En outre, les Acadiens reçurent peu d'aide de l'extérieur. Les relations étaient pratiquement inexistantes avec la France et à peine meilleures avec le Québec. Les moyens de communication étaient primitifs, surtout parce que la plupart des Acadiens étaient illettrés et que le Grand Dérangement les avait coupés de la mère patrie, de la Nouvelle-France et de divers progrès sous la forme d'inventions et d'innovations.

La croissance démographique des communautés acadiennes dans les trois provinces Maritimes a été attribuable, dans une très grande mesure, à l'accroissement naturel de la population, quoique des Canadiens français aient immigré du Québec dans certaines régions du nord du Nouveau-Brunswick. Il y a eu un modeste mouvement d'immigration du Québec et de la France dans la région de Moncton au cours des dernières années, mais rien de bien important. Naomi Griffiths rapporte que la population acadienne dans les trois provinces Maritimes se chiffrait à 87 000 habitants en 1871, année du premier recensement de la population canadienne, dont plus de la moitié ou près de 45 000 se trouvaient au Nouveau-Brunswick[33].

Maurice Basque m'a expliqué que l'on sait toujours bien peu de choses sur la vie des Acadiens au 19e siècle. Le problème, affirme-t-il, c'est que nous disposons de très peu de documents accessibles à la consultation, et ce que nous savons de cette époque, nous l'avons appris en grande partie de l'histoire orale. Nous savons néanmoins que les Acadiens, en particulier ceux du Nouveau-Brunswick, votèrent contre la Confédération à chacune des deux occasions qui leur furent offertes de se prononcer (en 1866 et en 1867). Nous ignorons toutefois les raisons précises de ce vote. Certains soutiennent que les Acadiens de l'époque étaient très conservateurs et réfractaires à tout changement. D'autres signalent que les catholiques du Nouveau-Brunswick votèrent massivement contre la Confédération, ce qui suggère que le vote acadien était guidé par des principes religieux plutôt que des considérations linguistiques. D'autres encore allèguent que les Acadiens, à l'instar des Néo-Écossais, estimaient que la Confédération entraînerait peu de retombées économiques dans la région.

Maurice Basque écrit que, bien que les Acadiens soient devenus des Canadiens malgré eux, les choses changèrent rapidement après la Confédération. Il affirme que les Acadiens reconnurent bientôt les possibilités d'emploi que procurait le nouveau gouvernement. Pascal Poirier, par exemple, fut nommé sénateur en 1884, ce qui encouragea les Acadiens à se porter candidats à des charges électives.

Les Acadiens durent aussi se faire à l'idée qu'ils n'avaient pas de territoire leur appartenant en propre. Ce n'est qu'au prix d'une lutte constante pour leur survie qu'ils assurèrent leur existence, se pliant d'une certaine façon aux vœux de la majorité anglophone tout en se donnant une présence politique et une identité propre. L'Église catholique joua un rôle crucial, mais même là il y eut des problèmes. Les pressions exercées sur les Acadiens par les évêques catholiques irlandais pour qu'ils s'assimilent à la communauté anglophone étaient tout aussi fortes que celles venant des anglo-protestants.

Une poignée de membres de l'élite acadienne jouèrent un rôle vital dans la promotion d'une identité acadienne distincte au tournant du 20e siècle, de concert avec le clergé. Entre 1881 et 1913, les Acadiens organisèrent neuf « conventions » nationales. Certaines de ces conventions attirèrent jusqu'à 5 000 participants, un nombre tout à fait impressionnant non seulement pour l'époque, mais même de nos jours. On y prit un certain nombre de décisions : le choix d'une sainte comme patronne de l'Acadie (la Vierge de l'Assomption), d'une fête nationale (le 15 août), d'un drapeau acadien (le tricolore étoilé), d'un hymne national (l'*Ave Maris Stella*) et l'adoption d'une série de mesures destinées à promouvoir l'identité acadienne et une société capable de résister à l'assimilation[34]. Les conventions donnèrent aussi naissance à la Société Nationale l'Assomption en 1881, qui fut rebaptisée plus tard la Société Nationale de l'Acadie, ainsi qu'au journal quotidien bien connu *L'Évangéline* en 1887.

Sur le front économique, les progrès furent lents et le sont encore. Le mouvement coopératif joua un rôle clé dans de nombreuses localités acadiennes au fil des ans et continue de le faire encore de nos jours. La Société l'Assomption, fondée au Massachusetts en 1903 mais déménagée à Moncton en 1913, possède maintenant tous les attributs d'une société rentable d'assurance-vie et de placement de taille moyenne. L'entreprise est une société mutuelle d'assurance, ce qui signifie qu'elle appartient aux titulaires de police, en grande partie des Acadiens. Elle a connu une croissance ces dernières années et gère maintenant des actifs de plus d'un milliard de dollars. On dénote aussi d'autres histoires de réussite dans le domaine du développement économique, surtout depuis les années 1970, et nous y reviendrons plus loin.

EN RÉTROSPECTIVE

Je me suis souvent demandé ce que j'aurais fait si j'avais été Charles Lawrence. Ma réponse a évolué ces dernières années. On ne peut répondre à cette question qu'en l'examinant à travers la lentille des années 1750. Comme on le sait fort bien en Écosse, la déportation a été une solution qu'on n'appliqua pas uniquement aux Acadiens. Si j'avais été à la place de Lawrence, il est fort probable que je ne serais pas resté sans rien faire. Du point de vue britannique, la situation était intenable. Décrite par les historiens comme étant la première guerre d'envergure mondiale, la guerre de Sept Ans embrasa non seulement l'Europe mais aussi l'Amérique du Nord. En effet, la guerre commença plus tôt en Amérique du Nord, soit en 1754 plutôt qu'en 1756. Les Britanniques essuyèrent aussi des pertes considérables en Ohio lors d'escarmouches survenues au début du conflit sous la conduite du général Braddock.

Pour sa part, Lawrence devait faire face en Acadie à des échauffourées avec les Mi'kmaq et certains Acadiens. C'était un militaire et la guerre était imminente. Les hauts gradés militaires, tant à cette époque que maintenant, ne sont pas connus pour tourner les coins rond dans la planification de leurs efforts de guerre. J'en suis venu à reconnaître que Lawrence ne pouvait pas laisser la situation des Acadiens non résolue alors que le spectre de la guerre dressait sa tête hideuse dans les colonies américaines et en Europe. Tôt ou tard, l'Acadie allait faire partie du champ de bataille.

On pourrait reprocher à Lawrence de ne pas avoir cherché à faire valoir aux Acadiens les avantages qu'ils auraient obtenus en prêtant un serment d'allégeance inconditionnel à la couronne britannique. Il aurait pu faire clairement comprendre aux Acadiens qu'ils auraient été en mesure de garder intacts leurs maisons, leurs biens, leurs intérêts commerciaux et leur communauté en acceptant de prêter le serment d'allégeance. Il ne l'a pas fait. En fait, les historiens rapportent que les forces britanniques employèrent la ruse pour amener les leaders acadiens à remettre leurs fusils et les rassembler en vue de les déporter. Lawrence aurait aussi pu déterminer quels étaient les établissements acadiens les plus susceptibles de respecter leur engagement de neutralité (par exemple, ceux du bassin des Mines) et ceux qui risquaient de ne pas le respecter (par exemple, ceux des environs de l'isthme de Chignectou). On peut aussi reprocher à Lawrence, comme je le fais, d'avoir ordonné à Monckton de procéder à la déportation sans égard à l'intégrité des familles.

En revanche, on peut aussi blâmer les dirigeants acadiens de l'époque. Des signes laissaient clairement voir que la guerre était sur le point d'éclater et que les colonies américaines ne manqueraient pas d'y prendre part. Ils savaient fort bien que des prêtres de la Nouvelle-France échauffaient les esprits parmi la population locale et que la décision des Britanniques de fonder Halifax indiquait sans équivoque que les choses ne seraient jamais plus comme avant.

Il y a suffisamment de blâme à jeter au sujet du Grand Dérangement pour que plusieurs le partagent, et il ne suffit pas de dépeindre Lawrence sous les traits du méchant pour raconter toute l'histoire. La question la plus pertinente, à mon avis, n'est plus de savoir à qui en revient la faute. Le Grand Dérangement morcela la société acadienne et tua son essor dans l'œuf. Plusieurs générations furent perdues, des biens économiques et des habiletés disparurent et un mode de cohabitation pacifique et prometteur entre les anciens Européens et les communautés amérindiennes fut abandonné. Mais ce n'est pas tout. Par la déportation, on ne permit pas à un peuple largement pacifique de rester à l'écart de forces extérieures à ses propres établissements et de s'émanciper de la mère patrie afin de prendre racine ailleurs, d'y développer sa propre identité et d'agir dans son propre intérêt comme il le souhaitait.

Les Acadiens allaient devoir repartir à zéro afin de jeter de nouvelles racines. Ils allaient continuer de s'appuyer sur une langue, une religion et un symbole, le Grand Dérangement, pour les unir au fil des siècles. La déportation a dominé notre histoire, notre identité. Je me souviens des célébrations du bicentenaire de la déportation quand j'étais enfant à Saint-Maurice. Le hameau était petit à tous les points de vue et possédait bien peu de ressources. Il fut néanmoins en mesure d'ériger une grande croix blanche solidement plantée dans le ciment en 1955 afin de « célébrer » la déportation. J'étais présent lorsqu'on érigea la croix et lors de nombreuses célébrations où l'on portait divers costumes d'époque. Nous célébrions la déportation de mes ancêtres, et même aujourd'hui j'ai du mal à comprendre pourquoi nous devrions célébrer un événement aussi triste. Normalement, les gens célèbrent les victoires et les réussites, pas une calamité.

La seule explication possible, c'est que le hameau se rassembla en ce 15 août 1955 et mit en commun ses maigres ressources afin de célébrer notre survivance. Nous avions été déracinés, coupés de tous les progrès du monde extérieur pendant des générations, et nous avions survécu de peine et de misère durant plus d'un siècle. Mais nous étions maintenant revenus, toujours fermement accrochés à notre religion et à notre langue. Les terres étaient moins invitantes que celles que nos ancêtres avaient découvertes en 1604 et commencé à cultiver une quarantaine d'années plus tard. Néanmoins, nos parents et nos grands-parents allaient persévérer, animés par un profond sentiment d'appartenance à la communauté et le désir de se forger une identité distincte.

3

Saint-Maurice : là où tout
a commencé pour moi

Difficile d'imaginer lieu plus inhospitalier que Saint-Maurice. Et pourtant, il serait aussi difficile pour moi d'imaginer une enfance plus heureuse que celle que j'y ai passée. Tout d'abord, la communauté. Aujourd'hui, Saint-Maurice est une communauté à l'agonie tout simplement parce qu'elle n'a aucune raison économique de vivre. Elle est située à plusieurs kilomètres du détroit de Northumberland et d'une route principale, et donc loin de toute pêche commerciale et de toute forme de circulation. On ne peut y pratiquer aucune culture à valeur commerciale, et le village est caché au milieu d'une forêt, et une forêt chétive par-dessus le marché. Il n'est pas facile de décrire Saint-Maurice, car il y a si peu à décrire. La meilleure façon de le décrire serait peut-être de le comparer à la terre que Dieu donna à Caïn.

Saint-Maurice se trouve au bout d'un chemin long et sinueux par endroits, qui passe au milieu de nulle part hormis une forêt qui semble incapable de produire autre chose que des arbres rabougris. Au bout des neuf kilomètres que mesure le chemin, il n'y a rien. On y compte une trentaine de maisons de nos jours, sensiblement moins que dans les années 1950. Les maisons, à cette époque comme aujourd'hui, sont modestes d'après les normes canadiennes. Un bon nombre d'entre elles sont littéralement collées sur le chemin. Aucun volet n'en décore les fenêtres et il n'y a pas de pelouses, de sorte que le bord de la route se confond avec les devants de porte. Il n'y a aucun point d'intérêt de quelque sorte. Bref, il n'y a rien de spécial, rien d'original et rien qui ait la moindre importance à Saint-Maurice. Autrefois, il y avait un ruisseau de taille respectable qui serpentait dans le hameau, mais même lui est maintenant chose du passé. Il y a une trentaine d'années, le ruisseau s'est transformé en un mince filet d'eau. On peut encore maintenant voir la trace de son lit, car le ruisseau reprend vie pour un instant à chaque printemps, à la fonte des neiges.

Tel que je me le rappelle, Saint-Maurice était un village de gens chaleureux, généreux et sans prétention, toujours prêts à donner un coup de main. Ses habitants vivaient paisiblement en se faisant un minimum de tracasseries et d'attentes. Ils n'étaient pas matérialistes, se contentant de subvenir à leurs besoins primaires, peut-être parce qu'ils ne pouvaient guère espérer mieux. Ils n'étaient une menace pour personne et ne voulaient pas l'être non plus. Je ne me rappelle pas que nous ayons jamais verrouillé la porte d'en avant. En fait, je ne crois pas que nous ayons même eu une clef pour la verrouiller. Les gens allaient et venaient dans notre maison comme si c'étaient des membres de la famille. Personne ne frappait à la porte, et nous n'avions même pas de sonnette. Si quelqu'un, pour quelque raison, voulait voir l'un d'entre nous, il n'avait qu'à entrer. Si par hasard il se présentait à l'heure du repas, il s'assoyait pour manger comme nous tous. C'est ainsi qu'on faisait à Saint-Maurice dans les années 1950. Les gens avaient un fort esprit communautaire, et nous croyions dans le collectivisme non pour ses mérites idéologiques, mais parce que nous n'avions pas le choix.

J'ai vécu à Saint-Maurice jusqu'à l'âge de 12 ans et je garde de très doux souvenirs de ces années. La vie y était tranquille et plutôt peu exigeante, du moins pour moi, le dernier de la famille. J'ai fréquenté une école typique à une seule classe, sans eau courante, sans électricité, avec un poêle à bois au milieu de la pièce. Nous allions à tour de rôle chercher du bois dans la remise à l'arrière de l'école pour alimenter le poêle. L'institutrice passait d'un niveau à l'autre avec une aisance relative pour accorder son attention aux élèves, nous laissant plusieurs pauses par jour. On pouvait toujours prêter l'oreille à ce qu'elle disait aux élèves des niveaux supérieurs, question de voir si on était assez intelligent pour comprendre de quoi elle parlait.

La qualité de l'éducation était acceptable compte tenu de l'époque. Au bout de la sixième année, les élèves de tous les villages environnants étaient réunis pour subir les examens régionaux avant d'accéder à ce qu'on appelle maintenant l'école secondaire. Je terminai premier de ma classe, et le prêtre de la paroisse en fit l'annonce dans un de ses sermons un dimanche matin. Ma mère n'était pas peu fière et moi non plus, mais pour des raisons bien différentes. En effet, le prêtre annonça également que je recevrais un prix. J'attendis avec impatience de le recevoir durant ce qui me sembla des semaines. J'eus le temps de laisser mon esprit s'emballer sur la nature de ce prix – de l'équipement de hockey ou, peut-être, un vrai bâton de baseball et une balle. Imaginez ma déception quand enfin le prix arriva : un livre bien mince intitulé *Nous qui faisons route ensemble*, d'Henry Brifaut. Je l'ai toujours, mais il me reste encore à le lire. Je ne crois pas que je le fasse un jour.

Notre maison se trouvait en plein cœur du village, une grande maison blanche à deux étages. Elle avait un porche vitré à l'avant, un grand salon, une salle à manger, une grande cuisine de campagne, une chambre pour nos parents au rez-de-chaussée, une salle de couture et une autre pièce qui abritait le bureau de poste local, dont ma mère était responsable. Quand la télévision arriva dans la maison, mes parents combinèrent le salon et la salle à manger pour faire une grande salle de télévision. Les chambres des enfants étaient situées à l'étage, tandis que dans la cave il y avait des pièces de rangement et une fournaise à bois. Cependant, nous n'avions pas l'air propulsé, si bien que la chaleur produite par la fournaise devait se frayer un chemin jusqu'à nos chambres sans encouragement. Certaines nuits d'hiver étaient particulièrement froides.

L'école à une classe que je fréquentais était située juste de l'autre bord du « chemin du roi », et à côté de l'école se dressait une petite chapelle blanche qui, chaque mois de mai, devenait le point de rassemblement du village. Tous les soirs durant le mois de mai (« c'est le mois de Marie, c'est le mois le plus beau »), pratiquement tous les gens de la communauté venaient à la chapelle pour prier, chanter et célébrer la Vierge Marie. Nous fêtions aussi l'arrivée du printemps, le temps de l'année où nous pouvions sortir nos bâtons de baseball (fabriqués à la main) et nos balles (le modèle bon marché en caoutchouc, achetées au magasin 5-10-15 de Bouctouche) et où nous pouvions nous amuser. Il me semblait qu'assister aux prières du mois de mai était le prix à payer pour pouvoir s'amuser.

À 18 h tous les soirs, nous étions tous rassemblés, tels des militaires pour l'appel nominal, pour rentrer à la maison afin de réciter le chapelet. L'archevêque de Moncton avait alors une émission quotidienne de 15 minutes à la radio française pendant laquelle il récitait le chapelet et dispensait quelques paroles de sagesse (le quart d'heure marial). Aucun de nous, les enfants, n'avait de montre, mais nous savions toujours quand c'était l'heure de rentrer. La voisine d'à côté ouvrait sa porte d'en avant à 17 h 55 précises tous les soirs et criait à ses enfants, d'une voix si forte que la moitié du village pouvait l'entendre et souvent ponctuée de jurons, de venir réciter le chapelet. Comme elles étaient longues et pénibles, ces 15 minutes! Il nous fallait abandonner ce à quoi nous étions occupés et courir à la maison. Par-dessus le marché, l'archevêque Norbert Robichaud avait une des voix les plus perçantes, les plus ennuyantes et les plus agaçantes de toute l'Acadie. Mon corps faisait le geste de réciter le chapelet, mais j'avais l'esprit ailleurs, souvent tourné vers la partie de balle ou de hockey que nous étions en train de jouer au moment où l'on nous avait si brusquement rappelés à l'ordre.

Puisque ma mère s'occupait du bureau de poste local, cela signifiait que tout le monde dans la communauté passait chez nous au moins une fois par semaine. Nous étions les premiers du village à avoir un téléviseur, ce qui posait des défis particuliers. Les chaînes étaient toutes en anglais et, du moins au début, nous avions du mal à essayer de comprendre ce que tous ces nouveaux visages cherchaient à nous dire. À Saint-Maurice, comme dans des milliers de petits villages ruraux partout en Amérique du Nord, la télévision nous ouvrit sur le monde pour révéler des images fascinantes de lieux très éloignés de notre communauté. Nous pouvions voir les gratte-ciels de New York, des nouvelles des quatre coins du Canada et, plus importants encore, nos bien-aimés Canadiens de Montréal les samedis soir.

Le mercredi soir à 20 h était une occasion spéciale. Les Bunkhouse Boys avaient alors une émission d'une demi-heure de musique country et western diffusée sur le réseau local de Moncton. Ils chantaient en anglais bien qu'en fait plusieurs chanteurs aient été Acadiens. C'étaient les frères Myers. On m'a raconté qu'ils étaient originaires du comté de Kent, ou du moins que leurs parents l'étaient, et qu'en réalité leur nom était Maillet. Ils chantaient sous le nom Myers pour se faire accepter plus facilement par les propriétaires anglophones de la station de télévision locale et par la communauté anglophone de Moncton. Même aujourd'hui, j'ignore encore si toute cette histoire est vraie, mais à l'époque elle me semblait tout à fait vraisemblable et m'apparaissait logique.

Le mercredi soir était un moment très occupé chez nous. Les gens commençaient à arriver pour les Bunkhouse Boys n'importe quand après 19 h. Notre téléviseur appartenait à la communauté au moins tous les mercredis soir. Je me souviens que Liberace était en ondes pendant 30 minutes juste avant les Bunkhouse Boys. Nous n'arrivions jamais à comprendre pourquoi les Anglais pouvaient trouver quelque intérêt à son émission. Il se drapait dans des costumes extravagants et chantait des chansons auxquelles les gens de Saint-Maurice n'étaient pas vraiment habitués. Nous attendions tous avec impatience que prenne fin ce spectacle bizarre d'un homme et de son émission, sachant bien sûr que les Bunkhouse Boys viendraient ensuite. Les chaises étaient alignées autour du téléviseur, et mes sœurs, mon frère et moi restions debout avec nos parents au fond de la pièce – c'était souvent à guichets fermés chez les Savoie les mercredis soir lorsque les Bunkhouse Boys passaient à la télévision. Aucune autre émission, hormis *Les Belles Histoires des pays-d'en-haut*, ne savait capter l'intérêt de la communauté, de sorte que souvent on nous laissait profiter de la télévision en famille pendant le reste de la semaine.

Il y eut toutefois une exception. Le soir du 10 décembre 1958 restera à jamais gravé dans ma mémoire. Yvon Durelle, l'un des nôtres, livrait un combat contre Archie Moore pour le titre de champion du monde chez les poids mi-lourds à l'ancien Forum de Montréal. J'avais alors 11 ans et j'eus la permission de rester debout pour regarder ce que le chroniqueur sportif Greg Smith, entre autres, décrivit comme « la norme par laquelle on mesure les grands combats » (traduction libre). Les journalistes sportifs de l'époque, et même ceux d'aujourd'hui, affirment que ce combat a été l'incarnation de l'habileté et de la volonté dans le domaine de la boxe. Moore avait de grande habiletés en boxe tandis que Durelle était animé par une grande volonté. La veille du combat, j'avais prié tous les saints du ciel qui daigneraient me prêter l'oreille d'intervenir afin que Durelle l'emporte. Un an plus tôt, j'étais allé avec mon père au vieux stade de Moncton (une gâterie rare et spéciale, en effet) pour voir Durelle mettre Gordon Wallace, un boxeur de l'Ontario, K.O. au deuxième round et remporter le titre de champion de l'« Empire britannique » chez les mi-lourds. Ce n'était pas un mince exploit pour le « boxeur qui venait de la mer » de Baie-Sainte-Anne, une autre petite localité acadienne située le long du détroit de Northumberland.

Je revois Yvon Durelle lorsqu'il vint à Sainte-Maurice pour visiter Jos à Calixte à Pisse Vite et le *bootlegger* local. Je ne saurais vous dire à quel point la visite de Durelle à notre village provoqua une grande commotion. Sa présence même rayonnait dans tout le village comme si un demi-dieu venait d'atterrir pour une brève visite. Encore aujourd'hui, je me souviens très bien de Durelle passant devant notre maison au volant de sa grosse Buick noire à une vitesse bien supérieure à celle de n'importe qui d'autre. J'allai dire à qui voulait l'entendre que j'avais vu Yvon Durelle passer devant chez nous en voiture. Toutefois, je ne révélais rien que tout le monde au village ne savait pas déjà. C'était avant l'époque d'Internet, du télécopieur et même du téléphone dans le cas de Saint-Maurice, et pourtant, quelques minutes après son apparition, tout le monde savait que Durelle était au village. Notre patelin nous donnait bien peu de motifs de nous enorgueillir, mais la vue furtive de Durelle roulant à pleine vitesse sur le chemin de Saint-Maurice venait tout au haut de la liste.

Le soir du 10 décembre 1958, Durelle sauta dans le ring pour affronter Archie Moore avec son grand cœur, ses bras puissants et peu d'entraînement préalable. Mike Dunn, autre chroniqueur sportif, écrivit que « Durelle a fait la majeure partie de son entraînement au travail, à tirer des casiers à homards des eaux glaciales près de Baie-Sainte-Anne ». La question était de savoir s'il était suffisamment en forme pour tenir le coup durant 15 rounds dans le ring face à Archie Moore, talentueux et bien entraîné. De l'avis général, Durelle devait attaquer Moore dès le début, et c'est ce qu'il fit. Tôt dans le premier round, Durelle envoya Moore au tapis à trois reprises, et tout le monde crut que le combat était fini. C'est certainement ce que nous avons cru chez nous. Mais l'une des fois où il fut expédié au tapis fut suivie d'un décompte lent controversé, et Moore revint à la charge pour remporter le combat en 11 rounds.

Après le combat, Moore déclara : « Durelle m'a frappé plus solidement que j'ai jamais été frappé de ma vie[1]. » C'était une bien mince consolation pour nous! Personne ne dit grand-chose dans notre maison, et les gens rentrèrent chez eux en silence, la tête basse. Nous nous posions tous la même question : pourquoi fallait-il que ce décompte lent arrive à Durelle ou, plus précisément, à nous? Je me demandais pourquoi tous ces saints que j'avais priés la veille étaient endormis aux commandes tandis que l'arbitre bégayait et bafouillait lors d'un exercice aussi simple que de compter jusqu'à 10. Je montai dans ma chambre, convaincu que je n'avais aucune raison de dire mes prières ce soir-là vu que tous ces saints m'avaient laissé tomber, je pleurai et je m'endormis sans dire un mot à mon frère, avec qui je partageais ma chambre. Lui non plus ne prononça pas un mot. Il était venu à la maison ce soir-là du Collège Saint-Louis, un collège résidentiel dirigé par des prêtres non loin de Saint-Maurice, spécialement pour regarder le match de boxe.

Le lendemain, tout ce dont on parlait au village, c'était de Durelle qui avait perdu par tricherie à cause d'un décompte lent, et qui serait champion du monde des poids lourds et à plus forte raison des mi-lourds si seulement il avait eu accès aux bons entraîneurs et aux installations qu'il lui aurait fallu pour s'entraîner. Il ne nous vint jamais à l'esprit que la situation n'était probablement pas meilleure, et même qu'elle était vraisemblablement pire, pour Archie Moore, un Noir américain né au Mississippi en 1913, qui passa une bonne partie de sa vie dans une école de réforme, jusqu'à l'âge de 21 ans. Avec le temps, Moore et Durelle devinrent de bons amis et Moore lui rendit visite plus tard à Baie-Sainte-Anne et à Moncton. Ils conclurent probablement qu'ils avaient beaucoup de choses en commun.

Il arrivait souvent à mon père de partir au Labrador ou à Camp Gagetown, près de Fredericton, ou à Moncton pour travailler dans le secteur de la construction. Mes deux parents attachaient une grande importance à l'éducation – le laissez-passer pour sortir de Saint-Maurice et se trouver un bon emploi. Mes trois sœurs aînées sont devenues enseignantes, ma quatrième sœur, infirmière, et mon frère Claude, psychologue pour ensuite connaître beaucoup de succès en tant qu'entrepreneur.

J'ai un frère adoptif plus âgé : Alfred Dowling. Il a quitté la maison alors que j'étais très jeune, ce qui fait que je n'ai pas eu la chance de bien le connaître. J'ai demandé à ma mère pourquoi ils avaient adopté Alfred. Elle m'a expliqué que j'avais un frère aîné, François, qui était décédé à la naissance et que l'adoption d'Alfred avait été une façon de surmonter cette perte. J'ai demandé : pourquoi Alfred? Elle m'a dit qu'il venait de loin et qu'il n'avait personne pour s'occuper de lui.

J'ai appris récemment une histoire fort différente. Il est vrai que j'avais un frère qui était décédé, mais mes sœurs m'ont dit que l'une de mes tantes du côté de mon père était tombée enceinte et avait dû quitter le village, du moins de façon temporaire. Dans les années 1930, les mères célibataires des régions rurales du Nouveau-Brunswick (et, en fait, de partout au pays) ne devaient pas se faire voir. Elles n'avaient guère d'autre choix que de se cacher dans la honte, et il semble que ma tante soit partie de Saint-Maurice pour passer sa grossesse dans un foyer pour mères célibataires à Saint John. Les années de la Dépression frappaient durement et dévastaient les localités acadiennes comme elles le faisaient ailleurs au Canada. Ma tante n'avait pas beaucoup d'argent et n'avait pas l'intention de rester à Saint John plus longtemps qu'il ne le fallait. Mon oncle Calixte Savoie, alors déjà un chef de file bien connu dans la société acadienne et plus tard sénateur, conclut un arrangement spécial avec le foyer pour mères célibataires : les Savoie allaient adopter un enfant du foyer en échange des soins que celui-ci fournirait à ma tante et à l'enfant une fois qu'elle serait partie de Saint John. C'est à mes parents, plus précisément à ma mère, qu'il échut d'élever Alfred Dowling.

J'étais très proche de ma mère, mais beaucoup moins de mon père. Avec le temps, j'en suis venu néanmoins à reconnaître les mérites de mon père et à apprécier le temps et les efforts qu'il a dû consacrer à bâtir son entreprise. Mes frères et sœurs ont toujours insisté pour dire que j'étais le chouchou de ma mère. Étant le bébé de la famille, je bénéficiais de précieux avantages qui expliquent peut-être pourquoi je pus me tirer impunément de situations alors que mes frères et sœurs recevaient une punition. Durant mon enfance, j'ai aussi eu une relation très étroite avec mon frère Claude et ma sœur Fernande, qui étaient seulement un peu plus âgés que moi. Mes trois sœurs aînées, Rose-Marie, Simone et Claudette, ont quitté la maison pour aller à un couvent de Bouctouche y faire leurs études scolaires, puis à l'École normale ou l'institut pédagogique de Fredericton quand j'étais encore en très bas âge. Je les aime tous et toutes et je me rends compte maintenant que, comparativement à moi, ils ont eu le mauvais bout du bâton parce qu'ils étaient plus vieux. On s'attendait à ce qu'ils participent aux tâches ménagères pendant leur enfance et à ce qu'ils aident à la famille après l'obtention de leur diplôme, ce qu'ils firent. La voiture de Rose-Marie fut mise à la disposition de tous ceux et celles dans la famille qui possédaient leur permis de conduire. Je bénéficiai de tous les avantages liés à mon statut de bébé de la famille, et on ne me demandait jamais grand-chose en retour.

Claude, Fernande et moi jouions au hockey en hiver et à n'importe quel sport que nous pouvions imaginer en été, en utilisant de l'équipement très rudimentaire. Nous construisions une patinoire entre la maison et la grange, et des amis de par en haut et de par en bas du village venaient y jouer. Nous avions des bandes de fortune – des deux par quatre attachés en une forme plus ou moins rectangulaire. En réalité, ce sont les bancs de neige qui servaient de bandes. Ça fonctionnait bien, sauf que nous perdions beaucoup de rondelles de hockey au cours de l'hiver. Le printemps, à la fonte des neiges, les rondelles commençaient à faire surface une à une, et à la fin nous étions en mesure de récupérer les rondelles qui s'étaient accumulées pendant l'hiver. L'ennui, c'est que nous manquions de rondelles dès la fin de janvier, et nous devions improviser le reste de la saison, à moins que l'hiver ne soit entrecoupé d'un bref dégel. Qu'à cela ne tienne, nous avons découvert que de la bouse de vache bien gelée faisait tout autant l'affaire.

Il y avait aussi une sérieuse pénurie d'équipement de hockey à Saint-Maurice. Certains d'entre nous avaient un chandail de hockey, mais plus nombreux étaient ceux qui n'en avaient pas. Les chandails de hockey arboraient les couleurs d'une seule équipe : les Canadiens. J'oserais même dire qu'aucun chandail des Maple Leafs de Toronto ne s'est jamais rendu à Saint-Maurice jusqu'à ce jour. Certains d'entre nous avaient des jambières, beaucoup n'en avaient pas. Le féminisme ne se ferait sentir que des années plus tard, ce qui explique probablement pourquoi Fernande n'avait pas de jambières. Le hockey était un jeu de garçons, mais elle brûlait d'envie de jouer, et nous étions toujours à court de joueurs. Sous nos soins, elle se retrouvait harnachée d'un catalogue Eaton sur une jambe et d'un catalogue Simpsons-Sears sur l'autre. Elle était notre gardienne de but et elle s'en tirait fort bien, compte tenu de l'état de son équipement.

J'admirais ma mère, et il y avait bien des raisons de l'admirer. Elle avait sept enfants à élever, enseignait à l'école, dirigeait le bureau de poste local, s'occupait de notre petite ferme, rendait service à sa communauté de maintes façons et, après notre départ de Saint-Maurice pour Moncton, elle continua d'enseigner tout en aidant mon père à monter une entreprise prospère. Quand nous étions encore à Saint-Maurice, elle enseignait à l'école d'un village voisin, Saint-Gabriel, à une distance de six kilomètres. Je la revois encore, se rendant à pied à Saint-Gabriel afin d'enseigner dans son école à une seule pièce. L'hiver, elle partait en raquettes, bravant les éléments et les animaux sauvages qu'elle risquait de croiser sur son chemin. Certains lecteurs auront peut-être du mal à le croire à notre époque des véhicules à quatre roues motrices, des VUS, des moto-neiges et des vidéoconférences, mais les transports et les moyens de communication en étaient encore à un stade primitif à Saint-Maurice dans les années 1950.

Pour venir à Saint-Maurice et en sortir, il n'y avait qu'un chemin de terre, ce qui signifie que parfois, le printemps, il fallait renoncer aux automobiles à cause de la vase qui, à certains moments et par endroits, pouvait atteindre une profondeur de près d'un pied. Ce n'était guère mieux durant les mois d'hiver. Nous étions les derniers de la liste des routes à déneiger, et de toute façon la machinerie pour déblayer la neige dans le comté de Kent n'était pas très fiable à cette époque. Il ne faisait aucun doute, du moins dans notre esprit, que les communautés anglaises disposaient d'équipement de qualité supérieure.

Le chemin pour se rendre à Saint-Maurice serpentait sur quatre kilomètres de forêt intacte avant d'arriver à une maison, de sorte que le chasse-neige n'avait pas la tâche facile, même avant de pouvoir retourner à la civilisation. La première maison de la localité, qui se dressait à environ un kilomètre de la route, était celle du premier des deux *bootleggers* du village. L'autre *bootlegger* se trouvait de l'autre côté du ruisseau qui coulait derrière notre maison. La concurrence était vive entre les deux. Les dimanches après-midi étaient toujours la période la plus pressée de la semaine pour eux, l'équivalent moderne du magasinage du vendredi soir au Wal-Mart. Des voitures étaient stationnées tout autour des deux maisons, ce qui aurait suffi pour mettre la puce à l'oreille de n'importe quel agent de la GRC si seulement l'un d'eux avait pris le temps de franchir la courte distance depuis le détachement de Bouctouche. Les policiers de la GRC venaient rarement à Saint-Maurice – si tant est qu'ils y soient jamais venus. En fait, je ne me souviens pas d'une seule fois où la GRC s'est montrée à Saint-Maurice. C'est peut-être parce que les deux agents en poste à Bouctouche ne parlaient pas notre langue, ce qui sans doute arrangeait fort bien nos deux *bootleggers* au commerce florissant. Mis à part un minuscule magasin de bonbons, qui était situé dans le salon de notre voisin et où l'on ne vendait que des cigarettes, des bonbons, des croustilles, des boissons gazeuses et des conserves en boîte, les *bootleggers* étaient les seuls commerces du village.

Je me rappelle bien l'arrivée du téléphone dans notre village. Nous disposions d'une seule ligne à laquelle étaient branchés tous ceux du village qui avaient le téléphone. Les nouvelles circulaient toujours rapidement dans le village, mais elles circulèrent beaucoup plus rapidement à partir du jour où le téléphone y fit son apparition.

Il y avait dans le village un vieux grincheux appelé Siméon. Si j'ai bonne mémoire, tout le monde le trouvait acariâtre, déplaisant et contrariant. Jamais je ne me suis approché de sa maison. Il demeurait à seulement trois maisons de chez nous, et il m'arrivait souvent de devoir passer derrière sa maison pour aller à la pêche. J'attendais qu'il soit à l'intérieur pour m'y rendre, mais il était imprévisible. S'il se trouvait à l'extérieur, ce n'était jamais une expérience agréable. J'y allais quand même, car des castors avaient construit un barrage sur le ruisseau derrière chez lui, et c'était le meilleur endroit pour pêcher dans tout le village. J'ai attrapé plus de truites dans ce trou à truites que dans tous les autres trous de ce ruisseau réunis. Il se peut très bien que Siméon ait voulu garder ce trou à truites pour lui tout seul ou que, comme le prétend maintenant une de mes sœurs, il aboyait fort mais ne mordait pas. Je n'ai jamais traîné dans les parages pour le vérifier.

Mon frère Claude et moi avons décidé que, tout compte fait, le téléphone nous fournirait le moyen d'affronter Siméon d'égal à égal. Enfin, nous avions maintenant entre nos mains l'outil qui nous permettrait de lui rendre la monnaie de sa pièce. Il nous était désormais possible de lui parler sans même devoir nous rendre près de sa maison. Nous avons donné deux tours et demi de manivelle pour appeler chez lui. Il répondit. Sans bien sûr nous identifier (a posteriori, ce dut être assez facile pour lui de deviner qui appelait), nous avons dit : « Siméon, nous voulons te tuer. » Sa réponse ne se fit pas attendre : « T'as un mauvais numéro. Sacre-moi la paix. » Nous nous sommes regardés, mon frère et moi, et nous nous sommes rendu compte que le téléphone avait aussi ses inconvénients : ses usagers pouvaient répliquer. Nous avons décidé de retourner à notre planche à dessin pour nous venger de Siméon. Nous n'avons cependant jamais réussi à être quittes avec lui.

Siméon n'était pas dépourvu d'habiletés utiles au village. Bien qu'il n'ait reçu aucune formation, Siméon était un bon vétérinaire (quoique non officiel) et celui à qui on s'adressait quand quelque chose n'allait pas chez les animaux de la ferme. Un jour où notre vache était sur le point de vêler, il y eut des complications. Ma mère demanda à mes sœurs d'aller demander à Siméon de venir lui donner un coup de main. Mes sœurs se montrèrent réticentes. Même dans les meilleurs moments, il n'était pas facile de parler à Siméon, et elles se demandaient bien comment elles lui expliqueraient le problème. Ma mère lui écrivit donc une note. Mes sœurs allèrent le chercher, la note à la main. Siméon leur dit que la note était complètement inutile parce qu'il ne savait pas lire. Une de mes sœurs lui en fit courageusement la lecture. Il vint, et la vache et le veau s'en tirèrent.

Mes années à Saint-Maurice furent marquées par la simplicité, la routine et la facilité si on les compare à ce que vivent maintenant les jeunes Acadiens et Acadiennes de Moncton. La pression des camarades, nos vêtements et notre façon de nous habiller n'avaient pas la moindre importance pour qui que ce soit. Il n'y avait pas de rivalité. Il y avait exactement deux élèves de mon niveau, et l'autre s'intéressait peu ou pas du tout aux études. Je suis toujours arrivé premier de ma classe sans aucun effort!

La vie n'était jamais bien exigeante pour moi, mais il en allait autrement pour mes frères et sœurs aînés. C'est toujours eux qui portaient les lourdes charges, qu'il s'agisse d'aider à la cuisine, de faire du ménage ou d'entrer du bois pour le poêle et la fournaise (là, j'aidais), en passant par les travaux des champs et l'entretien du jardin. J'appris néanmoins à traire notre vache et devins plutôt habile à cette tâche, que je partageais avec mon frère. Nous étions toujours incommodés par la queue de la vache, qui n'arrêtait pas de nous fouetter le visage pendant que nous étions en train de la traire. La vache cherchait seulement à chasser les mouches sur son dos. Nous avons décidé d'attacher la queue de la vache à un gros crochet suspendu au mur pendant la traite. Tout fonctionna pour le mieux jusqu'au jour où nous avons oublié de lui détacher la queue. Comme d'habitude, après la traite, la vache s'élança d'un mouvement énergique pour retourner au pâturage. La vache partit, mais la moitié de sa queue resta en arrière, fermement attachée au crochet fixé dans le mur. Nous avions un problème. Comment allions-nous expliquer ce revirement de situation à notre père? Nous avons réussi de quelque façon à fournir une explication rationnelle de l'incident, et le seul dommage qui en résulta fut le large bandage de tissu blanc que la vache dut porter pendant des semaines en marchant dans notre champ, en lieu et place de sa queue.

Voilà en quelque sorte le plus grand émoi que nous avons pu susciter à Saint-Maurice. L'été, j'allais souvent pêcher dans le ruisseau qui coulait derrière chez nous, remontant jusqu'au barrage de castors derrière la maison de Siméon aussi souvent que j'en avais le courage. Mon frère avait un fusil à plombs qu'il me laissait utiliser chaque fois qu'il n'était pas dans les environs. J'allais à la chasse, tirant surtout sur de petits oiseaux perchés sur les lignes électriques. Je ne me souviens pas d'en avoir jamais atteint, mais je me rappelle avoir fait quelques trous dans des fenêtres autour de notre maison.

L'hiver, j'installais plusieurs collets à lièvre dans les bois non loin de la maison. J'avais plus de succès à attraper des lièvres avec mes collets qu'à atteindre quoi que ce soit qui bougeait à l'aide d'un fusil à plombs. Mon succès était tel que j'ai mangé du ragoût de lièvre plus souvent qu'à mon tour, ce qui n'était pas mon plat préféré.

Les dimanches après-midi, nous allions souvent au cinéma à Bouctouche. Au moment où ils finissaient par venir au Roxy Theatre de Bouctouche, les films étaient hélas déjà démodés et avaient pris l'affiche sur pratiquement tous les écrans d'Amérique du Nord. Les propriétaires du théâtre étaient de Rexton, une communauté de langue anglaise du comté de Kent. Les films français ne venaient pas à Bouctouche, et nous ne comprenions pas toujours ce qui se disait. C'était néanmoins un événement – rencontrer de nouvelles personnes de Bouctouche, s'offrir une boisson gazeuse, des croustilles, peut-être une barre de chocolat. Un vieux film, soit, mais tout compte fait la vie n'aurait pas pu être plus agréable.

Mes parents allaient magasiner à Moncton à l'occasion. Ils emmenaient avec eux un des enfants à tour de rôle afin que nous ayons tous la chance d'y aller. J'aimais faire le voyage, voir les grands magasins remplis d'articles, utiles ou non. L'image du magasin Eaton me revient encore à l'esprit. L'entreprise avait choisi Moncton pour y établir la plupart de ses opérations régionales et ses services par catalogue pour les trois provinces Maritimes. Le magasin s'étendait sur plusieurs étages de produits, ce qui en soi était suffisant pour produire une profonde impression sur n'importe quel jeune Acadien de Saint-Maurice. Je suivais mes parents pendant qu'ils faisaient des courses, et pas une fois je ne me rappelle qu'on nous ait servis en français.

Il y a une chose que j'ai vue lors de mes voyages à Moncton qui produisit sur moi une impression durable. Il nous fallait passer devant les deux premiers trous du Club de golf de Lakeside. Le visage pressé contre la vitre de la voiture, j'étais fasciné et j'essayais de comprendre ce que faisaient tous ces adultes dans le champ, où le foin était toujours coupé à quelques pouces du sol. Ma mère expliqua qu'ils couraient après une petite balle blanche et que le but du jeu était de la faire entrer dans un petit trou situé très, très loin. Les adultes avaient des instruments spéciaux pour lancer la balle vers le petit trou. Je demandai à ma mère pourquoi diable ils voulaient faire cela. Ne pouvaient-ils pas trouver quelque chose de mieux à faire? Je me rappelle qu'elle me répondit que c'était un jeu auquel les Anglais s'adonnaient souvent pendant l'été. Ce n'était vraiment rien pour rehausser l'image que j'avais déjà des Anglais. Je me souviens que mon père ajouta que c'étaient des gens fortunés qui jouaient au golf, ce qui signifiait dans mon esprit que le golf n'était pas pour les Acadiens.

Les gens qui avaient de l'argent n'étaient pas des Acadiens. Notre centre commercial était Bouctouche, où nous nous rendions bien plus souvent qu'à Moncton, au moins quelques fois par semaine. Bouctouche comptait des commerces qui répondaient aux besoins les plus élémentaires de la communauté. Nous avions un concessionnaire automobile Dodge Plymouth, un magasin 5-10-15 et, bien sûr, K.C. Irving. Irving possédait un magasin général qui portait le nom de son père – J.D. Irving – et une station-service. K.C. Irving faisait figure de modèle pour tout aspirant entrepreneur. Les Acadiens du comté de Kent et les Irving avaient de bonnes relations, ce qui est encore évident de nos jours. K.C. Irving n'a jamais passé pour un bigot ou un anti-français, et c'est tout ce qui comptait pour les Acadiens il y a 50 ans. Cela voulait dire qu'on pouvait lui faire confiance. Il était connu pour embaucher des Acadiens et leur donner les mêmes chances qu'à tout Néo-Brunswickois de langue anglaise. À cette époque, les Acadiens ne pouvaient rien demander de plus. Il y eut une période où les rapports entre K.C. Irving et les Acadiens du comté de Kent étaient tendus – lorsque K.C. Irving déclara publiquement sa forte opposition au programme Chances égales de Louis J. Robichaud. Mais la situation revint à la normale après que le programme eut été complètement mis en œuvre et que Robichaud eut quitté la politique active.

Je me rappelle avoir vu K.C. Irving à sa station-service. Il avait l'habitude d'y faire un tour, surtout pendant les mois d'été. Un jeune Acadien de Saint-Antoine, une localité près de Bouctouche, fut embauché pour vendre de l'essence à sa station-service. Il s'était fixé l'objectif de devenir un entrepreneur, ce qui ne se voyait pas souvent parmi les jeunes Acadiens à cette époque. Un jour, K.C. Irving vint y acheter de l'essence et le jeune Acadien y vit l'occasion d'impressionner Irving et de lui demander conseil sur la façon de devenir un entrepreneur. Il décida de lui fournir le service complet et plus encore. Il mit de l'essence, il lava non seulement le pare-brise mais toutes les vitres de l'auto, il nettoya les phares et passa même un chiffon sur les pare-chocs avant et arrière. Il y mit le plus grand soin. Pendant ce temps, K.C. Irving était debout, les bras croisés, observant ce jeune homme s'affairer avec autant d'attention. C'est un fait bien connu au Nouveau-Brunswick que K.C. Irving a toujours traité chaque personne qu'il rencontrait avec la plus grande civilité. Il attendit patiemment que le travail soit fini. Le jeune futur entrepreneur se présenta devant K.C. Irving pour prendre son argent et lui demanda : « Mon rêve, c'est de devenir un homme d'affaires. Auriez-vous un conseil à me donner? » K.C. Irving répondit calmement : « Il faudra que tu travailles beaucoup plus rapidement si jamais tu veux faire de l'argent. » Je suis heureux de rapporter que cet entrepreneur en herbe a bel et bien appris à travailler plus rapidement et qu'il est maintenant un homme d'affaires accompli qui produit et vend des matériaux de construction.

En 1957, mon père décida de rompre quelque peu avec la tradition de Saint-Maurice et de lancer sa propre entreprise. Je me souviens clairement de les avoir accompagnés, ma mère et lui, à Richibouctou où il rencontra un jeune avocat afin de constituer légalement son entreprise : La Construction Acadienne/Acadian Construction. Mon père entra dans la maison de l'avocat tandis que ma mère et moi sommes restés dans la voiture pendant ce qui sembla des heures. Je me rappelle comme si c'était hier que, sur le chemin du retour, mon père se tourna vers ma mère et lui dit : « Un jour, ce jeune avocat sera premier ministre du Nouveau-Brunswick. » Il s'appelait Louis J. Robichaud. C'est à ce moment précis que je suis devenu un mordu de la politique. Imaginez ce que ce serait, me disais-je, si jamais un Acadien devenait premier ministre du Nouveau-Brunswick...

En rétrospective, je constate que ce qui m'impressionna le plus ce jour-là n'est pas le fait que mon père fondait une entreprise privée qui allait grossir et fructifier et continuer de prendre de l'expansion, comme je l'écris dans ce livre, pour devenir l'une des principales entreprises du sud-est du Nouveau-Brunswick dans les secteurs de la construction et de l'immobilier commercial. C'est plutôt la possibilité qu'un jeune Acadien du comté de Kent devienne un jour premier ministre du Nouveau-Brunswick. Avec le temps, bien sûr, j'en suis venu à reconnaître le courage et la vision dont mon père fit preuve en démarrant sa propre entreprise. Il lui fallut du courage aussi pour donner à son entreprise un nom français, La Construction Acadienne, ce qui se faisait très peu dans le sud-est du Nouveau-Brunswick dans les années 1950 si l'on espérait solliciter des clients dans les communautés anglophones. C'est ce qu'il fit et il réussit à assurer son succès.

Le rôle prépondérant que l'Église catholique romaine jouait dans la société acadienne jusque dans les années 1960 contribua certainement à décourager les Acadiens de lancer de nouvelles entreprises. Dans le comté de Kent, le prêtre était roi et maître dans sa paroisse, il inspirait un profond respect et était investi d'un pouvoir énorme. L'Église dirigeait de nombreux aspects de la société, de l'éducation aux soins de santé et même, jusqu'à un certain point, l'économie. Elle imprégnait la plupart des activités commerciales ou autres et avait sur nous tous une emprise extraordinaire. Je me souviens d'avoir entendu l'histoire de quelqu'un de Haut-Saint-Maurice qui avait quitté le village et s'était marié avec une anglo-protestante. Tout le village était en état de choc, et je me rappelle avoir pensé que le pauvre homme jetait tout par-dessus bord et irait brûler en enfer pour l'éternité parce qu'il avait pris la décision la plus stupide qu'il soit possible de prendre.

À l'instar de nombreux garçons acadiens de l'époque, je devins un enfant de chœur. Les enfants de chœur devaient rester sur le banc pendant longtemps avant d'être appelés à servir la messe. Il fallait se familiariser avec le rituel, apprendre par cœur plusieurs prières en latin et savoir comment servir la messe. On apprenait par l'observation pendant un an ou deux avant de passer à l'action. Les enfants de chœur chevronnés étaient aussi chargés d'enseigner aux nouvelles recrues. Je n'eus malheureusement pas un tel luxe. Ma famille allait toujours à la messe matinale, et quelques semaines seulement après mon arrivée, on m'informa que j'allais devoir servir la messe, car les deux enfants de chœur désignés étaient malades. Je dis au prêtre que j'étais loin d'être prêt. Il me répondit que nous n'avions pas le choix et ajouta qu'il serait là pour m'aider.

Nous sommes donc entrés dans l'église en venant, comme toujours, de derrière l'autel. Je m'arrêtai au bon endroit et fis ma génuflexion au bon moment – jusque-là, rien à signaler. La première prière que je dus débiter en latin fut le *Confiteor*. À voix basse, presque en chuchotant, je récitai ma prière, égrenant l'un après l'autre les mots aux accents étrangers. Le prêtre jeta vers moi un coup d'œil, le visage perplexe. Les catholiques qui assistaient à la messe savaient qu'un enfant de chœur devait également sonner les clochettes à trois occasions afin de signaler aux ouailles, notamment, qu'elles devaient incliner la tête. Je n'avais aucune idée du signe que je devais guetter pour savoir quand agiter les clochettes. Je supposai que je devais sonner les clochettes une dizaine de minutes après le début de la messe. Je m'exécutai, mais ce n'était pas encore le moment. Le prêtre en fut déconcerté et les paroissiens, confus. Une dizaine de minutes plus tard, je décidai de tenter ma chance à nouveau. Encore une fois, j'étais dans l'erreur. Cette fois, le prêtre me pria de lui apporter les clochettes et il prit la relève. Peu de mots furent échangés dans la voiture sur le chemin du retour à la maison. Je restai assis très longtemps sur le banc avant qu'on m'invite à nouveau à servir la messe.

Les petits villages acadiens des années 1950 étaient relativement autonomes. Par conséquent, nous avions peu de contacts avec le monde extérieur. Il y avait une réserve mi'kmaq à une soixantaine de kilomètres au nord de Saint-Maurice, mais ce n'est que de nombreuses années après être parti de Saint-Maurice que je la visitai pour la première fois. C'était un endroit à éviter. Je me souviens d'avoir vu de temps en temps, en regardant vers le bas du village, deux Mi'kmaq traverser Saint-Maurice à pied en vendant des paniers faits à la main. Ils s'habillaient différemment de nous, la couleur de leur peau était différente et les traits de leur visage étaient plus rudes que les nôtres. Ma mère leur achetait toujours un panier. Elle m'expliqua que mon grand-père avait appris la langue des Mi'kmaq et qu'il secondait le prêtre de la paroisse dans le confessionnal, traduisant du mi'kmaq au français pour qu'ils puissent confesser leurs péchés au prêtre. Influencée par son père, ma mère disait éprouver une grande sympathie pour eux. D'autres gens de Saint-Maurice leur achetaient aussi des paniers, mais pour des raisons différentes. Certains croyaient que les Amérindiens avaient le pouvoir de jeter un mauvais sort sur leur foyer, et l'achat d'un panier était une espèce de police d'assurance visant à protéger leur maison. Je me souviens d'avoir demandé à ma mère si les Indiens de Big Cove pouvaient nous jeter un mauvais sort. Elle répondit comme l'auraient probablement fait la plupart des mères : « Si tu es un mauvais garçon, oui. »

Mon grand-père maternel, Napoléon Collette, était un homme hors du commun à Bouctouche, mais pas à cause de sa taille. Il était court, mais possédait une forte personnalité. Antonine Maillet m'a raconté qu'elle se souvient de Napoléon Collette comme d'un cultivateur prospère, opiniâtre et d'un dévoué partisan libéral. Je me rappelle que je passais une partie des vacances d'été à sa ferme. Il possédait ce qui me semblait être alors de vastes champs, un tracteur, des chevaux et toutes les espèces d'animaux de ferme.

Il mentionnait souvent avec un profond regret qu'il avait voté une fois pour les conservateurs dans sa vie, lorsqu'un de ses amis très respecté de Bouctouche s'était porté candidat du Parti au début des années 1900. Il le regrettait si amèrement qu'il décida de confesser son péché à un prêtre. Mais ce ne fut pas suffisant aux yeux de Dieu, affirmait-il. Il avait une bosse assez visible sur le front et insistait pour dire que c'était Dieu qui l'avait ainsi puni d'avoir voté pour les conservateurs. Il n'allait plus jamais donner son vote aux conservateurs de crainte que Dieu ne le punisse encore plus sévèrement. De l'avis de mon grand-père et de nombreux Acadiens, le Parti conservateur était le parti politique appartenant aux Anglais. Mon grand-père sortit du Nouveau-Brunswick une seule fois dans sa vie, à ce qu'on m'a dit, pour se rendre à Québec en train assister aux funérailles de sir Wilfrid Laurier. Napoléon ne cachait pas son dédain pour les Anglais. Il vivait encore le Grand Dérangement, raison pour laquelle tout ce qui était anglais lui puait au nez. Je me souviens de l'avoir entendu dire en se frottant la bedaine après avoir bien mangé : « Ça, c'est un repas que les Anglais auront pas! »

Après son décès, sa ferme fut vendue d'un seul bloc. De nos jours, on y trouve le Club de golf de Bouctouche, que le répertoire des terrains de golf du Canada décrit comme un parcours « bien conçu [qui] offre beauté et variété et où tout est tranquille » (traduction libre). Le bruit n'a jamais été un problème à Saint-Maurice ni à Bouctouche. J'ai fait le parcours à pied à de nombreuses reprises et, chaque fois, je ne peux m'empêcher de me demander ce que dirait mon grand-père ou ma mère en voyant des Acadiens et des Anglais courir après une petite balle blanche autour de leur ferme.

À la fin des années 1950, mon père décida que la famille déménagerait à Moncton. Son entreprise de construction commençait à

prendre de l'expansion, et il estimait que le déménagement entraînerait de nouvelles occasions d'affaires et lui donnerait accès à de
meilleurs fournisseurs. Comme nous gardions notre maison à Saint-
Maurice, je dis à mes amis que nous allions revenir.

Ce ne fut pas facile de dire au revoir. Saint-Maurice était un milieu agréable et non menaçant. Qui plus est, mes amis étaient tristes
de me voir partir parce que les jeunes avec qui jouer à la balle ou
au hockey n'étaient pas légion à Saint-Maurice, mais aussi parce
qu'ils étaient contrariés de perdre accès à la télévision. Le garçon
du voisin affirma que ses parents lui avaient dit qu'ils allaient acheter un téléviseur. Il se demandait cependant quel genre d'émissions
allaient sortir d'un nouveau téléviseur, croyant que chaque téléviseur avait ses propres émissions et craignant de ne plus jamais regarder les Bunkhouse Boys. Quelques années plus tard, la télévision
française de Radio-Canada ferait son entrée dans les communautés acadiennes.

Mon voisin était loin d'être le seul qui comprenait mal les
nouvelles technologies de la communication. Une dame âgée de
Saint-Maurice qui rendait visite à de la parenté à Waltham, au Massachusetts, décida de mettre le poste de radio familial dans sa valise.
Elle était persuadée qu'une fois rendue à Waltham il lui suffirait de
le mettre en marche à 18 heures pour entendre le quart d'heure marial de l'archevêque Robichaud.

Je n'allais retourner à Saint-Maurice que de temps en temps pour
visiter les anciens amis et la parenté. Plusieurs années après notre
installation à Moncton, notre maison de Saint-Maurice fut détruite
par les flammes. Nous ignorons ce qui a provoqué l'incendie; peut-
être a-t-il été causé par le câblage vétuste ou défectueux, comme
certains l'ont suggéré. J'ai hérité de terres à bois et du terrain où se
dressaient autrefois la maison et la grange. J'ai vendu le terrain à un
Acadien qui vit au Massachusetts mais qui souhaite revenir dans la
région de Bouctouche quand il prendra sa retraite.

Le marché immobilier à Saint-Maurice n'a jamais été très dynamique, encore moins en ébullition comme dans d'autres régions du
pays. Il ne reste aucune activité commerciale dans le village. Les
deux *bootleggers* sont décédés et le propriétaire du magasin de bon-

bons a déménagé en aval, à Bouctouche. En fait, si quelqu'un du quartier Rosedale, à Toronto, décidait de vendre sa maison pour venir s'établir à Saint-Maurice, il aurait suffisamment d'argent pour acheter tout le village, construire une nouvelle maison sur le terrain de son choix, et il lui en resterait encore assez pour s'acheter une nouvelle auto.

J'ai reçu 2 000 $ pour le terrain et j'ai remis cet argent au théâtre l'Escaouette. Ce théâtre est une coopérative qui rassemble des artistes acadiens afin de produire des pièces de théâtre à Moncton. J'ai demandé que les noms de mon père et de ma mère soient indiqués comme donateurs. Je crois que cela leur aurait fait plaisir. Près de 150 ans plus tôt, un de mes ancêtres, Maurice Arsenault, quitta Bouctouche pour s'installer sur une terre ingrate et offrant peu de perspectives, seulement l'espoir et un endroit où planter ses racines. Il enregistra la terre à son nom – une centaine d'acres qui lui furent concédés le 30 juin 1858 – un siècle environ après le Grand Dérangement et neuf ans avant la naissance du Canada.

Moncton allait se révéler un monde bien différent. Un jeune Acadien essentiellement unilingue qui quittait Saint-Maurice pour aller vivre à Moncton en 1959 pourrait se comparer à un jeune Canadien qui, de nos jours, irait s'établir dans un autre pays plus populeux où l'on parle une autre langue. Une telle comparaison n'a rien d'exagéré.

4

Moncton : Louis J. Robichaud
à la rescousse

En 1959, Saint-Maurice n'aurait guère pu être plus différent de Moncton. À Saint-Maurice, la vie ressemblait beaucoup à ce qu'on voyait dans l'ancienne émission de télévision *Cheers* : tout le monde connaissait votre nom, tout le monde était parfaitement au courant des nouvelles de chacun, bonnes ou mauvaises, et il régnait un fort esprit communautaire ou un profond sentiment d'appartenance. On dénombrait environ 200 habitants à Saint-Maurice en 1959, tous des Acadiens, tous francophones et catholiques. Moncton comptait une population de 44 000 habitants, dont 67 % parlaient l'anglais, et la majorité était de religion protestante.

Saint-Maurice et Moncton différaient également sur d'autres points. Moncton était un centre urbain, le siège de nombreuses entreprises, et tous les paliers de gouvernement y avaient des bureaux. L'anglais y était la langue dominante, ce qui était évident partout, depuis les édifices publics jusqu'aux commerces privés, et les églises protestantes y étaient plus nombreuses que les catholiques. D'ailleurs, un étranger arrivant à Moncton en 1960 aurait eu toutes les raisons de croire qu'il s'agissait d'une ville où l'on ne parlait que l'anglais.

Chaque jour et de toutes les façons, les Acadiens se faisaient rappeler qu'ils étaient la minorité. Sans vouloir jeter le blâme sur qui que ce soit, disons que nos conditions économiques étaient sensiblement pires que celles de la majorité de langue anglaise. Rares étaient les Acadiens qui possédaient un commerce. En fait, les Acadiens qui arrivaient à Moncton ne tardaient pas à savoir lesquels, parmi eux, possédaient des commerces. Il n'y en avait qu'une poignée, une situation qui demeura inchangée pendant une bonne partie des années 1960. À cette époque, les Acadiens venaient loin derrière les Monctoniens de langue anglaise quel que soit l'indicateur économique utilisé : le chômage était plus répandu chez les Acadiens, le revenu gagné et le revenu par habitant étaient inférieurs, le niveau d'éducation était moins élevé, et ainsi de suite.

Mais il y avait plus encore. Mis à part nos églises, qui n'avaient rien à envier aux églises protestantes, du moins quant à leur taille, nos institutions publiques étaient nettement de qualité inférieure. Notre hôpital n'était pas aussi grand ni aussi bien équipé que celui des anglophones de Moncton. À quelques exceptions près, nos écoles étaient vétustes et nous avaient été cédées parce qu'elles ne répondaient plus aux normes de la majorité anglophone. Même si notre population était certainement suffisante pour justifier une école secondaire de langue française, nous en avons été privés jusqu'en 1967.

Si l'on avait demandé à un résident anglophone de Moncton en 1960 de décrire l'état des relations entre anglophones et Acadiens à Moncton, il aurait probablement répondu que tout allait bien. Si un résident anglophone de Moncton avait posé la question à un Acadien, la réponse de celui-ci aurait probablement été : « Les choses vont bien. » En revanche, si un Acadien avait demandé la même chose à un autre Acadien, la réponse de celui-ci aurait probablement été bien différente et aurait ressemblé à : « Les choses vont pas bien. »

Du point de vue des anglophones, les relations étaient au beau fixe parce que les Acadiens savaient rester à leur place. Et leur place consistait à se contenter de leur sort dans la société. Autrement dit, ils ne devaient pas faire campagne en faveur de droits linguistiques, ni se montrer trop ambitieux dans les milieux de travail et, surtout, ils devaient apprendre à parler anglais. On trouvait très peu d'Acadiens dans les postes intermédiaires et encore moins dans les postes supérieurs, tant dans le secteur public que privé. À l'époque, les principaux employeurs de Moncton, le CN et Eaton, avaient à l'égard des Acadiens quelque chose d'encore plus impénétrable qu'un plafonnement invisible. S'il est vrai que les Acadiens étaient moins éduqués, avaient reçu une formation moins poussée et étaient moins intéressés aux affaires que leurs concitoyens anglophones, d'autres facteurs entraient aussi en jeu. On a rapporté que la loge orangiste et la loge des francs-maçons étaient très actives dans la sélection des employés potentiels de nombreux organismes situés à Moncton. À certains endroits, les Acadiens étaient les bienvenus mais, même dans ce cas, ils l'étaient seulement jusqu'à un certain point et seulement jusqu'à un certain niveau hiérarchique. Nombreux étaient les Acadiens parmi les concierges, les chauffeurs d'autobus et les ouvriers, mais il était difficile d'en trouver beaucoup dans les postes de niveau supérieur.

Les efforts déployés auparavant afin de promouvoir les droits linguistiques et des avantages économiques accrus pour les Acadiens n'avaient pas toujours porté fruit. Calixte Savoie (mon oncle) mena la charge en faveur des droits des Acadiens pendant qu'il était instituteur dans le nord du Nouveau-Brunswick et peu après sa nomination à la tête de la Société l'Assomption en 1926. Il décida de promouvoir les intérêts des Acadiens en développant le potentiel économique de la Société l'Assomption et en obtenant des droits scolaires. Il lança une campagne d'adhésion dont l'objectif était de vendre 1 755 nouvelles polices d'assurance en quelques mois (comme le lecteur l'aura compris, l'objectif de 1 755 n'était certainement pas une coïncidence). En 1927, la Société avait vendu 10 000 nouvelles polices, ce qui donnait aux Acadiens des assises économiques pour promouvoir leurs intérêts politiques, économiques et linguistiques. Ils auraient désormais une voix dotée d'un certain degré d'indépendance économique pour parler en leur nom.

Le prochain point à l'ordre du jour fut les droits scolaires, mais le défi à cet égard se révéla beaucoup plus difficile. L'obtention de ces droits ne pouvait résulter des seuls efforts des Acadiens; elle

dépendait de la bonne volonté de la majorité. À cette époque anté-
rieure à la *Charte des droits et libertés*, la majorité de langue anglaise avait le pouvoir de refuser des droits scolaires ou autres à la
minorité. La préoccupation de l'élite acadienne tenait alors à deux
facteurs : la forte croissance démographique et le grave problème
d'analphabétisme chez les Acadiens. Ce que Savoie et ses associés
désiraient, c'était que la langue d'enseignement dans les écoles acadiennes soit le français. Pour ce faire, il fallait des instructeurs de
langue française à l'École normale (l'institut pédagogique), des enseignants francophones pour les écoles acadiennes et des manuels
scolaires en français – bref, un système scolaire bilingue.

À l'automne de 1929, Savoie prit la tête d'une délégation qui se
rendit à Fredericton pour rencontrer des représentants du milieu de
l'éducation. La rencontre ne se passa pas bien. Savoie retourna à sa
chambre d'hôtel afin de réfléchir à ce qu'il convenait de faire ensuite. Le hasard voulut que plusieurs ministres du Cabinet et deux
représentants du ministère de l'Éducation, qui avaient également
participé à la rencontre, se trouvaient dans la chambre d'à côté, où
ils réfléchissaient eux aussi aux événements de la journée. Peut-être
en raison du va-et-vient des ministres et des hauts fonctionnaires, ils
laissèrent la porte ouverte sans jamais réaliser qui était dans la
chambre voisine. Le ton de la discussion monta, a rapporté Savoie,
et il entendit un haut fonctionnaire du Ministère dire à un ministre
du Cabinet : « C'est en les gardant dans l'ignorance que nous pourrons mieux les dominer. Donnez-leur l'instruction et vous mettez
entre leurs mains l'arme la plus puissante pour sortir de la pauvreté
culturelle et économique dans laquelle ils se trouvent[1]. »

Cela ne servit qu'à fouetter les ardeurs de Savoie. Il augmenta la
pression en faisant de la question une affaire politique et en forçant
les politiciens à prendre position. En moins d'un an, le gouvernement répondit par la mise en œuvre du règlement 32, qui reconnaissait le caractère bilingue des écoles du Nouveau-Brunswick. Le
règlement 32 établissait des normes à l'intention des enseignants bilingues qui leur permettaient d'enseigner en français, mais uniquement de la première à la troisième année. C'était quand même un
début. Ces normes s'appliqueraient dans les districts scolaires prin-

cipalement français à la discrétion du conseil scolaire local, et les enseignants auraient jusqu'à cinq ans pour obtenir un certificat de bilinguisme.

Comme Savoie et ses associés allaient bientôt l'apprendre, même s'ils étaient peut-être en mesure de gagner la bataille, ils ne pourraient pas gagner la guerre. Le grand maître provincial de la loge orangiste indiqua que le Nouveau-Brunswick anglais n'appuierait pas une telle mesure et qu'on n'allait pas assister à une « francisation » du système d'éducation provincial. Il considérait que cette initiative constituait une menace pour la majorité de langue anglaise et qu'elle était dirigée par l'« Église catholique romaine française[2] ». Cette mise en garde fut entendue haut et fort et le gouvernement décida de supprimer le règlement 32 avant les élections provinciales de 1930.

Savoie s'employa ensuite à assurer un plus grand nombre d'emplois pour les Acadiens de Moncton en faisant circuler dans les localités acadiennes une lettre qui exhortait leurs habitants à parler français lorsqu'ils allaient magasiner à Moncton. Ainsi, faisait-il valoir, les propriétaires de commerce anglophones seraient obligés d'embaucher davantage d'Acadiens. Son initiative se retourna contre lui. Les anglophones de Moncton réagirent avec colère et certains commerces mirent à pied les Acadiens qui faisaient déjà partie de leur personnel, même si ceux-ci occupaient certains des échelons les plus bas au sein de l'organisation. La dépression des années 30 était déjà suffisamment difficile pour les Acadiens et la lettre ne fit qu'empirer la situation.

Un gestionnaire anglophone d'une entreprise de Moncton m'a raconté récemment l'histoire suivante, qui est fort révélatrice. Peu après son arrivée dans l'entreprise, il recommanda que l'un de ses collègues soit promu. Le président du conseil d'administration lui opposa un « non » catégorique. Sans se laisser démonter, le gestionnaire insista, faisant l'éloge de son collègue. Le président répondit en termes sans équivoque : « Il est rendu aussi haut qu'il pouvait monter; il est Français. »

La capacité des Acadiens à tenir tête à la majorité de langue anglaise était limitée. Ils n'avaient aucun pouvoir économique, ils avaient peu de pouvoir politique, peu d'institutions qui leur appartenaient en propre outre la Société l'Assomption, et ils étaient sous le joug d'une Église catholique dont les vues étaient conservatrices et dont l'influence s'effritait lentement mais sûrement.

MES PREMIERS JOURS À MONCTON

J'avais une idée de ce à quoi je devais m'attendre à Moncton parce que j'étais conscient de certaines batailles que mon oncle Calixte avait livrées au cours des années. Le siège social de l'Assomption était situé au coin des rues Archibald et Saint-Georges, la loge orangiste se trouvait sur le coin opposé et Calixte habitait à environ un kilomètre de là, également sur la rue Archibald. On m'a raconté que, peu de temps après l'incident de la lettre, quelqu'un de la loge orangiste, du moins c'est ce que crut mon oncle, lui téléphona chez lui un soir pour lui dire qu'on allait lui tirer dessus le lendemain lorsqu'il se rendrait au travail en voiture. Son interlocuteur lui dit qu'ils connaissaient son auto et qu'il était maintenant bien averti. Calixte rétorqua qu'il n'avait pas peur de la loge orangiste et, pour bien le démontrer, il dit qu'il se rendrait au travail à pied le lendemain. C'est ce qu'il fit, mais il ne se passa rien.

Ma transition de Saint-Maurice à Moncton se révéla particulièrement pénible la première année. J'appris l'anglais et dus le faire rapidement. Mon adaptation à la vie urbaine ne fut cependant pas si facile.

Je me remémore clairement trois incidents survenus au cours de cette première année. Je me rappelle un jour avoir vu, par la fenêtre du salon dans notre maison louée, un homme dehors devant la porte qui appuya sur la sonnette. Je n'avais jamais vu cela auparavant. « Qu'est-ce qui ne va pas chez cet homme? pensai-je. S'il veut nous demander quelque chose, pour quoi faire qu'il n'entre pas? » Ma mère ouvrit la porte et me dit simplement que c'était ainsi qu'il fallait faire les choses à Moncton. Personne ici, m'expliqua-t-elle, n'entrait tout bonnement chez les gens sans d'abord sonner ou cogner à la porte. Elle ajouta que c'était ce que je devrais faire dorénavant lorsque j'irais visiter des amis. « Comme c'est étrange », me disais-je.

J'ai fréquenté l'école Aberdeen, ainsi nommée en l'honneur de lord Aberdeen, gouverneur général du Canada de 1893 à 1898. L'école avait ouvert ses portes en 1935 et avait servi d'école secondaire de langue anglaise durant un certain nombre d'années. En 1960, le système scolaire de Moncton avait suffisamment été mis à jour pour permettre l'enseignement en français de la première à la huitième année. Aberdeen, qui était alors un vieil édifice aux installations désuètes, avait été convertie en école de langue française, et j'y passai ma première année d'école à Moncton.

J'étais malheureux en septième année. C'était pour moi un environnement complètement nouveau et beaucoup moins accueillant que Saint-Maurice. De plus, je n'aimais pas mon enseignante, Mlle Cormier. Les lundis matin m'étaient particulièrement pénibles, car je savais que je devrais passer cinq autres journées infernales. Ce n'est que beaucoup plus tard que j'appris que Mlle Cormier était l'une des enseignantes les plus détestées de tout le système scolaire français de Moncton. Elle était mesquine et nourrissait une aversion particulière pour les garçons. Je finis par croire que tous les enseignants de Moncton seraient comme Mlle Cormier.

Je me rappelle ma première journée à l'école. J'arrivai en chevauchant une bicyclette flambant neuve. Rares étaient les élèves de l'école qui possédaient une bicyclette, encore moins une neuve. Comme je rangeais ma bicyclette, un élève vint me demander si j'avais un cadenas pour elle. Je lui demandai pourquoi j'en avais besoin d'un. J'appris bientôt pourquoi. Peu de temps après, un jeune de la rue Lewis, qui était un secteur particulièrement turbulent du quartier pauvre de la ville, décida de me voler ma bicyclette. Je rapportai aux autorités scolaires que ma bicyclette avait disparu et je la récupérai quelques jours plus tard. Apparemment, quelqu'un de l'école, qui habitait aussi sur la rue Lewis, avait vu son voisin l'utiliser et, peut-être par jalousie, décida de le dénoncer. La bicyclette avait subi quelques égratignures, mais rien de sérieux. Je rencontrai le voleur et lui déclarai que, s'il voulait emprunter ma bicyclette, il n'avait qu'à me demander. Il me lança un regard perplexe, se

demandant probablement d'où je venais avec mon accent de Bouctouche que, incidemment, j'ai encore. C'est ainsi qu'on faisait les
choses à Saint-Maurice mais, apparemment, pas à Moncton. Je le
vis de temps en temps par la suite et, chaque fois, je le saluais, mais
pas une seule fois il ne me demanda d'emprunter ma bicyclette. Par
contre, je m'achetai effectivement un cadenas! Si mes parents
m'avaient demandé après ma première année à Moncton si je souhaitais retourner vivre à Saint-Maurice, j'aurais dit : « Allons tout
de suite chercher le camion de déménagement! »

L'année suivante, mes parents achetèrent une maison dans le secteur nord de Moncton. Je fréquentais l'école Beauséjour, une école
relativement neuve où les enseignants étaient sympathiques et l'environnement, très accueillant. Ce fut aussi l'année où je découvris les
filles et où j'abandonnai le hockey.

À Saint-Maurice, il m'était facile de jouer tout seul au hockey
sur la patinoire que nous faisions nous-mêmes à côté de la maison.
Il en allait tout autrement à Moncton. Je me joignis à une équipe de
hockey organisée dans laquelle je jouais au niveau bantam à l'ancien
stade de Moncton. Quelle différence! De la glace artificielle, pas besoin d'enlever de neige tombée sur la glace, des vestiaires chauds, de
vraies bandes et pas nécessaire d'apporter sa propre rondelle. Je faisais partie de l'équipe des Red Indians – c'était avant l'avènement de
la rectitude politique. Nous jouions une fois par semaine, et le lendemain, le journal local, le *Times and Transcript*, donnait les résultats de tous les matchs de hockey. Je ne voyais jamais mon nom
dans le compte rendu des matchs parce que je n'étais jamais l'auteur
d'un but ni même d'une aide. Pour tout dire, je n'étais pas un très
bon joueur de hockey. Je jouais sur la dernière ligne.

Alors que la dernière partie de la saison approchait, je savais que
je n'étais pas assez bon pour jouer au sein de la division midget l'année suivante. Nous affrontions les Bruins, et j'avais un bon ami,
Roger Léger, qui jouait au sein de cette équipe. Il n'était que légè-
rement meilleur que moi et son nom n'apparaissait pas non plus
dans les résumés de matchs du journal local. Pour remédier à la situation, j'allai le voir et lui dis : « Si jamais nous sommes sur la
glace en même temps, je vais commencer à me battre avec toi et je

recevrai une punition. Ce serait plaisant de voir nos noms dans le journal au moins une fois. » Comme de fait, à un moment de la troisième période (les entraîneurs savaient sans doute déjà qui allait gagner le match), je patinai jusqu'à Roger tel un Tie Domie ou un John Ferguson enragé, laissai tomber mes gants et le frappai. Nous avons poursuivi le combat, et le lendemain, nos noms apparaissaient dans le *Times and Transcript* : punition majeure pour nous être battus. C'est sur cette note que je mis fin à ma carrière de hockeyeur, mais Roger persévéra et finit par devenir un assez bon joueur.

Dans l'ensemble, ma deuxième année à Moncton fut agréable et la ville commençait à m'apparaître comme une très bonne idée. Si mes parents m'avaient demandé, après ma deuxième année, si je souhaitais retourner vivre à Saint-Maurice, j'aurais fermement répondu non.

La huitième année était toutefois le terminus à Moncton pour les Acadiens désireux de poursuivre leur éducation en français. Les choix étaient limités : renoncer à poursuivre ses études et se trouver un emploi, ce qu'un grand nombre d'entre eux faisaient à cette époque, fréquenter une école secondaire de langue anglaise ou aller à un collège privé dirigé par des prêtres locaux. Mes parents ne voulaient rien savoir des deux premières options et ils étaient disposés à payer pour la troisième. Je passai mes années d'école secondaire au Collège l'Assomption. Je garde d'excellents souvenirs de ces années au cours desquelles je nouai des liens d'amitié très étroits que je conserve encore à ce jour. Il n'y avait qu'une seule ombre au tableau : l'absence de filles. Pour en rencontrer, nous devions donc aller au centre pour les jeunes administré par l'église. C'est ce que nous faisions, pour notre plus grand plaisir.

Le Nouveau-Brunswick était alors sur le point de changer de visage. Les rapports entre les Anglais et les Français allaient être ébranlés dans leur fondement même, et l'Acadie allait résolument prendre une nouvelle orientation. Les Acadiens deviendraient plus laïques, moins patients et plus ambitieux qu'à tout autre moment depuis le Grand Dérangement. L'élément déclencheur de tous ces changements fut Louis J. Robichaud.

L'ARRIVÉE DE LOUIS J. ROBICHAUD

La nouvelle élite acadienne qui émergea à la fin des années 1950 et au début des années 1960 voulait voir des changements se produire, et rapidement. Les membres de la vieille garde acadienne, dont Calixte Savoie, furent priés, gentiment ou non, de prendre congé. Louis Saint-Laurent nomma mon oncle au Sénat, où il siégea en tant qu'indépendant. Ironie du sort, 10 ans plus tard, la nouvelle garde du début des années 1960 serait la cible des mêmes critiques qu'elle-même formulait : les progrès étaient trop lents.

Comme le dit le vieil adage, tout vient à point à qui sait attendre. Les Acadiens virent en Louis J. Robichaud un nouveau chef de file jeune, dynamique et déterminé au moment même où ils avaient besoin de ce genre de leadership. C'était le genre de politicien – une espèce rare de nos jours – qui savait exactement pourquoi il était en politique : pour transformer le Nouveau-Brunswick de fond en comble. Son élection envoya une décharge électrique dans toute la société néo-brunswickoise, mais particulièrement parmi la majorité anglophone de la province.

Le matin du 28 juin 1960, bon nombre de ces anglophones se demandaient probablement comment ils avaient pu laisser une telle chose se produire. Comment avaient-ils permis qu'un avocat acadien de 34 ans du comté de Kent mène ses troupes libérales à une victoire majoritaire? À peine 30 ans plus tôt, le grand maître de la loge orangiste n'avait eu qu'à aboyer pour inciter le gouvernement à faire marche arrière dans son intention de permettre l'enseignement en français de la première à la troisième année. Voilà maintenant que la province avait élu un premier ministre qui non seulement possédait une forte personnalité, mais aussi qui n'avait pas peur de regarder bien en face la loge orangiste ou n'importe qui d'autre, comme K.C. Irving le découvrirait plus tard.

Le premier ministre sortant, Hugh John Flemming, était un homme d'affaires placide originaire du comté de Carleton, qui avait bien dirigé la province. Son approche s'était limitée à garder le cap et il ne voyait nul besoin de fouiller des questions qui risquaient de prêter à controverse, telles les relations entre Anglais et Français.

Le Parti conservateur manifestait une confiance excessive quand Flemming décida de briguer un troisième mandat. Les conservateurs, pas plus que de nombreux Néo-Brunswickois, n'avaient aucune raison de croire que la population allait montrer la sortie à Flemming.

Robichaud élabora une plateforme qui allait plaire aux deux groupes linguistiques. Il promit d'abolir une taxe provinciale sur l'assurance-hospitalisation que tous les contribuables devaient payer sans égard à leur capacité financière, un engagement qui se révéla une initiative populaire, spécialement dans les régions rurales. De plus, Robichaud adopta de nombreuses techniques modernes de campagne. Enfin, il débordait de ce que les observateurs politiques appellent maintenant le « charisme ». C'était un conférencier inspirant, un orateur passionné qui pouvait enflammer un auditoire à volonté.

Un autre facteur entrait en jeu : la revanche des berceaux. La population acadienne affichait une croissance démographique supérieure à celle des anglophones et sa présence se faisait de plus en plus sentir. La population francophone de la province s'était accrue de façon constante, passant de 15,7 % de l'ensemble de la population provinciale en 1871 à près de 40 % en 1960.

La victoire de Robichaud causa une surprise même à certains libéraux. Le Parti libéral fédéral avait pour pratique d'alterner entre les chefs de parti francophones et anglophones, et de nombreux libéraux étaient d'avis que cette pratique devait s'étendre au Nouveau-Brunswick. Beaucoup croyaient que Robichaud avait été choisi chef du Parti en 1958 comme un « chef acadien de service qui serait défait en 1960 et largué par la suite[3] ». On estimait que le premier ministre en poste, Hugh John Flemming (dont le slogan était « *carry on Hugh John* », c'est-à-dire « continue, Hugh John »), était beaucoup trop fort pour qu'un libéral puisse le battre, et l'on jugea donc préférable de laisser un jeune Acadien sans expérience encaisser la défaite. La loyauté des Acadiens envers le Parti libéral s'en trouverait renforcée et la voie serait libre pour permettre l'émergence d'un chef fort dans la période post-Flemming.

Les représentants du Parti conservateur dans les bureaux de scrutin n'en croyaient pas leurs yeux le soir du 27 juin. Un directeur du scrutin du comté de Charlotte nommé par les conservateurs refusa tout simplement, pendant quelques heures, d'annoncer qu'un libéral avait remporté l'élection dans la circonscription dont il était responsable. Dans son ouvrage sur Louis J. Robichaud, Della Stanley écrit que « pas un seul journaliste ou photographe n'avait suivi Robichaud à Richibouctou (sa circonscription) le soir de l'élection. Ils étaient tous aux côtés de Hugh John Flemming, persuadés d'être les premiers à l'apprendre lorsque la nouvelle allait tomber[4]. »

Il se peut fort bien que Flemming lui-même n'arrivait pas à croire ce dont il était témoin. De nos jours, la transition de pouvoir d'un parti à un autre est devenue un exercice minutieux dans les démocraties occidentales, dans le cadre duquel on prépare de nombreux cahiers d'information pour aider le prochain gouvernement. Des réunions entre le prochain gouvernement et des fonctionnaires de carrière ont lieu afin d'ébaucher une stratégie pour les premiers jours de l'entrée en fonction du gouvernement. En 1960, la planification de la transition était inexistante au Nouveau-Brunswick, mais il s'agit maintenant d'un exercice important en période électorale, en particulier lorsqu'il y a un changement de gouvernement. Je note que j'ai fait partie de trois équipes de planification de la transition (Frank McKenna en 1987, Jean Chrétien en 1993 et Shawn Graham au Nouveau-Brunswick en 2006).

Robichaud m'a confié qu'il attendit près du téléphone que Flemming l'appelle pour le féliciter et fixer la date de la passation des pouvoirs. L'appel ne vint jamais, et Robichaud décida donc de lui téléphoner lui-même. Flemming le félicita finalement et Robichaud lui demanda s'il avait choisi une date. Flemming hésita puis dit : « Qu'est-ce que vous diriez du 12 juillet? », soit une quinzaine de jours plus tard. Robichaud reconnut tout de suite l'ironie de la situation, mais il crut que tel ne fut pas le cas de Flemming, et il s'empressa d'approuver cette date. Par conséquent, Robichaud fut assermenté le jour même où la loge orangiste tenait son défilé annuel dans les rues de Fredericton.

À ce stade-ci, je dois informer le lecteur du fait que je suis devenu très proche de Louis Robichaud dans les années 1990 jusqu'à son décès, le 6 janvier 2005. Nous nous sommes souvent rencontrés, avons eu de nombreuses discussions, et j'ai cherché de mon mieux à lui être utile dans ses dernières années au Sénat et pendant sa retraite. Il quitta le Sénat en octobre 2000 et passa les dernières années de sa vie dans un modeste bungalow au bord de la mer, à Bouctouche. Nous sommes devenus de grands amis et nous nous voyions assez régulièrement. À titre de directeur d'un institut de recherche à l'Université de Moncton, poste que j'ai occupé de 1983 à 2005, j'ai parrainé un colloque intitulé « L'ère Louis J. Robichaud, 1960–1970 » auquel Robichaud a assisté, et les communications présentées lors du colloque ont été publiées par la suite. J'ai aussi parrainé une biographie de Robichaud publiée par Michel Cormier, un compatriote acadien et journaliste bien connu de Radio-Canada–CBC.

Au moment du décès de Louis Robichaud, j'ai publié un article dans *Le Devoir* et le *Globe and Mail*, dans lequel j'écrivais que Robichaud « mit en avant un vaste ensemble de réformes, affronta ses adversaires dans l'arène publique, respecta les règles de la démocratie, et il remporta la victoire. Il resta ensuite pour mettre en œuvre le changement, toujours en faisant passer l'intérêt public avant son propre intérêt. Si de nos jours cela peut sembler naïf, c'est uniquement parce que notre époque est plus cynique. Mais c'est ce qui explique que, dans cinquante ans, les citoyens du Nouveau-Brunswick et les historiens feront encore son apologie. » Si j'écris tout cela, c'est pour deux raisons. Premièrement, j'ai tiré des nombreux échanges que j'ai eus avec lui quantité d'informations que je partage maintenant avec le lecteur. Deuxièmement, le lecteur doit être avisé du profond parti pris que j'ai quand il est question de Louis J. Robichaud et qui risque fort de déteindre sur certains passages de ce livre. Plus exactement, si Louis J. Robichaud a fait des erreurs et si, comme tout être humain, il a eu des faiblesses, le lecteur devra se tourner vers d'autres sources pour lire quelque chose à ce sujet.

DÉCIDER CE QU'IL FAUT FAIRE

Robichaud savait parfaitement ce qu'il voulait accomplir : transformer la société néo-brunswickoise. En tête de liste de ses priorités venait une restructuration du système provincial d'éducation supérieure. En mai 1961, il créa la Commission royale d'enquête sur l'enseignement supérieur et nomma John J. Deutsch, de la Queen's University, pour la présider.

La commission Deutsch tint quatre audiences publiques et déposa son rapport en juin 1962. Lors de l'audience publique tenue à Moncton, le père Clément Cormier, qui dirigeait le Collège Saint-Joseph, le collège classique local, souligna le caractère bilingue de la province et fit valoir que le besoin était urgent de créer un établissement d'enseignement supérieur de langue française[5]. À l'audience de Fredericton, Colin B. Mackay, recteur de l'Université du Nouveau-Brunswick, affirma qu'il n'était pas nécessaire d'avoir une université de langue française, alléguant qu'il serait moins coûteux de n'avoir qu'une université centrale, dans laquelle le Nouveau-Brunswick devrait concentrer ses ressources limitées. Pour ce qui est de fournir des installations de langue française à l'intention de la population francophone, le recteur Mackay affirma que l'Université du Nouveau-Brunswick avait toujours accepté des étudiants francophones. Qui plus est, il proposa qu'on pourrait établir une sorte de système bilingue à son université afin de mieux servir la population francophone. Cependant, il n'expliqua pas en détail quelle forme de bilinguisme y serait instituée ni pourquoi il avait attendu la création de la commission Deutsch pour en reconnaître le besoin.

Pour ajouter l'insulte à l'injure, Mackay termina sa présentation en exhortant le gouvernement à joindre ses forces à celles de l'Université du Nouveau-Brunswick afin d'aider les pays moins développés à fonder de nouveaux établissements d'enseignement supérieur. Il proposa l'Indonésie, où le gouvernement du Nouveau-Brunswick « pourrait dans un premier temps diriger certains de ses efforts, si petits soient-ils, pour aider à la construction d'un collège nouvellement créé[6] ». Il y a lieu de noter que, à l'époque où la commission Deutsch faisait le tour du Nouveau-Brunswick, les francophones comptaient pour 38 % de la population provinciale et représentaient environ 7 % des effectifs étudiants de l'Université du Nouveau-Brunswick.

Robichaud rejeta les recommandations de Mackay du revers de la main et accepta la recommandation du rapport Deutsch de créer « l'Université de Moncton comme seule institution d'enseignement supérieur de langue française au Nouveau-Brunswick autorisée à conférer des grades ». Le 1er mars 1963, le gouvernement Robichaud présenta devant la législature un projet de loi visant la création de l'Université de Moncton. Plus tard, Robichaud dirait à maintes reprises que s'il lui fallait choisir celle de ses réalisations au cours de ses mandats comme premier ministre qu'il jugeait la plus importante, ce serait la création de l'Université de Moncton.

Le père Clément Cormier, un proche ami de Louis Robichaud et fondateur de l'Université de Moncton, se rendit à Fredericton le 12 mars 1963 afin d'assister à la troisième lecture du projet de loi depuis les tribunes du public à l'Assemblée législative. L'opposition criait au scandale parce que le gouvernement Robichaud avait négocié une entente avec des investisseurs italiens relativement à la construction d'une usine de pâte à papier à Nelson-Sud. L'opposition réclamait une enquête publique, prétendant que Robichaud n'avait pas négocié l'entente dans le meilleur intérêt du Nouveau-Brunswick. Robichaud se leva dans l'Assemblée et déclara : « Je propose de soumettre la question au vote de l'électorat » et demanda la dissolution de l'Assemblée. Robichaud m'a dit que, au moment où il s'assoyait, il leva la tête vers les tribunes et vit Clément Cormier dont le visage devint blanc. Cormier descendit à la course pour aller trouver Robichaud et lui demanda : « Louis, qu'est-ce qui te prend ? Nous risquons de perdre notre université. » Robichaud répondit : « Clément, Clément, crois-tu vraiment un seul instant que j'ai appelé des élections pour les perdre ? Je vais gagner. » Il gagna effectivement. Il augmenta sa majorité, et la loi instituant l'Université de Moncton fit l'objet d'une dernière lecture le 15 juin 1963. Cormier a décrit cet instant comme « l'une des dates les plus importantes dans l'histoire de la renaissance acadienne ».

La création de l'Université de Moncton n'était toutefois qu'un début pour Robichaud. Au cours de ses 10 années au pouvoir, il restructura la fonction publique provinciale de fond en comble, lança une initiative visant à examiner l'union des trois provinces Maritimes, construisit un ambitieux projet hydroélectrique sur le fleuve Saint-Jean, adopta une loi accordant un statut officiel aux deux principales langues parlées dans la province et mit en œuvre le train de réformes socioéconomiques le plus controversé dans l'histoire de la province : le programme Chances égales. Le politologue Robert A. Young a bien résumé la situation en déclarant : « Par sa très grande portée et son radicalisme, le programme eut des effets profonds. Il servit d'exemple à d'autres gouvernements et souleva un grand intérêt chez les spécialistes des finances publiques, les fonctionnaires et les politiciens de tous horizons. Dans la province elle-même, ses effets furent considérables sur la vie politique, économique, sociale et même culturelle[7]. » Pour sa part, *L'Encyclopédie canadienne* a décrit les réformes de Robichaud comme étant « si rapides et si fondamentales qu'elles ont été taxées de révolutionnaires », ajoutant que « les Acadiens ont le plus bénéficié du programme de chances égales »[8].

OBJECTIF : DES CHANCES ÉGALES POUR TOUS

Robichaud nia toujours que son programme Chances égales ait été présenté pour bénéficier surtout aux Acadiens. Il affirma souvent que des pauvres, il y en avait partout dans la province, pas seulement dans les régions acadiennes, et que tout le monde, pas seulement des Acadiens, allait bénéficier de chances égales.

Robichaud demanda à Ed Byrne, un avocat de Bathurst, de présider la Commission royale sur les finances et la taxation municipales. Au terme de l'exercice, Byrne remit un rapport détaillé qui faisait ressortir de grandes disparités entre les régions et les communautés. On dénombrait 500 villages où l'enseignement était offert dans une école à une seule pièce, et près de la moitié de la population provinciale n'avait pas accès à l'éducation secondaire.

Tandis que la Ville de Saint John était en mesure de dépenser 300 $ par année par élève en éducation, le comté de Gloucester, largement acadien, ne pouvait investir que 144 $ à cet effet. Byrne releva des problèmes semblables dans les domaines des soins de santé, de la justice et des services sociaux, et recommanda que le gouvernement provincial assume la responsabilité de la prestation des services dans ces domaines et élimine le rôle exercé par les conseils de comté. Byrne recommanda également que le gouvernement augmente la taxe de vente provinciale de 3 à 5 %, que l'impôt foncier soit uniformisé dans l'ensemble de la province et que de nombreuses exemptions fiscales offertes aux entreprises privées soient éliminées.

Le rapport suscita beaucoup d'attentes, en particulier dans les régions acadiennes mais aussi dans les régions rurales anglophones. Il provoqua aussi l'opposition ouverte des régions urbaines ainsi que de certains des principaux entrepreneurs de la province. Robichaud ne réagit pas immédiatement au rapport. Il se rendait compte qu'il restait beaucoup de travail à accomplir avant qu'il puisse endosser ses conclusions. Il voulait que ses ministres puissent saisir l'ampleur de la tâche qui les attendait si jamais le gouvernement décidait de mettre en pratique le rapport. Il conclut également que la fonction publique provinciale était encore incapable de mettre en œuvre ses recommandations. Par conséquent, Robichaud s'attaqua d'abord au réaménagement de la fonction publique. Il alla recruter de nouveaux talents à l'extérieur de la province, notamment en Saskatchewan, où le premier ministre Ross Thatcher débarrassa le gouvernement provincial de nombreux hauts fonctionnaires après avoir défait T.C. Douglas et le parti de la Co-operative Commonwealth Federation (CCF) [précurseur du Nouveau Parti démocratique (NPD)] en 1964. Robichaud recruta plusieurs de ces bureaucrates chevronnés, qui allaient jouer un rôle critique dans la mise en œuvre de son programme Chances égales.

Quand Robichaud fut fin prêt, il déclara qu'il acceptait l'ensemble du rapport Byrne et de ses recommandations. L'ordre du jour législatif était époustouflant : il comprenait 130 projets de loi, la création d'un certain nombre d'organismes et de bureaux gouvernementaux et de vastes réformes fiscales. Les conseils de comté furent abolis.

Le train de réformes proposé par Robichaud souleva un tollé de protestations. Certains dirigeants d'entreprise anglophones, les régions urbaines à l'économie solide, en particulier Saint John, Fredericton et Moncton, et les médias de langue anglaise s'attaquèrent à Robichaud et à son plan avec toute l'énergie, toute la détermination et, par moments, tout le venin qu'ils purent mobiliser. Le *Telegraph Journal* se fit un plaisir de publier une lettre à la rédaction qui faisait valoir que le plan était un stratagème visant à « voler Peter pour donner à Pierre ».

Le *Daily Gleaner* de Fredericton publia une série d'illustrations en page éditoriale, dont l'une représentait Robichaud sous les traits de Louis XIV, qui portait une toge de sous laquelle s'échappaient des rats. Michael Wardell, l'éditeur du *Gleaner*, ne fit jamais le moindre effort pour cacher sa profonde antipathie pour Robichaud. Les propos et les gestes de Wardell frisèrent souvent le racisme. Il écrivit dans l'*Atlantic Advocate* que Robichaud était « un petit homme qui a bien mauvaise langue » (traduction libre) et il fit circuler des rumeurs à Fredericton selon lesquelles l'objectif de Robichaud était d'écarter les Anglais pour que les Français prennent leur place.

D'autres rumeurs se mirent à circuler, voulant que Robichaud se remplissait les poches et qu'il utilisait son poste de premier ministre pour se garder une commission sur les contrats du gouvernement. Alan Reynolds, un pasteur protestant de Fredericton, décida de porter les rumeurs sur la place publique en déclarant, lors d'un service diffusé à la radio, que « les questions liées aux réformes législatives ont été teintées d'accusations, de rumeurs et de rapports de corruption et de méfaits en haut lieu ». Il ajouta ensuite : « N'est-il pas vrai que notre premier ministre était pratiquement sans le sou au moment de son élection et qu'on estime maintenant que sa cote de solvabilité se chiffre entre 600 000 $ et 2 000 000 $? »[9] L'accusation reçut beaucoup d'attention du public. Il fut démontré plus tard qu'elle était complètement fausse, mais le mal était fait. Les sentiments et les émotions étaient si exacerbés à Fredericton en 1966 que la GRC dut assurer une protection à Robichaud et à sa famille

24 heures par jour. Robichaud m'a confié qu'il avait reçu de nombreuses menaces de mort.

À cette époque comme de nos jours, beaucoup ont cru que K.C. Irving était derrière la guerre que les médias de langue anglaise avaient déclarée à Robichaud. D'une part, Irving était propriétaire de tous les quotidiens de langue anglaise. D'autre part, le programme de Robichaud lui faisait perdre plusieurs allègements fiscaux. De plus, Irving préférait négocier avec les conseils de comté, ce qui lui permettait de conclure des ententes spéciales dans chaque région de la province et d'amener les régions à rivaliser entre elles. En 1966, Robichaud et Irving avaient croisé le fer à plusieurs reprises, Robichaud refusant de céder aux vœux d'Irving concernant divers projets.

Robichaud n'était toutefois pas connu pour faire marche arrière devant qui que ce soit, si puissant soit-il. Lord Beaverbrook, un Néo-Brunswickois et grand bienfaiteur de la province qui avait fait sa fortune et sa réputation de magnat de la presse au Royaume-Uni, avait coutume d'envoyer un télégramme au premier ministre avant chacun de ses voyages à Fredericton. La tradition voulait que le premier ministre vienne avec son chauffeur accueillir Beaverbrook à l'aéroport pour le conduire en ville.

Peu de temps après l'accession de Robichaud au pouvoir, le bureau du premier ministre reçut le télégramme habituel de Beaverbrook – et Robichaud décida de ne pas se rendre à l'aéroport. Il m'a raconté ce qui se passa ensuite. Beaverbrook prit un taxi et se rendit directement au bureau du premier ministre, passa sans s'arrêter devant son adjointe et pénétra tout droit dans le bureau de Robichaud en lui aboyant : « Où étiez-vous ? » Robichaud sauta sur ses pieds et lui rétorqua : « Qui est le premier ministre ici : vous ou moi ? » Beaverbrook répondit « Vous », et Robichaud lui déclara : « Ne l'oubliez jamais. Maintenant, que puis-je faire pour vous ? » Il est intéressant de souligner que Robichaud et Beaverbrook s'entendirent très bien après cette rencontre. Beaverbrook continua de faire de généreux dons à la province, y compris la construction du Playhouse, un théâtre voisin de l'édifice de l'Assemblée législative. Comme j'aurais aimé être une mouche sur le mur le jour où s'affrontèrent les volontés conflictuelles de ces deux hommes à la personnalité si forte, du haut des cinq pieds et cinq pouces que mesurait chacun d'eux!

Par le passé, Robichaud et K.C. Irving avaient été des amis, et Irving avait accordé son appui à Robichaud lors de l'élection de 1960. Ils étaient tous deux du comté de Kent et tous deux avaient connu le succès dans leurs domaines respectifs. Cependant, le programme d'égalité sociale de Robichaud allait trop loin au goût d'Irving. Comment Robichaud pouvait-il faire une chose pareille? demandait-il. Robichaud répondit qu'il n'y avait de la place que pour un seul gouvernement élu démocratiquement au Nouveau-Brunswick.

Robichaud mit sur pied un comité de l'Assemblée législative afin de permettre aux Néo-Brunswickois de faire entendre leurs inquiétudes, leur appui ou leur opposition aux projets de loi publics ou privés. Les critiques de K.C. Irving envers le programme de Robichaud servirent à tracer la ligne de combat « entre le politicien audacieux et combatif, et l'industriel flegmatique et calculateur[10] ».

Irving ne fut jamais du genre à rechercher la publicité, mais il était prêt à en payer le prix pour faire savoir à la population du Nouveau-Brunswick que le plan de Robichaud serait très dommageable pour les relations entre le gouvernement et le milieu des affaires. Il affirma même carrément qu'aucun « gouvernement sain d'esprit » n'irait de l'avant avec les réformes que le gouvernement envisageait. Robichaud m'a dit à plus d'une occasion que les attaques personnelles d'Irving l'avaient profondément blessé.

D'autres attaques allaient venir. Cy Sherwood, le calme et inefficace chef du Parti conservateur, démissionna. Charlie Van Horne, un ancien député fédéral conservateur du nord du Nouveau-Brunswick, haut en couleur et parfaitement bilingue, annonça qu'il revenait dans la province afin d'être candidat à la direction du Parti conservateur. Van Horne était aussi un ancien employé d'Irving, et nombreux sont ceux qui croient que sa campagne au leadership fut financée par Irving. Van Horne remporta facilement l'investiture à la tête du Parti devant un jeune avocat, Richard Hatfield.

Robichaud fixa la date des élections à octobre 1967. Pour la première fois dans l'histoire du Nouveau-Brunswick, deux catholiques bilingues dirigeaient les deux principaux partis politiques. La mère de Van Horne était une Acadienne également du nord du Nouveau-Brunswick. Somme toute, les citoyens du Nouveau-Brunswick allaient avoir droit à la campagne la plus divertissante (Van Horne embaucha Don Messer and His Islanders pour l'accompagner dans sa tournée de la province) et la plus chaudement disputée de son histoire.

Van Horne eut un départ fulgurant. Parcourant la province dans une Cadillac blanche, il avait deux discours en main : un pour les localités anglophones et un autre pour les localités francophones. Dans le premier, il s'engageait à ne jamais faire payer des impôts à Peter pour donner de l'argent à Pierre. Dans le second, il reprochait à Robichaud de ne pas en faire assez pour promouvoir les droits linguistiques des francophones et promettait d'adopter une loi à cet effet. Comme le résultat du vote allait le révéler, les Acadiens ne se laissèrent toutefois pas berner par la rhétorique de Van Horne.

Robichaud mena une rude campagne et visita toutes les régions de la province plus d'une fois. Il s'en prit à la crédibilité de Van Horne, souligna souvent le parti pris des médias anglophones et fit valoir les avantages de son programme d'égalité sociale pour *toutes* les régions de la province. Il affirmait que tous dans une démocratie devaient payer des impôts, y compris les riches industriels, « pas seulement les gens ordinaires ». La population du Nouveau-Brunswick et, en fait, Robichaud lui-même reconnaissaient les élections pour ce qu'elles étaient réellement : un référendum sur le vaste programme de réformes sociales.

J'aimerais reproduire ici des passages de ce que j'ai écrit dans *Le Devoir* à l'occasion du décès de Robichaud. J'y ai écrit : « C'était en 1967, dans les derniers jours de la campagne électorale au Nouveau-Brunswick. Louis J. Robichaud se rendait à Tracadie, village acadien du nord-est de la province, afin d'y prendre la parole au cours d'une assemblée partisane. Peu avant son arrivée, mille personnes avaient déjà pris place dans une salle prévue pour en accueillir 600; entassées comme des sardines, débordant de partout, elles attendaient leur Louis. À sa descente de voiture, ses organisateurs se rendirent vite compte qu'il serait physiquement impossible à Robichaud de franchir cette mer humaine pour parvenir à la porte d'entrée, et encore moins d'accéder à la tribune. Les Acadiens présents décidèrent alors d'improviser : on hissa le candidat à bout de bras et, de main en main, d'électeur en électeur, on le transporta jusqu'à la tribune aménagée au fond de la salle. À cette époque, la puissance oratoire de Robichaud était probablement sans égale parmi ses contemporains. Ce soir-là, il atteignit ses auditeurs au plus profond d'eux-mêmes en parlant de son programme Chances égales pour tous, en décrivant ce qu'il signifiait pour eux et pour leurs enfants. L'assemblée terminée, ses adjoints voulurent que Robichaud emprunte une sortie dite "de secours". Mais la foule ne l'entendait pas ainsi. Son héros sortirait par où il était venu. Il advint donc que M. Robichaud, ce soir-là, fut transporté à sa voiture comme il l'avait été à la tribune. Puis, quelques égratignures en plus, les vêtements déchirés, il s'en fut vers une autre assemblée. »

Robichaud m'a dit qu'il savait pendant tout ce temps qu'il s'agissait de la plus importante campagne électorale de sa vie politique. La campagne retint l'attention sur la scène nationale et même internationale. On mettait l'accent sur la bataille entre Robichaud et Van Horne, et le *Globe and Mail*, le *Toronto Star*, *La Presse*, *Le Devoir* et même le *New York Times* dépêchèrent des journalistes dans la province pour couvrir la campagne. Le *Globe and Mail* et le *Toronto Star* publièrent tous deux des éditoriaux très favorables à Robichaud.

Robichaud remporta les élections en obtenant 32 sièges contre 26 pour Van Horne. Comme on pouvait s'y attendre, Robichaud les remporta haut la main dans les régions acadiennes, tandis que Van Horne gagna plus de sièges dans les régions anglophones. Néanmoins, le verdict populaire était tombé et Robichaud pouvait maintenant aller de l'avant avec son programme d'égalité sociale. Plus tard, il présenterait une loi visant à faire de l'anglais et du français les langues officielles du Nouveau-Brunswick.

Robichaud a déclaré que, tôt dans son dernier mandat, il sentait qu'il avait terminé son travail. Il s'occupa d'un certain nombre de dossiers, y compris des questions de politique partisane. Il assista au congrès d'investiture du Parti libéral fédéral de 1968, qui se solda par l'élection de Pierre E. Trudeau. Il était très près de Trudeau, mais décida d'appuyer Robert Winters, candidat originaire des Maritimes qui s'était établi à Toronto. Robichaud m'a dit qu'il préférait Trudeau, avec qui il eut une longue conversation pour lui expliquer sa décision : il valait mieux pour lui, en tant qu'Acadien, être vu aux côtés de Winters plutôt que de Trudeau. Cela dit, il lui fit clairement savoir que sa loyauté à Winters n'était valable que pour le premier tour de scrutin et qu'il appuierait Trudeau dès le deuxième tour, ce qu'il fit.

Robichaud mena sa dernière campagne électorale en 1970 sans manifester la fougue, l'engagement ou l'intérêt qu'il avait démontrés en 1967. L'enjeu de la campagne était beaucoup moins grand pour lui. Il avait accompli ce qu'il s'était proposé de faire, ses principales initiatives étaient fermement engagées dans l'étape de la mise en œuvre. En outre, il se produisit une catastrophe en milieu de campagne. James Cross, délégué commercial britannique, fut kidnappé par des extrémistes québécois, puis Pierre Laporte, ministre dans le gouvernement Bourassa et ami intime de Robichaud, fut assassiné. Robichaud annula plusieurs ralliements prévus au cours de la campagne afin d'assister aux funérailles de Laporte. Les organisateurs du Parti libéral comprirent que cet événement raviverait les tensions entre anglophones et francophones dans la province, ce qui ne pouvait que nuire aux chances de Robichaud au moment des élections[11].

Robichaud m'a affirmé qu'il était complètement en paix avec le résultat des élections de 1970. Il en avait assez, il avait fait son travail et sa famille avait déjà payé un prix trop élevé. Il a aussi déclaré qu'il avait pleinement confiance en Richard Hatfield, un conservateur modéré qui tendit la main aux Acadiens. Hatfield ne tenta pas non plus de supprimer le programme d'égalité sociale de Robichaud, de révoquer la *Loi sur les langues officielles*, ni d'annuler la création de l'École normale (l'institut pédagogique de langue française) ou celle de l'Université de Moncton. Robichaud ne pouvait demander mieux. Son gouvernement encaissa la défaite, obtenant 26 sièges et Hatfield, 37. Les Acadiens restèrent fidèles à Robichaud jusqu'à la fin et votèrent encore massivement pour lui.

LA FIN APPROCHE

À l'automne de 2004, Louis Robichaud et son épouse vinrent me voir à mon bureau à l'Université de Moncton. Il arrivait souvent que Robichaud passait faire un tour quand il venait à Moncton, mais cette fois, c'était différent. Par le passé, il téléphonait toujours à l'avance pour savoir si je serais présent. Cette fois-là, il arriva sans s'être annoncé. Il venait tout juste de recevoir les résultats d'examens médicaux. « Des problèmes de santé? » lui demandai-je. « J'ai quelque chose, répondit-il, mais je crois qu'on peut en venir à bout. » Il expliqua que son médecin lui avait prescrit des médicaments et qu'il avait bon espoir que tout rentrerait dans l'ordre. Il n'en dit pas plus. Je sentais qu'il désirait changer de sujet de conversation, et nous avons parlé des questions habituelles – la politique, l'état de l'économie provinciale, faisant une blague de temps en temps. Son épouse, Jacqueline, et lui partirent après avoir échangé quelques mots avec Ginette, mon adjointe, comme ils le faisaient toujours lorsqu'ils me rendaient visite. Tout semblait normal, mais en apparence seulement.

Louis et Jacqueline continuèrent de m'appeler lorsqu'ils venaient à Moncton pour que Louis reçoive ses traitements médicaux, et il devint clair que les choses n'allaient pas bien. Il avait un cancer qui se répandait rapidement. Son état de santé se détériora rapidement, littéralement en quelques semaines. Je lui parlais ainsi qu'à Jacqueline au téléphone de temps en temps pour prendre de ses nouvelles. Je pouvais dire à sa voix que les choses n'allaient pas bien.

Jacqueline me téléphona en décembre pour me dire que Louis avait demandé à me voir. Est-ce que je pourrais venir à Bouctouche? Je m'y rendis et, quand j'entrai dans la maison, je vis Louis Robichaud assis dans son fauteuil préféré, une couverture sur les genoux. Il avait perdu beaucoup de poids et son visage avait une teinte pâle et grisâtre. Le cancer s'était propagé à pratiquement toutes les parties de son corps, y compris sa gorge. Il leva les yeux et, d'une voix douce, faible, à peine audible, il dit : « Je suis désolé. – Désolé pourquoi? demandai-je. – Désolé que tu doives me voir dans cet état. » J'avais du mal à retenir mes émotions, mais je réussis malgré tout à dire : « Louis, s'il y a quelqu'un sur cette terre qui n'a pas à faire d'excuses à un Acadien, c'est bien toi. » J'ajoutai : « S'il te plaît, ne me dis pas que tu es désolé; il n'y a aucune raison de l'être. »

Sachant qu'il se fatiguerait rapidement, je le laissai parler. Il me raconta que J.K. Irving (l'un des trois fils de K.C. Irving) avait été mis au courant de son état de santé et qu'il était venu lui rendre visite. Il lui avait apporté un petit cadeau, geste qui l'avait profondément ému. Il me dit : « Tu sais, Jim Irving est un homme très bon. » J'acquiesçai de la tête. Louis m'avait souvent parlé de Jim Irving. Il l'aimait beaucoup, et les deux hommes avaient eu de fréquentes conversations après que Louis eut quitté le bureau du premier ministre. Quelle belle histoire, pensai-je, et je me dis que, d'une certaine façon et pour quelque raison, K.C. Irving aurait approuvé.

Louis m'avait parlé de K.C. Irving à maintes occasions. Il y avait un côté de lui qui respectait K.C. Irving, et les deux avaient été de bons amis dans le passé. Ce que Louis ne put jamais digérer complètement, c'est la remarque d'Irving selon laquelle « aucun gouvernement sain d'esprit » n'approuverait le programme de réformes de Robichaud. Celui-ci prit la remarque sur le plan personnel, convaincu que K.C. Irving l'accusait de ne pas avoir toute sa tête. Cependant, malgré la force et l'intensité de ses désaccords et de ses combats avec K.C. Irving, Robichaud respectait ce qu'Irving avait accompli dans le monde des affaires et les contributions qu'il apportait au Nouveau-Brunswick.

J'aimerais souligner ici que, par principe, Louis Robichaud ne dénigrait jamais autrui, quelle que soit l'ampleur de leur désaccord. Dans toutes les conversations que j'ai eues avec lui, il formula des commentaires nettement négatifs au sujet de deux individus seulement. Je me rappelle lui avoir demandé un soir à Ottawa, alors qu'il était encore au Sénat : « Sais-tu si Michael Wardell est mort? » Il répondit : « Oui. Oh, lui, il a attendu trop longtemps pour mourir. » L'autre personne est toujours vivante, et j'ai choisi de ne pas révéler l'opinion de Louis à son sujet. Je crois que Louis m'en serait reconnaissant.

Robichaud me regarda et dit : « J'ai une faveur à te demander.
– N'importe quoi, lui dis-je. Tu n'as qu'à me le dire. » Il répondit :

« J'aimerais que tu organises mes funérailles. » Je ne savais pas quoi dire. J'eus envie de répondre : « Voyons, Louis, les choses peuvent encore s'arranger; avec la médecine moderne, on ne sait jamais. » Mais qui aurait cru à cette histoire? Je lui dis plutôt que je ferais tout ce qu'il voulait que je fasse. Je demandai s'il avait quelque chose de particulier en tête. « Assure-toi, me dit-il, que l'Université de Moncton est impliquée de quelque façon. J'aimerais que tu en parles à Yvon Fontaine, le recteur de l'Université. Pourrais-tu aussi le faire savoir à Paul Martin et peut-être à Jean Chrétien? – Pas de problème, répondis-je. Autre chose? » Ce à quoi il répondit : « Non, tu décideras du reste. » Au moment de partir, Jacqueline m'accompagna dehors et me dit : « Tu sais, Louis y a beaucoup réfléchi. Pour lui, il est important que ce soit toi qui t'en occupes. » Je répondis : « Jacqueline, je ferai de mon mieux pour être à la hauteur de ses attentes. »

Le trajet du retour à Moncton fut difficile. J'essayais, sans grand succès, de chasser de mon esprit la dernière image que j'avais de Louis Robichaud. En même temps, j'essayais de me concentrer sur ma nouvelle tâche, l'organisation de ses funérailles. J'avais un peu d'expérience qui pouvait m'aider à assumer cette responsabilité, ayant organisé les funérailles de mon frère quelques années plus tôt. Les funérailles de Robichaud allaient cependant avoir une grande importance non seulement pour les Acadiens, mais aussi pour tous les Néo-Brunswickois. Il avait acquis la stature d'une idole dans la province et était maintenant largement respecté, voire toujours aimé, dans chacune de ses régions. Les citoyens anglophones du comté de Charlotte (une région rurale) et d'ailleurs en étaient venus à apprécier le programme d'égalité sociale de Robichaud. De nombreux Néo-Brunswickois voyaient aussi en Robichaud un homme aux profondes convictions, animé d'un grand courage et d'une grande passion. L'auteur bien connu et ancien résident du Nouveau-Brunswick David Adams Richards exprima le point de vue de nombreuses personnes en déclarant : « Il était le plus grand de nos premiers ministres. »

Je me remémorai deux événements survenus à Moncton au cours des 20 mois précédents. En juin 2003, l'Université de Moncton célébrait son 40e anniversaire et Robichaud y était l'orateur invité. Après la cérémonie, j'étais debout à ses côtés avec d'autres personnes à discuter des célébrations. Du coin de l'œil, je vis un homme âgé marcher vers Robichaud, les yeux rivés sur lui. Je supposai que c'était un ancien pêcheur, à en juger par ses vêtements et son visage hâlé. Il s'avança jusqu'à Robichaud, lui toucha le bras et, sans dire un mot, recula. Il ne se retourna pas, il marcha simplement à reculons, les yeux toujours fixés sur Robichaud. Il était parti d'un petit village acadien et avait conduit jusqu'à Moncton afin de voir, d'entendre et de toucher son héros politique, l'homme qui à lui seul avait complètement changé la situation de tant d'Acadiens et de leurs familles.

Après un autre événement qui s'était déroulé à Moncton, je marchais avec Louis et Jacqueline jusqu'à leur voiture. Robichaud avait de la difficulté à marcher avec l'âge à cause, m'a-t-il dit, d'une blessure à un genou qui remontait à l'époque où il jouait au hockey au collège. Comme nous approchions de la voiture, un homme dans la quarantaine vint jusqu'à moi et me demanda s'il pouvait présenter son fils de 12 ans à Louis Robichaud. Je dis qu'il n'y avait pas de problème et je demandai à Robichaud, qui à ce moment était assis sur le siège du passager alors que Jacqueline, comme toujours, était au volant, s'il était d'accord. « Bien sûr », dit-il. Le père se tourna vers son fils et lui dit : « Je veux te présenter le plus grand Néo-Brunswickois qu'il te sera jamais donné de rencontrer. Un jour, tu pourras dire que tu as serré la main de Louis Robichaud. » Robichaud agit avec la plus grande courtoisie. Je demandai au père, comme je le fais souvent lorsque je rencontre quelqu'un du Nouveau-Brunswick, d'où il venait. « De Sussex », répondit-il. Sussex se trouve en plein cœur du Nouveau-Brunswick anglophone et cet homme ne prononça pas un mot de français – et fort probablement en était-il incapable. Et je pensai que Robichaud avait eu raison de répéter sans cesse qu'il était le premier ministre de tout le Nouveau-Brunswick et qu'il désirait que ses réformes profitent à tous les Néo-Brunswickois anglophones et francophones qui recherchaient l'égalité des chances et souhaitaient partir sur un pied d'égalité dans la vie.

J'ignorais combien de temps j'avais à ma disposition pour planifier les funérailles de Robichaud. L'ampleur de ce que l'on m'avait demandé de faire impliquerait la participation de la Ville de Moncton et des gouvernements provincial et fédéral. La tâche nécessiterait des rencontres avec les autorités ecclésiastiques, l'Université, le salon funéraire, les trois paliers de gouvernement ainsi que les membres de la famille et les amis.

Dès mon retour à Moncton, je contactai un de mes meilleurs amis, Maurice LeBlanc, et je sollicitai son aide. Maurice revenait tout juste à Moncton de Windsor, en Ontario, où il avait occupé un poste de cadre supérieur chez Chrysler Canada. Maurice et moi avons fait connaissance alors que nous étions en neuvième année au Collège l'Assomption et nous sommes demeurés de très bons amis jusqu'à ce jour. En outre, il est marié avec la nièce de Robichaud, Monique, et connaissait bien Louis et Jacqueline. Il s'occupa de la logistique et fit un travail remarquable. Il rencontra le salon funéraire et des représentants des gouvernements et veilla à tous les rouages des funérailles, y compris la mise en place d'un service d'autobus pour se rendre à la cathédrale et en revenir. Bref, il s'assura que les autobus soient à l'heure, comme j'étais sûr qu'il ferait.

Je dis à Linda, mon épouse, que je ne devrais pas être trop pressé jusqu'à Noël, mais qu'ensuite j'allais devoir concentrer toutes mes énergies sur la planification des funérailles. Comme toujours, elle m'appuya entièrement. Elle aussi s'était prise d'une grande amitié pour Louis et Jacqueline. Je dis la même chose à Ginette, mon adjointe, qui avait également tissé une relation étroite avec Robichaud et qui fut d'une aide précieuse dans la planification des funérailles.

Je contactai le standard téléphonique du premier ministre et demandai que Paul Martin soit informé de l'état de santé de Robichaud. De même, je téléphonai au cabinet d'avocats de Jean Chrétien. Celui-ci étant à l'extérieur du pays, je demandai donc à son adjointe de lui expliquer la gravité de la situation la prochaine fois qu'elle lui parlerait. En quelques jours, Martin et Chrétien téléphonèrent à Robichaud. Martin me téléphona également pour m'aviser qu'il désirait assister aux funérailles. Il y assista effectivement, ce qui compliqua quelque peu les choses en raison des exigences en matière de sécurité, mais ce fut un geste que Jacqueline et la famille Robichaud apprécièrent grandement.

Je rencontrai Paul, le fils de Robichaud, venu d'Ottawa. Nous avons dressé un plan et pris un certain nombre de décisions qu'il communiqua à son frère, René, et à sa sœur, Monique. Comme Louis me l'avait demandé, je rencontrai Yvon Fontaine, et Robichaud n'aurait pas pu souhaiter une meilleure coopération. Fontaine accepta de fermer l'Université pendant une journée pour honorer Robichaud, il proposa de transformer le centre d'éducation physique Louis-J.-Robichaud en salon funéraire où chacun serait invité à venir lui rendre hommage. Il proposa aussi que l'Université offre une réception sur le campus après les funérailles, à laquelle tout le monde, encore une fois, serait invité.

Plusieurs personnes désiraient prononcer l'éloge funèbre lors des funérailles, qui seraient diffusées à la télévision de Radio-Canada. Nous nous sommes mis d'accord sur le choix de Robert Pichette, autrefois le chef de cabinet de Robichaud. C'était sans aucun doute la bonne décision. Pichette, avec sa voix grave de baryton, livra un vibrant éloge. Le moment venu, il prononça une oraison de la plus grande qualité tant par sa prestation que son contenu. En outre, Pichette s'acquitta avec brio de la tâche de rencontrer les médias afin d'expliquer les contributions que Robichaud avaient apportées au Nouveau-Brunswick.

Vint ensuite la sélection des porteurs et des porteurs honoraires. Dans le premier cas, le choix fut relativement facile : les neveux de Robichaud. Il en alla autrement des porteurs honoraires, car de nombreux amis et collègues sollicitèrent cet honneur. Je consultai Jacqueline et Paul, le fils de Robichaud, au moment d'en préparer la liste. Tous les anciens ministres de Robichaud encore vivants furent invités. Je dressai ensuite la liste suivante, à laquelle Jacqueline et Paul donnèrent leur bénédiction : Antonine Maillet, auteure acadienne; Viola Léger, sénatrice et artiste acadienne qui a incarné la Sagouine dans des pièces de théâtre un peu partout au Canada; Yvon Fontaine; l'ancien premier ministre Frank McKenna; Wallace McCain; Suzanne Lévesque, fille de Jean-Louis Lévesque, un financier de Montréal et proche ami de Robichaud; Antonia Barry, qui avait pendant longtemps été l'adjointe de Robichaud; et J.K. Irving[12].

Les funérailles eurent lieu un jour de froid cinglant de janvier.

De nombreux citoyens ordinaires bravèrent le froid pour assister aux funérailles en la cathédrale de Moncton. La Ville ferma plusieurs rues, assura une sécurité accrue et fournit un certain nombre d'autobus pour transporter les gens de l'Université à la cathédrale et vice-versa. De nombreux dignitaires assistèrent aux funérailles sans aucun incident, et les médias rapportèrent que ce furent les funérailles les plus imposantes dans l'histoire de la province[13].

Des quatre coins du Canada, les hommages affluèrent durant toute la semaine. Des élèves de diverses écoles acadiennes et des étudiants des collèges communautaires produisirent un livre de condoléances dans lequel ils purent consigner les sentiments que leur inspirait leur héros. Le sénateur conservateur Lowell Murray alla au cœur des choses lorsqu'il formula le commentaire suivant : « Il n'y a pas beaucoup de dirigeants politiques qui ont la chance d'amener un peuple à renaître, mais c'est ce qu'il a fait. Des générations d'Acadiens lui doivent tout. » J.K. Irving déclara : « Sa vision de l'égalité sociale et son dévouement envers le peuple acadien de cette province sont un legs qui continue de vivre encore aujourd'hui, et le Nouveau-Brunswick s'en porte mieux. » Denis Losier, qui dirige l'Assomption Vie (anciennement la Société l'Assomption), observa : « Le Nouveau-Brunswick serait complètement différent aujourd'hui n'eût été de Louis Robichaud. »

Ce furent de belles funérailles dans la mesure où des funérailles peuvent l'être, et j'étais certain que Robichaud aurait été enchanté. Des centaines de personnes défilèrent devant son cercueil dans un édifice nommé en son honneur sur le campus de l'Université de Moncton, l'université qu'il avait créée, sa réalisation dont il était le plus fier. Quand elles furent terminées et que les autobus revinrent vers le campus, J.K. Irving me demanda : « Où est-ce qu'ils vont enterrer Louis? » J'expliquai que la famille ne voulait pas l'annoncer publiquement tout de suite, mais que Louis ne serait pas inhumé. Il avait demandé à être incinéré et que ses cendres soient dispersées dans la baie de Bouctouche. Irving me regarda sans prononcer un mot, mais je vis ses yeux se gonfler de larmes. Tout comme son père, il passe ses étés à Bouctouche et comprenait le grand attachement de Louis pour cette communauté.

Quelques semaines après les funérailles, un ami passa me voir à mon bureau et me rapporta avoir entendu « certaines critiques » de la part de « certains nationalistes acadiens du centre-ville » au sujet des porteurs honoraires que j'avais choisis. Ils se demandaient plus précisément si ce fut une bonne idée d'inclure des anglophones, en particulier J.K. Irving compte tenu des batailles que son père avait livrées contre Robichaud. Je déclarai à mon ami : « Ne me dis pas de qui viennent ces critiques. J'aimerais mieux ne pas savoir leur nom de ta bouche. Je souhaiterais plutôt que tu retournes leur demander de venir me voir, et je me ferai un plaisir de leur expliquer cette décision. » J'attends toujours. Ces individus n'ont jamais compris les valeurs que Robichaud incarnait, seulement celles qu'eux-mêmes défendent. Robichaud tirait une grande fierté du fait que ses réformes visaient à améliorer la situation de l'ensemble du Nouveau-Brunswick, pas seulement des Acadiens. Je savais également que je n'avais pas fait fausse route en invitant J.K. Irving et Wallace McCain puisque Jacqueline, Paul, René et Monique étaient d'accord avec ma décision. J'en ai déjà assez dit sur la relation entre J.K. Irving et Louis Robichaud.

Robichaud vouait aussi une profonde admiration aux frères McCain (Harrison et Wallace). Harrison était décédé, mais Wallace fut porteur honoraire. Robichaud et Harrison étaient de proches amis, et j'ai eu l'occasion de le constater de première main. J'avais fait des arrangements pour que les deux se rencontrent le jour de la fête du Canada en 2003 à la résidence d'été de Harrison à St. Andrews. On sentait aisément la chaude amitié entre les deux hommes et l'admiration qu'ils avaient l'un pour l'autre. Ce serait leur dernière rencontre. Harrison a souvent affirmé qu'il avait un héros politique, la photo d'un politicien dans son bureau : Louis Robichaud. Les frères McCain accordèrent toujours leur appui à Robichaud contre vents et marées tout au long de sa carrière politique.

Le souvenir des funérailles commençait à s'estomper dans mon esprit et dans celui des Néo-Brunswickois en général, après que chacun fut retourné à ses affaires. La question refit toutefois surface au milieu de la campagne électorale de 2006 au Nouveau-Brunswick.

Bernard Lord, alors premier ministre, menait dans les sondages et la campagne se déroulait relativement bien pour son parti et lui. La plateforme électorale du Parti comprenait une « politique de développement régional » pour la province. La politique, comme l'expliqua Lord, s'appliquerait partout dans la province sauf dans les villes de Moncton, de Fredericton et de Saint John. Les médias entrèrent en contact avec moi pour connaître mon opinion. Je me montrai critique à l'endroit de la politique proposée, suggérant qu'il ne s'agissait pas d'une politique régionale puisqu'elle s'appliquerait partout. J'expliquai que, par définition, une politique régionale doit avoir une portée régionale. « Appelez-la comme vous voudrez, fis-je valoir, mais la proposition de Lord n'est pas une politique régionale. Comment le nord du Nouveau-Brunswick pourrait-il réellement profiter d'une telle politique? » demandai-je. Les médias rapportèrent mes propos, et selon un journaliste qui se trouvait à bord de l'autobus de la campagne de Lord, les résidents du Nord pressèrent de questions Lord et ses candidats de cette partie de la province.

On demanda à Lord quelles étaient ses réactions, mais au lieu d'examiner ma critique sur le fond, il opta pour une tactique différente. Il déclara : « J'ai beaucoup d'estime pour Donald Savoie, pour le travail qu'il a accompli. Mais je reconnais que c'est un partisan qui a écrit des livres sur l'ancien premier ministre Frank McKenna, et il a planifié les funérailles de Louis Robichaud. Mais dans le cadre d'une campagne électorale, je dois néanmoins prendre son conseil et son avis avec un grain de sel. » Les médias me contactèrent immédiatement, et voici ce que j'avais à dire : « Je ne veux pas être mêlé à ce genre de débat. Je laisse à la population le soin de tirer ses propres conclusions. Les gens qui veulent s'engager dans ce genre de débat peuvent le faire tout seuls. Moi, je n'en ferai pas partie. »

La veuve de Robichaud, en revanche, n'hésita pas à sauter dans la mêlée. Elle était furieuse que Lord se serve des funérailles de son mari comme un stratagème dans la campagne électorale. Elle écrivit au *Telegraph Journal* : « Mon époux, l'honorable Louis J. Robichaud, avait une grande admiration pour Donald Savoie. Et c'est en tant qu'ami personnel, et non par esprit de parti ou à des fins politiques, qu'une semaine avant sa mort Louis a demandé à M. Savoie de s'occuper de tous ses arrangements funéraires. » Elle écrivit : « Monsieur Lord, je suis profondément offensée que vous ayez formulé un tel commentaire, spécialement dans le cadre d'une campagne électorale, et je vous prie, en tant qu'épouse du plus grand premier ministre que cette province ait jamais produit, de vous excuser publiquement pour ce commentaire déplacé » (traduction libre).

Le *Telegraph Journal* accorda une grande couverture à la controverse et publia un article en première page, au-dessus du pli, le 31 août 2006, avec pour titre « Lord regrette sa remarque ». On y voyait une grande photo du cercueil de Robichaud, dont la légende disait : « Lord sous le tir de la veuve du défunt premier ministre » (traduction libre). Je savais – et d'ailleurs je soupçonnai immédiatement que chaque Néo-Brunswickois en faisait autant – que cette histoire ne jouerait pas en faveur de Lord, particulièrement dans les régions acadiennes. Les élections opposaient Lord, un francophone, un produit de l'Université de Moncton, catholique et parlant couramment les deux langues, et Shawn Graham, un anglophone ayant une certaine capacité de s'exprimer en français. Lord perdit les élections. Je ne voudrais pas laisser entendre que l'histoire susmentionnée explique sa défaite. Il y eut d'autres controverses qui lui causèrent du tort, dont une où l'un de ses candidats de Saint John le contredit ouvertement au sujet de la politique énergétique. Mais la querelle entourant les funérailles brisa l'élan dont Lord bénéficiait au milieu de la campagne.

Je n'ai jamais réagi à la charge de Lord selon laquelle je suis un partisan libéral. Le temps est venu de le dire. Les libéraux m'ont accusé d'être un conservateur. Je me souviens, par exemple, de Stéphane Dion qui me disait, dans mon bureau à Moncton, que mon nom circulait à Ottawa (il ne précisa pas où) et que, de l'avis général, j'étais un partisan conservateur. Je dois noter ici que Stéphane a commencé sa carrière en enseignement à l'Université de Moncton et que lui et moi avons aussi travaillé ensemble à divers projets pendant qu'il était à l'Université de Montréal. Nous nous connaissons bien, et j'avais passé la majeure partie de la journée avec lui à Moncton le jour où il me fit ce commentaire. Il était venu dans la région à titre de ministre du gouvernement Chrétien afin de célébrer le 15 août, Fête nationale de l'Acadie, et je l'accompagnais lors de sa visite au Pays de la Sagouine.

Stéphane était l'orateur invité au Pays de la Sagouine à l'occasion de la Fête nationale de l'Acadie en 1998. Pendant que nous roulions vers Bouctouche, il me demanda mon avis sur ce qu'il devrait dire. Il n'est pas rare que les politiciens cherchent à obtenir un tel avis avant de prononcer une allocution. Je suggérai qu'il rappelle aux Acadiens qu'il avait commencé sa carrière à l'Université de Moncton et qu'il devrait peut-être simplifier son vocabulaire – peut-être en employant le terme commun « job » au lieu d'« emploi ». Je me rappelle que de nombreux Acadiens étaient venus célébrer au Pays malgré la grande chaleur en cette journée d'août. Stéphane Dion livra un discours du tonnerre, ce qui ne correspond peut-être pas à l'image que le lecteur a de lui. Il dit qu'il avait eu « sa première job » à l'Université de Moncton, qu'il se revoyait partant de Montréal dans une vieille Volkswagen en mauvais état que son épouse et lui avaient baptisée « Pélagie la Charrette », titre du roman qui valut le prix Goncourt à Antonine Maillet, et il parla en long et en large des Acadiens et de leurs contributions au Canada. Il fut chaudement applaudi, et je vis ce jour-là un côté de Stéphane que je souhaiterais qu'un plus grand nombre de Canadiens puissent voir.

Il y a deux raisons possibles pour lesquelles Stéphane et d'autres croient que je suis probablement un partisan conservateur. Premièrement, le travail que j'ai fait pour le premier ministre Mulroney dans le cadre de la création de l'Agence de promotion économique du Canada atlantique (APECA) a donné l'impression à certains députés libéraux fédéraux de longue date de l'Atlantique que j'avais des liens avec le Parti conservateur. Deuxièmement, j'ai servi au sein de l'équipe de transition de Jean Chrétien avant l'élection de 1993, ce qui devrait faire de moi un libéral. Toutefois, pendant que je faisais partie de l'équipe de transition, le professeur Andy Stark (un collègue et ami de la University of Toronto), qui travaillait pour Kim Campbell, à l'époque première ministre, me demanda de rédiger un court texte de cinq pages pour le compte de la première ministre, qui mettrait en lumière les grands défis que le Canada devait relever selon moi. Il m'expliqua qu'ils demandaient la même chose à 25 Canadiens et Canadiennes, si ma mémoire est bonne, afin de donner à la première ministre une idée des recommandations de politiques qui étaient nécessaires. Il était clairement entendu qu'il s'agissait d'un exercice non partisan et que certains libéraux de prestige avaient accepté d'y participer. J'acceptai, mais j'en avisai aussi le président de l'équipe de transition de Chrétien, parce que j'estimais que c'était ce qu'il convenait de faire. Personne ne me l'a jamais dit ouvertement, mais j'appris par la suite que certains libéraux n'étaient pas enchantés de ma décision.

Par ailleurs, Preston Manning et d'autres conservateurs se prirent d'intérêt pour l'un de mes livres, *The Politics of Public Spending in Canada*, et ils le citèrent abondamment lors des débats à la Chambre des communes et ailleurs, ce qui incita probablement de nombreux libéraux à conclure que je devais être un conservateur. De plus, mon livre *Governing from the Centre* fut perçu dans certains milieux comme une critique du style de gouvernement de Jean Chrétien, ce qui ne contribua en rien à me faire aimer de certains libéraux. J'y reviendrai plus loin dans ce livre. Stockwell Day, alors chef de l'opposition, fit l'éloge de cet ouvrage dans un important discours sur le fédéralisme canadien en mai 2000, le qualifiant de « dynamique et résolument tourné vers l'avenir[14] ». Il n'en fallait pas plus pour que certains libéraux aient des soupçons au sujet de mon allégeance politique.

En mars 2008, le gouvernement Graham annonça qu'il avait décidé de supprimer le programme provincial d'immersion précoce en français au profit d'un programme de français de base à compter de la cinquième année. (Il fit quelque peu marche arrière par la suite en rendant l'immersion française disponible aux élèves de la troisième année.) Les médias me contactèrent pour savoir ce que j'en pensais, et je fus très critique à l'égard de cette décision. L'élimination de l'immersion précoce constitue à mon avis un recul dans la seule province officiellement bilingue du Canada. J'ai moi-même constaté les contributions importantes que le programme provincial d'immersion précoce a apportées dans ma localité. J'ai maintenant droit à un service dans ma langue maternelle par des anglophones du Nouveau-Brunswick dans les restaurants et les boutiques de

Moncton, chose qui arrivait très rarement, voire jamais, lorsque je suis déménagé à Moncton. Que le chef du parti politique de Louis J. Robichaud veuille maintenant revenir en arrière, cela me laisse perplexe et me déçoit beaucoup.

En juillet 2008, je décidai de demander à 17 autres francophones du Nouveau-Brunswick de signer une lettre d'appui aux parents anglophones qui luttaient pour sauver le programme provincial d'immersion précoce en français. La liste des signataires comprenait Jacqueline Robichaud, veuve de Louis J. Robichaud; Denis Losier, président-directeur général d'Assomption Vie; et Bernard Cyr, entrepreneur bien connu de Moncton. Les médias ne se sont guère trompés en me présentant comme « l'instigateur » de la lettre. Les réactions à la lettre furent vives, intenses et, dans certains milieux, partisanes. Un certain nombre de parents anglophones prirent soin de me remercier personnellement et plusieurs ajoutèrent qu'ils espéraient un jour pouvoir rendre la pareille aux Acadiens. J'ai été renversé par l'ampleur de l'appui de mes concitoyens anglophones du Nouveau-Brunswick. Nous avons en effet accompli beaucoup de progrès au Nouveau-Brunswick dans la promotion des relations entre francophones et anglophones depuis l'époque de Leonard Jones.

Un partisan libéral bien connu se dit cependant déçu que je n'aie pas réglé la question « en famille ». Je répliquai : « Je sais de quelle famille je suis, de quelle famille es-tu donc? – De la famille libérale, répondit-il. – Quelle famille libérale, demandai-je, la famille libérale de Shawn Graham ou la famille de Louis Robichaud? » Ce que je voulais démontrer, c'est qu'il est de plus en plus difficile de lier les partis politiques à des principes, des valeurs et des politiques obligatoires. Les partisans s'identifient maintenant avec le ou la chef du parti, ou la personne qui aspire à le devenir, trop souvent en vue d'en récolter des fruits, que ce soit à titre de lobbyistes ou sous la forme de contrats de consultation, de travail juridique ou d'autres contrats du genre.

Je suis aussi devenu très critique du gouvernement Graham pour son manque d'orientation, parce qu'il se consacre à une multitude de priorités sans se donner une stratégie globale et cohérente, et parce qu'il a perdu de vue le plus important engagement qu'il a pris au cours de la campagne électorale : faire tous les efforts pour mener le Nouveau-Brunswick sur la voie de l'autosuffisance économique. Le *Telegraph Journal* publia mes commentaires en première page, et soudain j'étais un partisan conservateur, du moins aux yeux de certains libéraux. Cela dit, je salue l'énergie de Graham ainsi que son habileté et sa détermination à vendre le Nouveau-Brunswick comme un endroit propice aux investissements et à l'implantation de nouvelles activités économiques.

De leur côté, bon nombre de conservateurs sont convaincus que je suis un libéral. Ainsi, Greg Thompson, le représentant du Nouveau-Brunswick dans le gouvernement Harper, se leva en Chambre le 26 mars 2007 pour affirmer que Donald Savoie « est sympathique, je le respecte à bien des égards, mais il est libéral ». Thompson répondait à un député de l'opposition qui m'avait cité en Chambre dans sa critique du budget du gouvernement Harper du 19 mars 2007. Je signale en passant que je ne me souviens pas d'avoir jamais rencontré Greg Thompson, et je suis très flatté du fait qu'il croit que je suis un homme sympathique!

Voici les faits, pour ceux que ça intéresse. Si j'écris au sujet des votes que j'ai accordés par le passé, c'est uniquement pour illustrer que les partis politiques perdent beaucoup de leur pertinence à mes yeux et, je le soupçonne, aux yeux de bien d'autres Canadiens et Canadiennes. J'ai voté pour le Parti libéral, le Parti conservateur et le Nouveau Parti démocratique. J'ai voté une fois pour le NPD, en 1972, alors que j'habitais à Fredericton, où le Parti présentait un candidat local particulièrement solide. On m'a demandé de prêter mes services à des gouvernements tant libéraux que progressistes-conservateurs. J'ai fait partie de trois équipes de transition pour le compte de gouvernements libéraux. J'ai été nommé membre du Conseil économique du Canada par les libéraux de Trudeau ainsi que par les conservateurs de Mulroney. J'ai été nommé membre du Comité directeur de la prospérité par les conservateurs de Mulroney, ainsi que membre du conseil d'administration de l'École de la fonction publique du Canada par les libéraux de Chrétien.

Il m'est arrivé plus souvent de voter libéral que conservateur. Je n'ai écrit qu'un seul livre sur les années McKenna, strictement dans

une perspective de développement économique, non pas « des livres » comme Lord l'a prétendu. Ce livre était largement favorable
à McKenna parce que celui-ci se consacrait au développement économique avec le zèle d'un missionnaire et que ses efforts étaient cou-
ronnés de succès. Je reconnais volontiers que je considère McKenna
comme un bon ami. Je crois fermement que McKenna avait tous les
attributs d'un bon leader et qu'il a réussi à insuffler aux Néo-Brunswickois le désir de mieux exploiter leur potentiel. Je reconnais aussi
volontiers que j'étais très proche de Roméo LeBlanc, un des principaux ministres de Trudeau, et que nous avons eu une collaboration
très fructueuse au fil des ans.

Je me rappelle néanmoins avoir voté pour les conservateurs de
Richard Hatfield lorsque Douglas Young était chef du Parti libéral.
Hatfield sut gagner ma sympathie comme il gagna celle de nombreux Acadiens et il rendit le Parti progressiste-conservateur plus
qu'acceptable pour les Acadiens. Il y parvint en protégeant l'héritage de Robichaud et en démontrant un intérêt sincère envers les
communautés acadiennes. On se souviendra que Hatfield appuya
les efforts de Trudeau pour rapatrier la Constitution canadienne et
y enchâsser une *Charte des droits et libertés*. Il fit la promotion du
bilinguisme et de la culture acadienne non seulement au Nouveau-
Brunswick, mais également dans d'autres parties du pays. Louis
Robichaud m'a dit à maintes reprises que Hatlfield fit preuve d'un
courage formidable lorsqu'il résista aux pressions de son Cabinet
et de son caucus composés essentiellement d'anglophones qui souhaitaient retourner en arrière et mettre en pièces les réformes de
Robichaud.

J'ai voté pour Brian Mulroney lors de l'élection de 1988 portant
sur le libre-échange. Je croyais à l'époque, comme encore maintenant, que le libre-échange était avantageux pour ma région et mon
pays. Je n'ai jamais voté pour Bernard Lord non parce que je suis
un partisan libéral, mais parce qu'il ne me semblait pas accorder au
développement économique de ma province le genre d'engagement
et l'énergie qui étaient requis. Ma profonde amitié avec Louis Robichaud, Roméo LeBlanc et Frank McKenna ne fait pas de moi un

libéral. Il y a de nombreux libéraux avec qui je ne voudrais pas être associé, et je ne voterais pas libéral si jamais ils dirigeaient le Parti.

Cela dit, je crois fermement que les partis politiques devraient être essentiels à la bonne marche d'une démocratie. Je crois également que nous devrions tous être préoccupés par la chute draconienne du nombre de membres dans les rangs des partis politiques partout dans les démocraties occidentales. J'ai cependant beaucoup de réticences à m'allier étroitement avec un parti politique. Dans l'orientation des politiques et la direction du gouvernement, les chefs de parti ont acquis une importance beaucoup plus grande que celle de leur parti s'ils sont portés au pouvoir. Ce sont maintenant les chefs de parti et une poignée de conseillers qui élaborent les plateformes des partis, et non les membres de la base du parti. En somme, les chefs de parti ont une grande importance de nos jours, tandis que les partis politiques en ont beaucoup moins. Il en résulte que les partis politiques sont maintenant définis par leur chef et qu'ils adoptent la personnalité de leur chef, et non l'inverse. Si un ou une chef de parti réussit à obtenir un mandat majoritaire, on comprendra sans surprise que c'est le parti qui lui est redevable, et non le contraire.

Selon moi, les partis politiques au Canada et dans de nombreuses démocraties anglo-américaines ont perdu leur âme. Ce qui compte, c'est de s'emparer du pouvoir. Les sondeurs, les lobbyistes devenus conseillers politiques lors des campagnes électorales, les spécialistes des communications et une poignée de conseillers entourant les chefs de parti sont tout ce qui importe. Ils toucheront tous d'importants dividendes s'il advient que leur « cheval » gagne la course, et ils ont pour but de produire l'image et le message qu'il faut pour remporter le pouvoir.

De nos jours, les partis politiques ne sont guère plus que des organismes voués à la préparation du jour du scrutin. Leur raison d'être ne va pas beaucoup plus loin que la victoire électorale. Ils sont dépourvus de principes fondamentaux et ne possèdent aucun sens de l'histoire ou aucune notion des valeurs qu'ils ont défendues au cours des années. Sinon, comment expliquer que le Parti libéral

de Graham au Nouveau-Brunswick ait décidé d'abolir le programme provincial d'immersion précoce ou que le Parti conservateur de Harper ait décidé de bloquer la vente de MacDonald,
Dettwiler and Associates à un investisseur américain? Il m'est impossible, comme je soupçonne que ce l'est pour de nombreux Canadiens, d'être loyal envers un parti politique, alors que les partis
politiques n'éprouvent aucune loyauté pour quoi que ce soit sinon
la volonté de remporter le pouvoir.

Il ne fait aucun doute que Louis Robichaud était un partisan libéral. Il devint un libéral parce que ce parti représentait le mieux ses
opinions et sa pensée progressiste. Il était motivé non par le pouvoir,
mais par son profond désir de transformer le Nouveau-Brunswick.
Comme je l'ai noté précédemment, il a souvent dit que l'Université
de Moncton était sa réalisation la plus importante et celle dont il
était le plus fier. Il demandait souvent ce que feraient ses 25 000 diplômés aujourd'hui n'eût été de l'Université. Certes, l'Université de
Moncton a créé de nombreuses perspectives économiques et possibilités d'emploi pour ses diplômés. Mais elle a fait beaucoup plus
encore, comme l'a reconnu Robichaud. Le prochain chapitre ex-
plore quelles ont été les contributions de l'Université de Moncton et
comment elle les a apportées.

Université de Moncton :
et soudain, la débâcle

Au cours de ma première semaine à l'Université de Moncton, je fis la connaissance de Bernard Imbeault, un compagnon d'études originaire du Québec. Bernard est un homme discret, sans prétention et, comme on dit familièrement, « un sacré bon gars ». Jusqu'alors, je n'avais pas rencontré beaucoup de Québécois, et j'étais fasciné par ce qu'il avait à dire et sa façon de le dire. Les mots qu'il employait étaient généralement – mais pas toujours – les mêmes que ceux que nous utilisions, mais son accent était pas mal différent. Il y avait cependant une autre différence qui me choquait : Bernard était athée! Comment un gars aussi gentil et aussi intelligent pouvait-il être athée? Ce soir-là, quand je rentrai à la maison, je racontai à ma mère que j'avais rencontré un vrai athée. Elle me conseilla de l'aider. Alors, j'achetai une caisse de bière et je retournai le voir pour le convertir au catholicisme. J'ignore si j'eus une grande influence, j'en doute fort. Cependant, plus tard dans la vie, Bernard commença à assister régulièrement à la messe du dimanche, tandis que j'en perdis l'habitude. Je découvris bientôt que l'Université comptait dans ses rangs non seulement des athées, mais aussi des marxistes-léninistes, des communistes et des étudiants qui prônaient que le Québec quitte le Canada. Saint-Maurice, le Collège l'Assomption et Moncton ne m'avaient pas préparé à ça!

L'Université de Moncton insuffla dans la ville un nouveau dynamisme, de nouvelles idées et une liberté de pensée qui allaient la transformer. Elle attira de nouvelles personnes dans la communauté, des jeunes qui ignoraient tout de l'histoire de Moncton ou des relations entre Anglais et Français au fil des ans. De plus, ces jeunes se trouvaient à un point de leur vie où ils étaient libres d'exprimer des idées radicales et de défier l'autorité sans guère subir de conséquences. C'étaient des francophones du nord du Nouveau-Brunswick, de même que du Québec et de la France. Dans bien des cas, ils avaient peu de contacts avec les anglophones. Bon nombre d'entre eux pouvaient à peine parler anglais, voire pas du tout. Ajoutez à tous ces facteurs le fait que nous étions en plein dans les années 1960, la décennie qui nous apporta le Vietnam et la contestation étudiante partout en Occident. La décennie fut également marquée par Louis J. Robichaud au Nouveau-Brunswick et la Commission royale d'enquête sur le bilinguisme et le biculturalisme au Canada. En outre, Radio-Canada–CBC avait lancé le service de radio française en 1954 et décidé en 1959 d'étendre son service de télévision française à Moncton. La communauté obtint ainsi une nouvelle voix largement indifférente aux doléances passées entre les Monctoniens de langue anglaise et leurs concitoyens de langue française.

Ces développements se produisirent dans une société qui n'était pas bien préparée au changement, ce qui en somme donnait un mélange explosif. Dans son livre *Politics in New Brunswick*, paru en 1961, Hugh Thorburn décrivait la communauté acadienne comme étant timide et hésitante à réclamer davantage de droits linguistiques. Il écrivit : « Les Acadiens hésitent à s'affirmer parce qu'ils sont un peuple rural simple et honnête qui est dépourvu des chefs de file issus normalement des professions urbaines telles que le droit, la médecine et le monde des affaires. Ce qu'ils souhaitent avant tout, c'est qu'on les laisse tranquilles et libres de vivre leur vie comme ils l'entendent. Ils sont conscients que leurs voisins de langue anglaise ont plus de pouvoir qu'eux et ils désirent ne rien faire qui puisse leur attirer des représailles de leur part. L'histoire de la race acadienne est l'histoire d'un peuple sans défense, ballotté par des forces supérieures et réussissant tant bien que mal à survivre par son consentement non violent qui signifiait l'absence de tout désir d'agression, mais plutôt un élément d'humilité, pour ne pas dire de timidité[1]. » L'ère de l'humilité et de la timidité était sur le point de prendre fin de façon brutale, et l'Université de Moncton fut au cœur et aux premières lignes du mouvement.

BÂTIR L'UNIVERSITÉ

En juin 1963, Louis Robichaud et Clément Cormier obtinrent ce qu'ils voulaient – une université à l'intention de la population francophone de la province –, mais la tâche la plus ardue était sur le point de commencer. La nouvelle université avait peu de ressources dans lesquelles elle pouvait puiser et aucun secteur privé vers lequel se tourner pour avoir un coup de main.

La nouvelle université possédait néanmoins un élément d'actif, soit le Collège Saint-Joseph, dirigé par les Pères de Sainte-Croix, dont Clément Cormier était membre. Essentiellement, Saint-Joseph était une école secondaire combinée avec un collège classique. Il était en activité près de Moncton ou à Moncton même depuis une centaine d'années. La congrégation religieuse possédait également un fonds de terre, un site de 80 acres, dans le secteur nord de Moncton. Antonine Maillet m'a raconté que MGR Norbert Robichaud décida d'acheter la terre « parce que les Anglais n'en voulaient pas. Composée en partie de marais, en partie de collines, elle n'avait aucune valeur agricole ou commerciale. » On rapporte que l'archevêque déclara au moment de l'achat qu'« un jour, cette terre sera importante pour les Acadiens. C'est ici que nous bâtirons nos établissements d'enseignement. » L'histoire allait lui donner raison.

Sous la direction de Clément Cormier, le Collège Saint-Joseph transféra la propriété de ses biens, d'une valeur de 1,8 million de dollars, à la nouvelle université, biens qui comprenaient le site de 80 acres, des livres, des périodiques et du matériel. De plus, Cormier devint le premier recteur de l'Université. Malgré ses maigres ressources, l'Université entreprit néanmoins un ambitieux programme de construction qui se déroula en deux phases, commençant en

1963 pour se terminer en 1968². Lors de la première phase, on construisit quatre principaux édifices au coût de 5 075 000 $. Cette phase comprenait une bibliothèque, un édifice des sciences, un aréna et un gymnase. La deuxième phase, de 1965 à 1968, vit la construction de sept édifices d'envergure au coût de 4 255 000 $.

Le conseil d'administration de l'Université prévoyait trois principales sources de revenu pour financer le programme d'aménagement d'installations permanentes. Le fédéral verserait 745 000 $ du budget total de 9 330 000 $, tandis que le gouvernement provincial apporterait 1 330 000 $. Il fut convenu que les 7 255 000 $ restants proviendraient d'une campagne de collecte de fonds. Le conseil d'administration était donc assuré de seulement 20 % du financement total du programme d'aménagement d'installations permanentes. Il devait aller chercher les 80 % manquants au moyen d'une campagne de collecte de fonds qui n'avait pas encore été lancée et dont on n'avait même pas discuté dans le détail.

Si les estimations financières du programme d'aménagement des installations semblaient optimistes, le budget de fonctionnement de l'Université était également source de préoccupations. Le budget de fonctionnement de l'année financière 1964–1965 prévoyait un déficit de plus de 90 000 $. Le problème, c'est que l'Université possédait peu d'actifs ou de réserves financières pour faire face à un déficit. L'Université se contenta de reléguer le problème à plus tard.

Le Sénat de l'Université, nouvellement formé, demanda à voir un inventaire des professeurs en poste à l'Université au cours du printemps de 1963. L'examen révéla que la plupart des membres du corps professoral étaient des Pères de Sainte-Croix. Le personnel enseignant se composait de 27 professeurs dont un seul était titulaire d'un doctorat. Quatorze d'entre eux détenaient une maîtrise et les 12 autres n'avaient qu'un baccalauréat ou l'équivalent.

L'Université avait l'intention de lancer sa première campagne de collecte de fonds en 1964, mais elle la reporta d'un an après avoir appris que l'Université du Nouveau-Brunswick amorçait une campagne semblable de son côté. La campagne fut officiellement lancée le 12 septembre 1965 et avait pour objectif de recueillir 5 000 000 $ en trois ans. Elle était présidée par Jules Brillant, homme d'affaires bien connu du Québec. La campagne réussit rapidement à obtenir quatre dons substantiels : Jules Brillant, 150 000 $; Paul Desmarais, 100 000 $; Jean-Louis Lévesque, 500 000 $; et K.C. Irving, 500 000 $.

Cependant, la campagne fut loin d'atteindre son objectif. Après trois ans, elle n'avait récolté que 3 000 000 $. Le programme d'aménagement d'installations permanentes se heurta également à des difficultés qui n'auraient pas pu survenir à un pire moment étant donné l'incapacité de l'Université de recueillir 5 000 000 $. En effet, il fallut reconstruire les fondations du nouvel aréna, ce qui engendra une dépense additionnelle de 350 000 $. L'aréna fut érigé dans la partie du campus qui est située dans le marais. Les premières fondations ayant commencé à s'enfoncer dans le sol, on dut renforcer la base avant de pouvoir poursuivre les travaux.

La situation financière de l'Université était tout simplement intenable; à un moment donné, la banque lui signifia un avis selon lequel elle n'était plus en mesure d'honorer les chèques de son personnel. La situation était telle que les cadres supérieurs de l'Université commencèrent même à se demander s'il était possible pour une université de déclarer faillite. Médard Collette, le vice-président aux finances de l'Université, m'a confié que, tout de suite après que la banque l'eut appelé pour lui transmettre la mauvaise nouvelle, il alla voir Clément Cormier. « Cormier, a-t-il raconté, était dans son bureau, à genoux devant son crucifix, priant pour obtenir de l'aide. » Collette lui dit : « Ça ne fera pas de tort, mais nous devons aussi faire autre chose. » Ils contactèrent le juge Adrien Cormier, un proche ami de Louis Robichaud et du financier montréalais Jean-Louis Lévesque, originaire de la Gaspésie. À son tour, Adrien Cormier communiqua avec Lévesque, qui lui dit de se rendre à l'aéroport de Moncton avec Clément Cormier et Médard Collette et de prendre le premier avion pour Montréal. Lévesque fit le nécessaire pour que des billets d'avion les attendent à l'aéroport. Lors de leur rencontre, Lévesque téléphona à la banque et lui donna l'instruction d'honorer les chèques de paie, affirmant qu'il comblerait le découvert. Il instruisit également les dirigeants de la banque de ne plus jamais retenir les fonds destinés aux salaires du personnel de l'Université sans d'abord lui en parler. On avait réussi à éviter la crise financière, mais l'avenir de l'Université était loin d'être assuré.

IL Y A DE L'ORAGE DANS L'AIR

Pendant que l'Université essayait de composer de son mieux avec ses ressources financières limitées, ses effectifs étudiants doublèrent entre 1963 et 1966, tout comme le nombre de ses professeurs. L'Université dépendait alors de moins en moins de l'Ordre de Sainte-Croix pour lui fournir des professeurs. Si les membres de la congrégation de Sainte-Croix représentaient plus de 40 % de tout le personnel enseignant de l'Université en 1963, leur proportion par rapport aux laïcs était de moins de 20 % en 1966.

La plupart des nouveaux professeurs provenaient de l'extérieur de la province, principalement du Québec et de la France. Ainsi, parmi les 12 professeurs des sciences sociales, six étaient originaires de la France et deux, du Québec. Les quatre autres étaient du Nouveau-Brunswick et de la Nouvelle-Écosse et avaient tous fait des études de cycles supérieurs soit en France, soit au Québec. Il est clair, quitte à souligner l'évidence, que les Français parmi le corps professoral n'avaient aucune expérience de la vie en milieu minoritaire et qu'ils ne connaissaient pas grand-chose de l'histoire de l'Acadie.

Charles de Gaulle lança son fameux cri du haut du balcon de l'hôtel de ville de Montréal : « Vive le Québec libre », un cri de ralliement pour les séparatistes québécois. Le premier ministre de l'époque, Lester Pearson, fit clairement savoir à de Gaulle que ses paroles n'étaient pas acceptables aux yeux du Canada. De Gaulle rentra en France sans se rendre à Ottawa. Mais l'affaire était loin d'être close. Par la suite, de Gaulle invita quatre chefs de file acadiens à Paris afin de discuter de l'aide que la France pourrait apporter aux institutions acadiennes. L'un des quatre Acadiens était Adélard Savoie, nouvellement nommé recteur de l'Université de Moncton, qui revint à Moncton avec l'engagement ferme de De Gaulle à appuyer la jeune université, notamment par l'octroi de subventions financières et de bourses d'études et l'envoi d'un nombre accru de professeurs français. Un autre Acadien qui était du voyage était Gilbert Finn, qui deviendrait plus tard recteur de l'Université de Moncton. Depuis Paris, il déclara que « l'anglicisation du Nouveau-Brunswick était finie ».

Adélard Savoie, qui était le beau-frère de Louis Robichaud, reçut de De Gaulle plus qu'il n'avait espéré. Les professeurs venus de France apportèrent avec eux la capacité et le désir de contester le statu quo et de défier l'autorité. À la fin des années 1960, le campus était régulièrement le théâtre de manifestations sous une forme ou une autre. Il y eut des manifestations contre l'élite acadienne (y compris Louis Robichaud et Adélard Savoie), contre le gouvernement provincial, qui n'avait pas accordé un financement suffisant à l'Université, et contre la Ville de Moncton, qui refusait de fournir des services bilingues. Plus rien n'était sacré. On descendit même le drapeau acadien hissé sur un des édifices de l'Université, pour le remplacer par le marteau et la faucille communistes.

Les étudiants s'en prirent directement à l'élite acadienne, clamant que ses membres ne pensaient qu'à leurs propres intérêts ou qu'ils étaient incapables de défendre leur peuple. Leur principale cible était l'Ordre de Jacques-Cartier (mieux connue sous le nom de la Patente), une société secrète fondée par Calixte Savoie et d'autres de sa génération dans le but de contrer l'influence de la loge orangiste. La Patente était née de l'idée de former une organisation fraternelle visant à repérer les perspectives d'emploi pour les Acadiens. Louis Robichaud en avait été membre, mais il démissionna lorsqu'il fut élu premier ministre. Les étudiants faisaient valoir qu'il ne fallait plus rien décider en secret et que l'heure était venue pour l'Acadie d'agir en adulte et de faire face à chaque situation, y compris la majorité de langue anglaise, de front et au vu de tous.

Les citoyens de Moncton, y compris les Acadiens, n'étaient certainement pas préparés à ces manifestations. Je me rappelle avoir assisté à une manifestation étudiante sur le campus, où un étudiant à l'accent nettement français s'adressa aux manifestants en déclarant : « Nous nous disons tous la même chose ici et nous sommes tous d'accord. Nous devons faire quelque chose de différent pour montrer aux gens que nous sommes sérieux. Je suggère que certains d'entre nous se rendent au centre-ville et fassent sauter l'édifice du CN sur la rue Main. » Nous ne savions pas trop s'il était sérieux ou non, mais aucun de nous de Moncton n'était prêt à se porter volontaire!

Les choses tournèrent à l'affrontement sur le campus le 7 février 1968, lorsque Adélard Savoie annonça l'intention d'augmenter les droits de scolarité à la lumière des problèmes financiers persistants de l'Université. Savoie expliqua que l'Université avait sollicité des fonds additionnels du gouvernement, mais que le premier ministre avait répondu qu'il existait une formule de financement applicable à toutes les universités de la province, en vertu de laquelle toutes sans exception devaient vivre selon leurs moyens.

L'association étudiante appela à la grève générale afin d'accroître la sensibilisation à la situation financière difficile de l'Université. Ils bloquèrent toutes les voies d'accès au campus. Par la suite, un certain nombre d'étudiants et d'étudiantes occupèrent l'édifice des sciences en vue de forcer l'administration à aller chercher d'autres fonds auprès du gouvernement fédéral. Plus tard encore, les leaders étudiants organisèrent une marche sur Fredericton afin de réclamer davantage de financement du gouvernement provincial. Une délégation de quatre étudiants rencontra le premier ministre mais en vain. Certains des étudiants estimaient que Robichaud tournait le dos aux Acadiens et à leur université. De son côté, Robichaud marchait sur une corde raide. Il y avait des limites jusqu'où il pouvait pousser la majorité anglophone. On voyait déjà les signes de plus en plus évidents d'un mouvement de ressac et d'un malaise dans la province provoqués par les événements au campus de Moncton. Comme on peut l'imaginer, on n'était pas très chaud à l'idée d'accorder un financement plus généreux à une université de langue française qui avait récemment fait flotter le drapeau communiste au sommet d'un de ses édifices.

Sans avertissement préalable, environ 125 étudiants pénétrèrent dans l'édifice des sciences dans la soirée du samedi 11 janvier 1969. Ils ordonnèrent au gardien de nuit de quitter les lieux et verrouillèrent toutes les portes. Travaillant en équipes de 25, les étudiants furent postés aux portes et armés de tuyaux d'incendie, ne permettant à personne d'entrer sauf quelques autres étudiants. Le lendemain, le recteur de l'Université déclara : « La situation est très grave et elle paralyse toutes les activités sur le campus. Les personnes responsables de l'occupation devront subir les conséquences de leurs actes. » Les cours furent suspendus jusqu'à nouvel ordre.

Un porte-parole étudiant émit une déclaration tôt le lundi matin : « Nous réclamons que le gouvernement accorde une aide de 32 millions de dollars à l'Université de Moncton. L'Université n'a reçu qu'un million au cours de sa première année, et nous ne recevrons que deux millions au cours des deux prochaines années alors que l'Université du Nouveau-Brunswick a obtenu dans les environs de 22 millions de dollars l'an dernier seulement. » Il ajouta qu'il en coûtait davantage pour construire une nouvelle université que pour en exploiter une qui avait été fondée depuis des années. Ces chiffres étaient loin d'être exacts, mais cela n'avait aucune importance pour les étudiants. Ils occupaient l'édifice des sciences pour faire valoir que l'Université de Moncton avait un urgent besoin d'un budget de « rattrapage », et les étudiants avaient dû s'en mêler car l'élite acadienne ne prenait pas ses responsabilités.

Michel Blanchard, un des principaux leaders des manifestations étudiantes, ajouta qu'ils ne sortiraient pas de l'édifice des sciences tant que le gouvernement ne s'engagerait pas à verser à l'Université une subvention de rattrapage de 32 millions de dollars. Il affirma que les étudiants avaient assez de nourriture pour tenir trois semaines et qu'ils avaient d'autres réserves, au besoin, ainsi qu'amplement de sacs de couchage, matelas et autres produits de première nécessité.

Le recteur de l'Université en avait assez. Il subissait des pressions du gouvernement provincial et des résidents de Moncton, voulant qu'il mette fin à la crise. Après une semaine d'occupation, il demanda à la Police municipale de Moncton et au détachement local de la Gendarmerie royale du Canada d'expulser les étudiants de l'édifice des sciences. Le chef de police et le directeur de la sécurité à l'Université pénétrèrent dans l'édifice et rencontrèrent Michel Blanchard et Rodrigue Fergusson, deux dirigeants de l'occupation. Ils donnèrent une heure aux étudiants pour quitter les lieux. Après des négociations concernant de possibles accusations criminelles, Michel Blanchard et les étudiants à sa suite sortirent de l'édifice des sciences en chantant : « Ce n'est qu'un au revoir… »

Les chefs de file étudiants étaient originaires, pour la plupart, du nord du Nouveau-Brunswick et du Québec. Michel Blanchard, un orateur fougueux et fils de Mathilda Blanchard, une dirigeante syndicale de Caraquet, menait la charge. Les étudiants ayant participé à l'occupation et à d'autres manifestations disaient avec fierté qu'ils étaient « la nouvelle gauche ». Bien peu d'Acadiens de Moncton furent impliqués dans les diverses manifestations comme dans l'occupation.

La nouvelle gauche s'affairait déjà à planifier une autre manifestation. Pendant que l'occupation étudiante battait son plein, un groupe d'étudiants organisaient une manifestation devant l'hôtel de ville de Moncton pour réclamer une mise en œuvre rapide du rapport Laurendeau-Dunton sur le bilinguisme et le biculturalisme. Craignant que la communauté ne s'oppose ouvertement à la marche des étudiants, le président du conseil étudiant pria les organisateurs d'annuler la manifestation, ce qui entraîna une division parmi les étudiants. « Le rapport a formulé des recommandations sur le bilinguisme et le biculturalisme, affirmait-il. Par conséquent, il n'y a pas de raison de faire une manifestation à ce moment-ci. » De plus, dit-il, « cela risque de nous détourner de la préoccupation première du conseil étudiant, qui est de mettre l'accent sur les problèmes que rencontrent tant l'Université que les étudiants concernant le financement de l'enseignement supérieur ». Mais rien n'allait dissuader les leaders de la nouvelle gauche.

Pour sa part, Adélard Savoie convoqua une rencontre avec les organisateurs de la marche le jour même où la manifestation devait avoir lieu. Il leur demanda d'annuler la marche, alléguant que les relations entre les deux groupes ethniques de la ville étaient déjà suffisamment tendues et que la marche ne pourrait qu'avoir des effets négatifs pour l'Université. Les organisateurs de la marche rejetèrent la demande du recteur, mais accédèrent à sa proposition de choisir lui-même un porte-parole du groupe, qui ferait la présentation au Conseil municipal. Le recteur de l'Université ne voulait pas que les étudiants choisissent Michel Blanchard ou quelqu'un d'autre du nord de la province ou du Québec pour diriger la délégation qui irait rencontrer le maire Leonard Jones, dont la réputation de farouche anti-bilinguisme, pour ne pas dire anti-français, était déjà largement connue. Le recteur craignait que le maire n'écarte simplement d'emblée tout porte-parole dont les parents n'habitaient pas à Moncton et n'y payaient pas de taxes, ce qui ne ferait qu'empirer les choses.

Adélard Savoie demanda à un résident de Moncton, mon frère Claude, diplômé en psychologie, de prendre la tête de la marche et de rencontrer Leonard Jones et son conseil. Claude était le président de l'association des diplômés de l'Université et notre père était un homme d'affaires et un contribuable de Moncton. Adélard et Claude convinrent qu'il était important de rester calme, de faire preuve de professionnalisme et de chercher à éviter tout esclandre de la part des étudiants ou du maire.

Entre 1 000 et 1 500 étudiants prirent part à la marche. Les médias rapportèrent que le défilé jusqu'à l'hôtel de ville fut bruyant, mais que tout se déroula dans l'ordre et qu'il n'y eut aucun incident. Le *Moncton Times* ajoutait cependant qu'un « groupe d'hommes se rassemblèrent à une intersection près de l'hôtel de ville et accueillirent les protestataires par un chœur de huées. Néanmoins, une force opérationnelle composée de 40 agents en uniforme de la Police municipale de Moncton, de pompiers municipaux et de membres de la GRC en tenue civile était postée à l'hôtel de ville en cas de débordements » (traduction libre).

Une fois rendus à l'intérieur de l'hôtel de ville, les étudiants furent reçus par le Conseil municipal avec froideur et agressivité. Le conseiller A.L. Galbraith demanda immédiatement au Conseil de réitérer son serment d'allégeance à la monarchie. Le maire Jones refusa d'entendre une présentation en français de la délégation parce que son conseil ne comprenait que l'anglais. Le maire offrit également aux étudiants « un conseil paternel » en leur déclarant qu'ils seraient plus utiles à la communauté s'ils retournaient à leurs cours et à leurs études.

Sous toute réserve de mon amour pour mon frère et de mon parti pris évident, je crois encore aujourd'hui que Claude se comporta de façon remarquable et qu'il démontra plus de classe que le maire. De plus, je demeure convaincu que, en fin de compte, Claude sortit gagnant de l'affrontement. Il s'avança avec dignité dans l'hôtel de ville sous les huées et les insultes (p. ex., « retournez chez vous, *frogs*! » et « parlez la langue des Blancs ») des gens présents dans la salle du Conseil. L'échange qu'il eut avec le Conseil fut capté sur pellicule et est inclus dans le film *L'Acadie, l'Acadie*, que le lecteur est invité à regarder afin de juger par lui-même. Claude demeura poli, alla droit au but et changea de langue sans faire d'histoires lorsque le maire l'enjoignit de parler anglais. Il resta calme et respectueux tout au long de sa présentation et lorsqu'il quitta la salle du Conseil. La situation était extrêmement explosive; un seul faux pas aurait pu mener à la violence.

Le lendemain, Claude et la délégation qui l'accompagnait rencontrèrent la presse locale afin de lui faire part de leurs impressions au sujet de la rencontre. Claude déclara : « Ce n'était sûrement pas une rencontre dont les citoyens de Moncton peuvent être fiers. Elle n'a pas donné lieu au dialogue que nous espérions établir. » Les membres de la délégation se dirent également déçus que le maire ne leur ait pas permis de parler leur langue maternelle et l'accusèrent d'avoir agi « comme un procureur de la Couronne agressif qui cherche un verdict de culpabilité ».

La réaction de la délégation attisa la colère des étudiants envers le maire Jones. Les étudiants du nord du Nouveau-Brunswick et du Québec en avaient ras-le-bol et cherchaient des occasions d'exprimer leur frustration. Il était prévu que le maire procéderait ce soir-là à la mise au jeu officielle donnant le coup d'envoi d'une série de matches de hockey entre deux équipes locales à l'aréna Jean-Louis-Lévesque, sur le campus de l'Université de Moncton. Quelques minutes avant le début du match, environ 150 étudiants entrèrent sans payer dans l'aréna, tandis qu'une douzaine de policiers les regardèrent passer sans intervenir. Les étudiants marchèrent en file autour de l'aréna en chantant *Ô Canada* en français. Apparemment, on s'empressa de faire monter le maire dans une voiture de patrouille qui attendait et on l'escorta à l'extérieur du campus.

Après avoir été assurés que le maire ne serait pas présent à l'aréna, deux étudiants du Québec déposèrent une tête de cochon dans une grande boîte de carton, accompagnée d'une carte qui disait : « Voici un cadeau que je vous offre » et qui était signée par Jacques Belisle et Jacques Moreaux. Les deux étudiants, suivis d'environ 50 à 70 autres étudiants, marchèrent directement à la résidence du maire, à qui ils remirent leur cadeau. Ils furent tous deux arrêtés sur-le-champ et des accusations furent déposées contre eux.

Le lendemain, l'Université s'attendait au pire. L'administration décida de désigner quelques élèves pour répondre aux appels téléphoniques qu'elle prévoyait recevoir de la part de citoyens de langue anglaise. Il s'agissait encore une fois d'étudiants de la région de Moncton. J'étais l'un d'entre eux. Jamais auparavant je n'avais été exposé à tant de venin et de haine et jamais je ne l'ai été depuis. J'entendis la plupart des jurons que recèle la langue anglaise et je me fis dire en des termes sans équivoque de retourner en France. Un interlocuteur irrité me dit : « Retourne chez toi, maudit *frog* – Et c'est où, chez moi? demandai-je – En France, imbécile de *frog* », m'indiqua-t-on. Il y avait très, très longtemps que mes ancêtres avaient quitté la France pour l'Acadie, mais je pouvais quand même commencer à imaginer la France comme ma patrie. Je me mordis la langue plus d'une fois, sachant que je ne ferais qu'envenimer les choses en cherchant à provoquer un débat avec les appelants. Les tensions étaient vives entre les étudiants de l'Université et les citoyens anglais de Moncton, et toute provocation aurait facilement pu tout faire basculer.

Les choses commencèrent à se tasser à mesure qu'approchaient les examens de fin de semestre. Vers la fin de l'année universitaire, l'Université décida de ne pas renouveler les contrats de quatre professeurs de sociologie originaires de France, alléguant leur incompétence en enseignement. Nombreux sont ceux, toutefois, qui soupçonnèrent que la véritable raison de leur congédiement était leurs opinions d'extrême gauche. Au cours de l'été suivant, l'Université avisa également plusieurs étudiants qu'ils n'y seraient pas réadmis. Ces étudiants avaient tous été directement impliqués dans l'occupation étudiante.

LEONARD JONES

Élu pour la première fois en 1963, Leonard Jones fut le maire de Moncton durant les 11 années suivantes. Il remporta l'investiture du Parti conservateur en vue des élections fédérales de 1974, mais le chef du Parti, Robert Stanfield, refusa de signer son acte de candidature à cause de l'opposition de Jones à la politique du Parti sur le bilinguisme. Jones décida de se présenter comme candidat indépendant et remporta l'élection devant les libéraux, le NPD et le candidat conservateur et député sortant. Il réussit à obtenir 46 % des voix. Les Acadiens comprirent parfaitement le message : leur présence et leur lutte pour la reconnaissance des droits linguistiques allaient à l'encontre des vœux de la majorité. Jones décida de ne pas se porter candidat lors des élections générales de 1979. Plus tard, il fut accusé de fraude fiscale et il démissionna du Club Rotary de Moncton en signe de protestation après que celui-ci eut décidé d'admettre des femmes parmi ses membres.

Ironiquement, Leonard Jones se révéla l'une des principales forces qui incitèrent les Acadiens à revendiquer des droits linguistiques. Son attitude belligérante envers les étudiants de l'Université de Moncton et son refus de permettre quoi que ce soit qui aurait pu ressembler à une ouverture au bilinguisme (ne serait-ce qu'une plaque bilingue sur l'édifice de l'hôtel de ville) amenèrent de nombreux Acadiens qui, par le passé, avaient été réticents à rechercher l'égalité, du moins à Moncton, à conclure que le temps était venu : trop, c'était trop.

Peu d'Acadiens de Moncton furent directement impliqués dans les manifestations étudiantes, mais pendant que nous observions en retrait les événements se dérouler, nous comprenions ce que les étudiants de l'extérieur essayaient d'accomplir, même si nous n'étions peut-être pas toujours d'accord sur les moyens employés. À la fin des années 1960, quelques entreprises de Moncton commencèrent à faire de la publicité en français et en anglais. Un certain nombre d'étudiants qui étaient venus étudier à l'Université choisirent de rester à Moncton. Plusieurs lancèrent de nouvelles entreprises, dont

Bernard Imbeault, l'« athée » du Québec. Il n'est jamais reparti de Moncton et il est devenu un entrepreneur accompli dans le domaine de la restauration (les restaurants Pizza Delight et Mike's).

À peu près à l'époque où Jones fut élu au Parlement, un groupe de jeunes Acadiens se réunirent pour former le Parti acadien. Le Parti savait à quoi il s'opposait : la politique d'accommodement avec la majorité anglaise, l'union des Maritimes, le capitalisme et l'idéologie traditionnelle de l'élite acadienne. Il visait la création d'une province acadienne afin que les Acadiens puissent entrer dans la Confédération en tant que peuple distinct. Le Parti ne remporta aucun siège à l'Assemblée législative et fut formellement dissous en 1986. On peut néanmoins supposer que Jones fut un facteur qui motiva les jeunes Acadiens à se rassembler afin de fonder un parti nationaliste.

Dans une rétrospective de ses années en politique, Leonard Jones n'avait aucun doute sur la cause de la montée des tensions entre francophones et anglophones à Moncton : l'Université de Moncton. Un discours qu'il prononça devant l'Alliance for the Preservation of English in Canada le 20 novembre 1978 mérite qu'on le cite en détail. Il expliquait : « Au début des années 1960, les personnes de langue anglaise et celles de langue française vivaient dans la paix, l'harmonie et la bonne volonté dans la ville de Moncton, dont j'étais alors maire. Nous avions tous grandi ensemble, fréquenté les mêmes écoles, été membres des mêmes scouts, peu importe. Et ce n'est pas du jargon politique. Les choses ont toutefois changé dans la ville de Moncton lorsqu'on y a fondé une université. » Il affirmait que les Monctoniens anglophones avaient contribué financièrement à la création de l'Université, mais que les personnes de langue maternelle anglaise n'y étaient pas admises. Bien sûr, cette affirmation était fausse; il y a eu et il continue d'y avoir de nombreux Anglo-Canadiens inscrits à l'Université. La langue d'enseignement, toutefois, est le français, au même titre que la langue d'enseignement à l'Université du Nouveau-Brunswick, à la Mount Allison University et à la Saint Thomas University est l'anglais. Jones prétendait également que l'Université refusait des personnes de la région de Moncton, auxquelles elle préférait les Québécois, ce qui était aussi complètement faux. Il n'expliqua jamais comment il en était arrivé à cette conclusion. Il est fort possible qu'il l'ait entendue dans les rues de Moncton et qu'il se soit dit que ce devait être vrai.

Il est certain que l'Université de Moncton a eu un impact profond sur l'Acadie, sur Moncton et sur le Nouveau-Brunswick. Elle a donné aux Acadiens un sentiment d'identité, une institution leur permettant d'articuler leurs aspirations, et l'assurance nécessaire pour se tracer une nouvelle voie. Elle a ouvert la société acadienne à de nouvelles idées, a fait pression sur les institutions publiques afin qu'elles répondent aux demandes de plus en plus insistantes relatives à des services dans les deux langues officielles, et elle a produit des diplômés au moment précis où les deux ordres de gouvernement étaient à la recherche d'employés bilingues qualifiés.

L'Université a également contribué à l'impatience parmi la population acadienne. Une nouvelle génération d'Acadiens estimaient que leur élite politique, les rouages de la justice et le fonctionnement du gouvernement progressaient beaucoup trop lentement. Certains Acadiens n'hésitèrent pas à diriger leurs critiques contre certains des leurs, y compris contre Louis Robichaud et son gouvernement. Avec le recul, on comprend facilement que ce dut être énervant d'une certaine façon pour Leonard Jones et sa génération de voir la communauté acadienne se transformer en 10 petites années, passant d'un peuple timide à un peuple qui est prêt à affirmer que, dorénavant, nous occuperons un plus grand espace dans la collectivité parce que nous avons l'intention de prendre la place qui nous revient dans la société. Pas étonnant que Louis Robichaud ait si souvent déclaré que la création de l'Université de Moncton était sa réalisation dont il était le plus fier.

UNE NOUVELLE ACADIE

À compter des années 1970, l'Acadie dans laquelle j'avais grandi n'existait plus. Elle avait fait place à une nouvelle Acadie plus séculière, plus confiante en soi et plus ambitieuse. L'impact de Leonard Jones et de ses partisans n'a servi tout au plus qu'à renforcer la détermination de nombreux Acadiens à se rallier derrière la nouvelle Acadie.

L'équilibre du pouvoir entre les deux communautés linguistiques de Moncton et du Nouveau-Brunswick était en train de changer. Jones pouvait exprimer la même opinion que celle émise près de 40 ans plus tôt par un haut fonctionnaire du ministère de l'Éducation pour expliquer aux ministres pourquoi il ne fallait pas accorder leurs propres écoles aux Acadiens. Cette opinion avait du poids en 1930, mais beaucoup moins en 1970. Le représentant du ministère de l'Éducation était alors en position de force, mais Jones l'était beaucoup moins.

J'ai vu directement la communauté acadienne de Moncton atteindre sa maturité. Leonard Jones avait néanmoins raison sur un point : ce sont des étudiants de l'extérieur, et non des Acadiens de Moncton, qui donnèrent l'impulsion au changement. La grande majorité des leaders étudiants lors de l'occupation de l'édifice des sciences, dans l'organisation de la grève étudiante et la planification de la marche sur l'hôtel de ville provenait du nord du Nouveau-Brunswick et du Québec. Claude Savoie prit la tête de la délégation qui rencontra le maire et le Conseil municipal, mais seulement après que le recteur de l'Université fut intervenu pour lui confier cette tâche.

Ce sont également des étudiants de l'extérieur qui réclamèrent que le système judiciaire de la province entende leur cause en français, après que la *Loi sur les langues officielles* de la province eut obtenu force de loi. Michel Blanchard, du nord du Nouveau-Brunswick et leader des manifestations étudiantes, suscita un intérêt considérable lorsqu'il demanda que son procès se déroule en français, sachant fort bien que l'appareil judiciaire de la province n'était pas à la hauteur de la tâche. Il demanda avec insistance si la *Loi sur les langues officielles* de la province avait la moindre force d'application ou si elle n'était que symbolique. Il désirait savoir si un procès en français était un droit ou seulement un privilège. Sa position trouva écho chez de nombreux Acadiens et, avec le temps, auprès des tribunaux.

Les Acadiens de Moncton n'étaient cependant pas prêts à aller aussi loin pour contester le statu quo. Denis Gautreau, de Pré-d'en-Haut, un petit village près de Moncton, fut accusé de conduite en état d'ébriété dans les années 1960. Le jour de sa comparution, il se présenta en cour et attendit son tour sans les services d'un avocat. Le juge appela enfin : « Denis Gautreau contre la Reine ». Denis sauta sur ses pieds et déclara au juge : « Je n'ai rien contre la reine, moi, c'est quelqu'un de bien. Je ne veux pas contrer [sic] la reine. J'ai seulement bu un peu trop, c'est tout. » La dernière chose à laquelle Denis aurait pensé, c'est de demander à la cour que sa cause soit entendue en français. Il souhaitait simplement sortir de là en subissant le moins de dommages et de frais possible. La cour éclata de rire, mais Denis faisait savoir qu'il ne désirait pas s'opposer à la majorité de langue anglaise. À son retour à Pré-d'en-Haut, il dit à ses amis : « Hé! j'étais déjà assez dans le trouble comme ça, je voulais pas commencer à me battre avec la reine. Bon sang, les Anglais m'auraient jeté en prison et auraient lancé la clef au loin. »

Je me suis souvent demandé comment il se fait que ce furent des étudiants de l'extérieur qui prirent les choses en main. Les Acadiens de Moncton vivaient avec leurs parents pendant qu'ils étudiaient à l'Université au lieu de vivre en résidence ou en appartement, de sorte que nous étions probablement moins radicaux. Nous devions rendre des comptes à nos parents chez nous le soir ou la fin de semaine, et peu d'entre eux auraient approuvé que leur fils ou leur fille passe du temps à occuper l'édifice des sciences.

Je crois qu'il y avait d'autres raisons importantes. Nous, les Acadiens, avions été conditionnés à accepter notre condition dans la société et à considérer la majorité de langue anglaise comme étant supérieure. Un professeur qui a longtemps enseigné les langues secondes dans la fonction publique fédérale m'a confié que les étudiants les plus difficiles qu'il a eus sont des Monctoniens anglophones d'un certain âge. Il insiste pour dire qu'ils ont un blocage psychologique qui inhibe leur capacité à apprendre le français. Nous ne devons pas oublier que Leonard Jones fut élu et réélu maire et député fédéral parce qu'une majorité considérable d'anglophones de Moncton a voté pour lui.

Nous avions appris à ne pas réveiller l'ours qui dort. La lettre de Calixte Savoie invitant les Acadiens à demander à être servis en français dans les magasins de Moncton eut un impact profond et durable. Le fait que l'initiative se retourna contre eux et que des Acadiens perdirent même leur emploi à cause d'elle fut une leçon en soi. Dans les années 1930, 1940 et 1950, les Acadiens de Moncton ne demandaient guère plus que de pouvoir nourrir leur famille qui, le plus souvent, était nombreuse. Cela dit, les Acadiens survécurent à Moncton et y bâtirent leurs propres institutions, y compris des églises, parce qu'ils avaient un profond désir de survivre.

En ce qui concerne la plupart des Acadiens de Moncton, la meilleure approche consistait à ne pas créer de remous. Ils croyaient que des progrès seraient accomplis et qu'il était possible d'en faire davantage en procédant lentement, sans provoquer de chambardements. L'élection de Robichaud au pouvoir était chargée de promesses, nous disions-nous, et il valait mieux le laisser tracer la voie.

De leur côté, les Québécois et les Acadiens du nord du Nouveau-Brunswick avaient reçu un conditionnement bien différent. Ils n'allaient pas hésiter à réveiller l'ours qui dort, et ce qu'ils virent à Moncton leur donna toutes les raisons de le réveiller et de le faire sans ménagement. Je me souviens des tensions entre les étudiants de Moncton et ceux de l'extérieur. Nous savions qu'après nos études certains d'entre nous resteraient à Moncton tandis que ceux de l'extérieur s'en retourneraient chez eux ou iraient ailleurs. En somme, réveiller l'ours qui dort ne ferait que le rendre de mauvaise humeur, et ce serait nous qui allions devoir vivre avec l'ours grognon. Nous savions cependant que les relations entre la majorité anglophone et les Acadiens de Moncton ne seraient plus jamais pareilles. D'une part, nous serions reconnaissants aux étudiants de l'extérieur pour leurs actions, mais d'autre part nous nous inquiétions des conséquences à long terme. Nous allions découvrir que les avantages seraient bien plus grands que les inconvénients.

Sur une note plus personnelle, je garde d'excellents souvenirs de mes années d'études à l'Université de Moncton. Elles m'ouvrirent les yeux à bien des égards. Les idées nouvelles, les professeurs venus de France, du Québec ou d'ailleurs qui m'enseignaient à examiner les problèmes ou les questions dans des perspectives différentes et, contrairement au Collège l'Assomption, la liberté d'aller voir un film au centre-ville ou à la taverne avec les amis offraient un attrait indéniable.

Claudius Léger, un juge et chargé de cours à temps partiel, était de la vieille école – il appelait les présences au début de chacun de ses cours. Victor Landry, qui est demeuré un de mes proches amis jusqu'à ce jour, et moi avions décidé que nous voulions aller voir un film au centre-ville, *North to Alaska*, qui entrait en conflit avec le cours de Léger. Nous avions échafaudé un plan : peu après l'appel des présences, Victor prétendrait qu'il ne se sentait pas bien, et je viendrais l'aider à sortir de la classe. Ensuite, nous prendrions la direction du cinéma. À ma grande surprise, cependant, Victor se leva peu après l'appel des présences et dit : « Je pense que je vais m'évanouir », puis il s'écroula par terre. Ce n'était pas prévu dans notre plan, et il fallait maintenant que je fasse quelque chose. Je me levai et j'annonçai que j'allais prendre bien soin de mon ami, puis je le tirai en dehors de la classe. En route vers le cinéma, je lui dis : « Victor, ne trouves-tu pas que c'était un peu dramatique? » Ceux qui connaissent Victor connaissent bien son sourire malicieux et son sens de l'humour.

Leonard Jones faisait fausse route en affirmant que des étudiants locaux n'étaient pas admis à l'Université de Moncton. Il n'y avait pas de tri. Si l'on réussissait à passer à travers l'école secondaire ou le Collège l'Assomption, on était admis. Une fois admis, certains étudiants avaient recours à divers moyens pour essayer de passer à travers l'Université. Je me rappelle avoir suivi un cours appelé « Mathématiques financières » dans lequel j'avais de bonnes notes. Le manuel de base était en anglais, et je pris l'habitude d'ajouter et de souligner *ans.* (abréviation pour *answer*) après toutes mes réponses dans les essais et les examens. Lors d'un examen, un ami de Moncton, qui ne se donnait jamais la peine de travailler dans ses cours universitaires, s'assit à mes côtés et décida de copier mes réponses. J'en étais conscient mais je choisis de ne rien faire. Toutefois, pour rendre ses réponses différentes des miennes, il résolut de traduire *ans.* par « années », croyant que mes *ans.* signifiaient « années » au lieu d'une abréviation du mot *answer*. L'ennui pour mon ami, c'est qu'aucune des questions ne se rapportait à des années ou à quelque mesure du temps que ce soit. Comme une de mes réponses était fautive, celle de mon ami l'était aussi. Le professeur demanda à nous voir tous les deux pour avoir des explications. Mon ami avoua son méfait et en prit toute la responsabilité. Le professeur souligna cependant que j'aurais pu prévenir la situation en m'efforçant de mieux cacher mes réponses à ses yeux inquisiteurs.

L'année suivante, un autre professeur annonça que l'examen de Noël serait composé de 40 questions « vrai ou faux ». Certains étudiants de la région de Moncton élaborèrent ce qu'ils croyaient être un plan à toute épreuve pour obtenir de bons résultats. Ils demandèrent à Victor Landry, qui connaissait à fond ce sujet et bien d'autres, de s'asseoir à l'avant de la classe au moment de l'examen. Le plan était que Victor se frotterait l'oreille gauche pour indiquer une réponse « vrai », l'oreille droite pour indiquer une réponse « faux » et de répondre ainsi aux 40 questions l'une après l'autre jusqu'à la fin. À ce moment, il devait se frotter les deux oreilles pour signifier qu'il avait terminé l'examen. En raison de mon expérience de l'année précédente, je décidai de m'asseoir loin de Victor, au fond de la classe, du côté opposé. Néanmoins, je suivis avec grand intérêt le déroulement de l'examen. Chaque fois que Victor se frottait une oreille, il y avait 10 ou 12 têtes derrière lui qui se penchaient d'un seul mouvement. Tout se passa très bien. À la fin, je vis Victor se frotter les deux oreilles. Puis, j'entendis une voix relativement forte dire clairement : « *Shit*, Victor, j'ai rien que 34 réponses! »

Comme je l'ai mentionné plus tôt, la grande majorité des étudiants de Moncton resta en retrait lorsque des étudiants de l'extérieur décidèrent de renverser le statu quo. Je n'y faisais pas exception. Je ne fus pas directement impliqué dans l'agitation des

étudiants sinon qu'en acceptant de répondre au téléphone le lendemain de l'incident de la tête de cochon. Je reconnais avec un certain
regret que j'ai profité de mon passage à l'Université pour avoir du
bon temps, pour savourer pleinement ma liberté nouvellement ac-
quise et pour m'imprégner des idées nouvelles et provocantes des
professeurs originaires du Québec ou d'ailleurs et de mes collègues
étudiants de l'extérieur.

En été, je travaillais pour l'entreprise de construction de mon
père, du moins pendant un certain temps. Le travail dans la
construction n'est pas facile, et il l'est encore moins lorsqu'on se réveille avec une sérieuse gueule de bois. Il arrivait souvent (mais pas
toujours, Dieu merci) que mon père me dépose à un des sites de
construction le matin. Je doute que mon père ait jamais cru dans la
grasse matinée, même dans sa jeunesse. Il avait pour devise : L'avenir appartient à ceux qui se lèvent tôt. Ce pénible matin-là, il décida
que j'irais travailler sur le chantier de construction d'une école à
Saint-Norbert, une petite localité acadienne située à une trentaine de
kilomètres de Moncton. L'appel à la levée du corps se fit entendre
à 6 h 30 et à 7 h nous étions sur la route. Je ne crois pas que mon
père ait jamais été en retard de sa vie pour quoi que ce soit. Je restai silencieux pendant que nous roulions vers le site de construction, ne faisant que oui ou non de la tête et essayant de prendre
quelques minutes de sommeil.

Je savais que, rendu sur place, la vie serait beaucoup plus facile.
Gérard à Johnny, de Saint-Maurice, était le directeur du projet. Gérard était d'une grande compétence, et ses services étaient très re-
cherchés par d'autres entreprises de construction. Il était l'un des
meilleurs contremaîtres de mon père. Il était aussi très amical, avait
toujours un grand sourire et était toujours détendu.

Mon père me déposa sur le site, me mit au travail et échangea
rapidement quelques mots avec Gérard à Johnny avant de repartir
pour un autre chantier. Dès son départ, j'expliquai la situation à
Gérard, lui disant : « Écoute, j'ai besoin d'une heure de sommeil et
je pourrai travailler deux fois plus fort après. » Il comprit. Je me fis
un oreiller avec mon veston, trouvai un placard de taille raisonna-
ble et me préparai à un sommeil réparateur. Malheureusement,

mon père revint au bout de quelques minutes seulement. Ne me voyant nulle part, il demanda où j'étais. Gérard fit de son mieux pour me protéger, suggérant que j'étais probablement sorti du site pour aller chercher quelque chose. Mon père ne fut pas dupe. Il me surprit en train de dormir dans le placard et me congédia sur-le-champ. Il n'allait pas m'accorder un traitement de faveur devant les autres employés, et il avait raison. Les 35 minutes que dura le trajet de retour à Moncton furent les plus longues et les plus pénibles que j'aie jamais connues jusque-là ou depuis. La seule chose qu'il dit alors que nous approchions de Moncton fut : « Il va falloir que nous te trouvions un autre emploi à Moncton. Il faut que tu travailles. » Je commençai un nouvel emploi chez Sumner's, une quincaillerie de l'endroit.

Bref, mes années d'étudiant à l'Université de Moncton n'avaient rien à voir avec mon été d'insatisfaction. Ce ne fut pas ma période la plus sérieuse à tous les points de vue. Je me rappelle qu'un jour Aurèle Thériault vint me voir pour me demander si je serais intéressé à prendre la tête d'un groupe de trois ou quatre étudiants qui iraient à Ottawa afin d'assister à une assemblée de la jeune association étudiante du Parti progressiste-conservateur. Aurèle Thériault, un compagnon de classe et un bon ami, est le fils de Norbert Thériault, l'un des principaux ministres du cabinet de Louis Robichaud. « C'est quoi, l'attrape? demandai-je. – Il n'y en a pas », m'expliqua-t-il. Il était le président de l'association des étudiants libéraux sur le campus, et les conservateurs d'Ottawa l'avaient contacté afin de savoir s'il avait des collègues sur le campus susceptibles d'être intéressés à assister à un congrès d'orientation.

Peut-être – je dis bien peut-être – les gens étaient-ils moins partisans à cette époque. Je doutais toutefois que quelqu'un sur le campus soit disposé à s'identifier avec le Parti conservateur alors que Louis Robichaud était au pouvoir à Fredericton. Je demandai à Aurèle : « Que devrons-nous faire? – Pas grand-chose, répondit-il, seulement dire que trois ou quatre d'entre vous seraient intéressés à vous rendre à Ottawa. Une partie de vos dépenses vous seront remboursées, vous rencontrerez des députés fédéraux et visiterez probablement le Parlement et vous verrez Ottawa. » Je me revois partant de Moncton en compagnie de trois amis à bord d'un DC-9. Nous avons fait un voyage des plus intéressants et nous avons tous beaucoup appris. Les conservateurs se montrèrent chaleureux et accueillants.

Je me rappelle aussi, cependant, que mes amis étaient probablement davantage libéraux que conservateurs, si tant est qu'ils se soient intéressés à la politique. Ils étaient certainement mal préparés à s'engager dans des discussions politiques ou des débats d'orientation. Nous étions allés à Ottawa pour voir la ville et le Parlement et pour faire l'expérience de la politique pour la première fois. Deux membres du groupe n'étaient jamais sortis du Nouveau-Brunswick et l'un d'entre nous, Donald LeBlanc, avait toujours affirmé qu'il avait à se préoccuper de choses plus importantes que la politique. Le hasard voulut que c'est à lui qu'on demanda son point de vue sur une question qui était débattue en plénière lors de la conférence. Je regardai LeBlanc pour voir comment il allait répondre, me demandant pourquoi le président ne s'était pas adressé à moi ou à quelqu'un d'autre. Je me disais que moi ou n'importe qui d'autre aurait été plus habile que LeBlanc à contourner la question en bluffant. Allant comme toujours droit au but, LeBlanc se leva, prit quelques secondes pour s'éclaircir la gorge et déclara d'une voix assurée : « Je suis un homme de peu de mots », puis il se rassit promptement. Autour de la table, les autres participants, bouche bée, le regardèrent avec des yeux écarquillés, cherchant à voir si ces paroles cachaient quelque part, de quelque façon, un message profond qu'il voulait partager. Un membre de notre groupe ajouta sans doute à la confusion lorsqu'il dit d'une voix sérieuse et solennelle : « Bien dit, Le-Blanc. » Je dus faire appel à toute la force de ma volonté pour ne pas éclater de rire.

Donald LeBlanc allait devenir plus tard un chef de file dans sa communauté. Il a compris, mieux que la plupart des gens, que les racines sont importantes et il a redonné à sa communauté de bien des façons. Il a été largement responsable de l'aménagement d'un des meilleurs terrains de golf du sud-est du Nouveau-Brunswick, situé en plein cœur de Memramcook.

DE NOUVELLES FORCES EN JEU

Dans les années 1960, l'Acadie se faisait bombarder par de nouvelles forces agissant de l'intérieur (l'Université de Moncton) et de l'extérieur (les professeurs et étudiants venus d'ailleurs). Néanmoins, d'autres forces non moins puissantes s'exerçaient sur les Acadiens, les poussant à occuper une plus grande place sur les scènes politique et économique.

Pierre E. Trudeau, porté au pouvoir en 1968, avait des vues bien arrêtées sur le Canada, en particulier sur le rôle du Canada français à Ottawa. Il allait combattre le nationalisme canadien-français au Québec jusqu'au bout, mais en même temps lutter pour les intérêts des Canadiens français dans toutes les facettes de la société canadienne. Aux yeux de Trudeau, le Canada français n'était pas le Québec. Il était plus vaste que le Québec et englobait Saint-Boniface au Manitoba, Moncton au Nouveau-Brunswick et Pointe-de-l'Église en Nouvelle-Écosse. Trudeau affirmerait que si l'on limitait le Canada français au Québec, on demanderait alors simplement au Québec de quitter le Canada à un moment donné. René Lévesque répondrait en qualifiant les francophones à l'extérieur du Québec de *dead ducks* (canards morts), tandis que l'auteur québécois bien connu Yves Beauchemin déclarait qu'ils n'étaient guère plus que « des cadavres encore chauds ».

Le débat sur l'unité nationale était lancé, et les Acadiens seraient encore une fois des pions entre les fédéralistes et les séparatistes du Québec, tout comme ils le furent en 1755 entre les forces anglaises et françaises. Les enjeux en 1755 étaient clairs : qui de la France ou de l'Angleterre allait avoir le dessus en Amérique du Nord? L'Acadie fut coincée entre les deux, se trouvant géographiquement au mauvais endroit (une position stratégique entre les colonies anglaises de la Nouvelle-Angleterre et la Nouvelle-France). On pouvait en dire autant en 1968 – cette fois, la question était de savoir quel point de vue allait prévaloir : celui d'un Canada uni ou celui d'un Québec suivant sa propre voie?

Encore une fois, les lignes de combat étaient tracées. Cette fois, cependant, les armes choisies ne seraient pas les fusils et la force militaire brute, mais bien la politique, la persuasion, les tactiques politiques et les dépenses gouvernementales. Trudeau et ses conseillers allaient chercher à armer les francophones hors Québec pour en faire des compagnons d'armes dans la bataille imminente, en leur donnant des ressources pour s'organiser et articuler leurs demandes. Trudeau croyait que les Acadiens avaient besoin de renforcer leur capacité à tenir tête à la majorité anglophone et aux gouvernements à tous les niveaux, afin d'accroître leurs droits et leur participation à la vie économique.

Des fonds du fédéral commencèrent à affluer vers nous pour nous aider à organiser toutes sortes de mouvements de protestation. On se rappellera qu'Ottawa créa la Compagnie des jeunes Canadiens (CJC) en 1966 dans le but de générer un « changement radical pour le mieux-être de la société canadienne »[3]. La CJC connut une première année mouvementée au cours de laquelle des diplômés fraîchement sortis de l'université entreprirent d'organiser les pauvres et les défavorisés afin de les aider à prendre le contrôle de leur vie. On déclara la guerre à la pauvreté, aux injustices du passé et aux oppresseurs. L'appel de Trudeau en faveur d'une société juste retentit en Acadie autant, sinon davantage, que n'importe où ailleurs. Les Acadiens regardaient les bulletins de nouvelles de soirée – le Québec naviguant sur les eaux turbulentes des années 1960, qui se terminèrent par des attaques à la bombe et des enlèvements perpétrés par le FLQ. Ce dont le Canada français hors Québec avait le plus besoin, selon les fédéralistes à Ottawa, c'était un changement radical.

On créa de nouveaux organismes grâce au financement du fédéral, qui avaient pour objectif d'obtenir des droits linguistiques et économiques pour les Acadiens. On assista à la fondation du CRANE (le Conseil régional d'aménagement du Nord-Est) et du CRASE (le Conseil régional d'aménagement du Sud-Est), qui donnèrent aux Acadiens un forum où faire entendre leur point de vue et un certain degré d'indépendance économique au sein de la société néo-brunswickoise. On se souviendra qu'un éminent Acadien milita en faveur des droits linguistiques au point de perdre son poste d'enseignant, mais il fut bientôt embauché par la Société Nationale de l'Acadie

(SNA), dont le fonctionnement était financé par des fonds du fédéral. Il fut une époque où les Acadiens accordaient du temps et des efforts à la promotion de la cause, mais cette époque était révolue. Maintenant, leur nom figurait dans un livre de paie du fait qu'ils étaient Acadiens.

Depuis les années 1960 jusqu'à nos jours, les Acadiens désireux de promouvoir les intérêts des leurs ont pu compter sur le gouvernement fédéral. Ottawa a créé, volontairement ou non, une bureaucratie parallèle entièrement financée qui presse de toutes parts les gouvernements de faire davantage dans tous les secteurs de l'économie et de la société. Bref, Ottawa a institutionnalisé les groupes de pression acadiens pour qu'ils poussent ses propres ministères et organismes ainsi que les gouvernements provinciaux et les administrations municipales à faire plus, beaucoup plus, afin de promouvoir le développement des communautés francophones.

LE REGARD TOURNÉ VERS L'AVENIR

On a décrit les années 1960 comme étant la décennie radicale, la décennie du changement, alors que les *baby-boomers* commencèrent à faire sentir leur présence. C'était la décennie de Camelot, des Beatles, de la Trudeaumanie, de la marijuana et de l'agitation des étudiants. C'était aussi la décennie où l'Église commença à perdre son emprise sur les fidèles. Les Acadiens ressentirent toute la force de cette décennie autant sinon davantage que d'autres, car leur rattrapage était plus grand. Hugh Thorburn saisit l'essence de la société acadienne de cette époque en faisant de nous le portrait d'un peuple rural simple et honnête qui souhaitait avant tout qu'on le laisse tranquille et qui ne désirait aucunement provoquer la majorité de langue anglaise. C'est vers l'Église catholique que nous nous tournions pour nous guider et vers 1755 pour ancrer nos croyances, notre identité et nos racines. Les années 1960 transformèrent ce monde de façon radicale. Nous sommes devenus moins ruraux, moins religieux et moins simples. Les Acadiens furent lentement attirés dans le débat sur l'unité nationale par les premiers ministres

Trudeau, Mulroney et Chrétien. On nous envoya des fonds publics pour créer ou renforcer nos institutions et nous permettre de consolider notre présence dans la société canadienne. Même s'il est fort possible que leur objectif ait été de promouvoir les intérêts des Acadiens, ils chassaient tous néanmoins du plus gros gibier : garder le Québec dans la famille canadienne.

Mes années à l'Université de Moncton tiraient à leur fin. C'était la belle époque. J'ai assisté directement à la transformation d'une société et aux premiers pas d'une université née du rêve de deux hommes : Louis J. Robichaud et le père Clément Cormier. Qu'est-ce qui viendrait ensuite?

Les anglophones de Moncton qui me dirent, au lendemain de l'incident de la tête de cochon, de rentrer chez moi en France me laissèrent complètement indifférent. J'avais d'autres préoccupations en tête : poursuivre des études de cycles supérieurs en science politique. Je décidai de m'inscrire à un programme de M.A. à l'Université du Nouveau-Brunswick à Fredericton – celle-là même qui avait présenté un mémoire devant la commission Deutsch pour s'opposer à la création de l'Université de Moncton, tout en exhortant le gouvernement provincial à aider les pays moins développés à établir de nouveaux établissements d'enseignement supérieur.

6

Vu de l'intérieur

D e toute évidence, Fredericton et son université étaient bien différentes de Moncton et de son université. La communauté anglophone y était divisée et ambivalente à l'égard de Robichaud, du bilinguisme et de l'arrivée soudaine d'Acadiens parmi elle. L'élection de Robichaud, conjuguée à la présence de diplômés de Moncton venus travailler dans la fonction publique provinciale alors en expansion, entraîna un afflux soudain de francophones dans une collectivité qui jusque-là était largement un fief anglophone. L'ancienne garde de la fonction publique provinciale voyait le bilinguisme comme une idée inadéquate que des politiciens déraisonnables avaient apportée à Fredericton à des fins purement politiques, à l'instar d'un bébé qu'on abandonne sur le pas d'une porte. Néanmoins, l'Université du Nouveau-Brunswick (UNB) était différente de la ville. Certains professeurs ressentaient probablement de la culpabilité pour la façon dont on avait traité les Acadiens au cours de l'histoire, et la majorité d'entre eux voulait prouver que l'UNB pouvait refléter la nouvelle réalité politique de la province.

J'ai longtemps cru que les Acadiens, en particulier ceux de Moncton, ont la faculté d'évaluer d'instinct le degré d'ouverture d'une personne de langue anglaise envers les francophones et le bilinguisme. Pour ma part, je peux le sentir en quelques heures, voire quelques minutes. J'ai eu à maintes reprises l'occasion de mettre cette faculté à l'épreuve.

Dans certains cas, ce n'était même pas nécessaire. J'ai eu un professeur, Patrick Fitzpatrick, qui explosa de rage dans un séminaire et me qualifia une fois de « Français vidé de ses émotions ». J'appris à l'ignorer malgré ses préjugés, et je suis heureux de signaler que, en fin de compte, j'eus de très bons résultats dans son cours.

Fitzpatrick était toutefois une anomalie. Tous les autres professeurs avec qui j'eus des échanges à l'Université du Nouveau-Brunswick étaient à la fois compétents et hautement professionnels, et j'appris beaucoup d'eux. Sydney Pobihushchy était particulièrement exigeant, et je n'ai de lui que de bons souvenirs maintenant bien qu'il m'ait poussé jusqu'à la limite. Lors de notre première classe, il annonça : « Vous êtes six en tout. Je suis à peu près certain, d'après mes expériences passées, que trois d'entre vous réussiront et trois échoueront. » Je regardai vers ma gauche et vis une jeune femme aux lunettes plus épaisses que les miennes. C'était une néo-Canadienne d'Europe de l'Est et l'image même du rat de bibliothèque studieux et bûcheux. Je me dis que j'avais du pain sur la planche.

À la fin de l'année, je reçus l'une des plus grandes leçons d'humilité qu'on m'ait jamais servies. Je regardais les résultats d'un examen affichés sur un babillard et je dis à un groupe de mes collègues étudiants : « Hé, je pense que je suis arrivé le premier. » Or, Pobihushchy était là également. Il se tourna vers moi sans une seconde d'hésitation et, prenant tout le monde à témoin, répliqua : « Ne laisse pas ces résultats te monter à la tête; on se sent bien seul au sommet. »

La vie sur le campus était agréable. Je fis la connaissance d'étudiants très intéressants et j'appris beaucoup d'eux. Les étudiants des cycles supérieurs avaient leurs propres isoloirs et accès à un salon-bar. Je fus fortement frappé par la différence entre une université aux ressources considérables et une qui en avait très peu. Je bénéficiais d'une bourse d'études supérieures, j'avais accès à une bibliothèque bien garnie et à des professeurs dont certains avaient publié des articles intéressants et provocateurs. L'Université du Nouveau-Brunswick était une université bien établie, l'une des plus anciennes en Amérique du Nord, tandis que l'Université de Moncton était aux prises avec des difficultés de croissance, parfois sur le point d'être forcée de fermer ses portes faute d'argent.

J'y connus des étudiants non seulement du Nouveau-Brunswick, mais aussi des autres provinces Maritimes et même d'autres régions du Canada, qui poursuivaient des études des cycles supérieurs dans diverses disciplines. Nous avions des débats fascinants à propos de tout et de rien. Bon nombre d'entre eux voulaient en savoir davantage sur les Acadiens et l'histoire de l'Acadie. Je commençai à voir le Canada anglais sous un jour nouveau.

Nous parlions souvent et ouvertement de Louis Robichaud, de Pierre Trudeau et de bilinguisme. Nous étions souvent d'accord, mais parfois nous ne l'étions pas. Pour moi, les choses n'étaient plus seulement toutes noires ou toutes blanches; elles commençaient à prendre des teintes de gris. J'appris également à prendre goût à la recherche, à apprécier une bonne bibliothèque et à chercher des renseignements dans les archives et auprès de Statistique Canada. En outre, Pobihushchy en particulier m'enseigna à orienter ma réflexion hors des sentiers battus, à remettre en question les opinions toutes faites et à développer des arguments.

L'attitude des administrateurs de l'Université n'était pas ce à quoi je m'étais attendu, en ce sens qu'ils désiraient vraiment encourager les étudiants francophones. Par exemple, ils me dirent que je pouvais rédiger tous mes travaux de semestre et mes examens en français. Je déclinai leur offre, mais n'en fus pas moins touché par leur geste. Je n'eus jamais de difficulté à obtenir une rencontre avec des administrateurs de l'Université, y compris le doyen des études supérieures, même à court préavis.

Je réussis très bien dans mes cours. Ma thèse de maîtrise portait sur l'agitation des étudiants sur les campus universitaires dans les années 1960, avec une attention particulière à l'Université de Moncton. Je souhaitais poursuivre ensuite au doctorat, mais après avoir terminé ma thèse, je décidai d'acquérir d'abord une expérience pratique au sein du gouvernement.

MON DÉPART POUR OTTAWA

Au début des années 1970, le gouvernement fédéral organisa une série de concours sur les campus universitaires afin de répondre à ses besoins en personnel dans le cadre de son nouveau programme de stagiaires en gestion. Je postulai et fus reçu aussitôt. Une fois admis au programme, on pouvait faire le tour afin de voir quel ministère semblait le plus attrayant. Dans la mesure où le ministère acceptait, l'affaire était conclue. J'eus de la chance. Je signai un contrat d'embauche au ministère des Communications à titre d'adjoint administratif d'Alan Gotlieb, le sous-ministre. La rumeur courait à Ottawa que Gotlieb avait été promu prématurément par son ami Trudeau et qu'il n'avait pas passé suffisamment de temps à apprendre les rouages en montant dans la hiérarchie. Là où je veux en venir, c'est que si j'avais voulu apprendre tout ce qu'il me fallait apprendre au début de ma carrière, j'aurais dû alors chercher à travailler auprès d'un fonctionnaire chevronné.

Certes, Gotlieb était bien jeune pour se retrouver dans le club des sous-ministres (il fut nommé à l'âge de 40 ans), mais je n'étais guère en position d'évaluer s'il était apte à relever le défi. L'histoire allait toutefois faire mentir ceux qui doutaient de lui : il fut à la hauteur et plus encore. C'est un fait bien connu qu'il eut une carrière remarquable aux Affaires extérieures, passant notamment un certain temps à Washington à titre d'ambassadeur du Canada aux États-Unis pendant les années Reagan.

J'ai beaucoup aimé travailler avec Gotlieb. Il était patient envers moi et se rendait souvent disponible pour me rencontrer. Lorsque je lui demandai si je pouvais m'occuper de questions de politique importantes, il déblaya la voie. On me demanda de rédiger un document sur la participation du Canada au programme spatial. Il traita le document avec sérieux et le distribua à des hauts fonctionnaires du Ministère pour recevoir leurs commentaires. Je me souviens également qu'il dut composer avec une situation particulièrement difficile concernant un des hauts fonctionnaires du Ministère qui avait une perspective centrée uniquement sur le Québec. Le Ministère avait toutes les raisons de croire qu'il était un séparatiste non avoué, et l'histoire lui donna raison.

Au cours des années, je fus mis en nomination pour le prix Donner à trois reprises. Gotlieb est le président de la Fondation Donner, mais je m'empresse d'ajouter qu'il n'est pas membre du jury d'évaluation des livres. J'assistai à la remise du prix en 2007 (pour mon ouvrage *Visiting Grandchildren*), et Gotlieb eut des mots très aimables devant l'assistance au sujet du travail que nous avions fait ensemble. Nous avons eu un entretien en privé, nous remémorant les années passées ensemble au ministère des Communications.

UNE INVITATION À RENTRER AU BERCAIL

Le 27 octobre 1970, les Acadiens durent se faire à l'idée que Louis J. Robichaud n'occuperait plus le siège du premier ministre. Les historiens rapportent maintenant qu'un mouvement de ressac des anglophones fut l'un des facteurs de la défaite de Robichaud[1]. Voici ce que Robichaud lui-même avait à dire après sa défaite : « J'ai été au pouvoir durant 10 ans. Un changement était inévitable. J'ai fait trop de choses pour les Acadiens, et les Anglais voulaient qu'on les laisse souffler[2]. » Les Acadiens avaient continué d'appuyer Robichaud, alors que seule la circonscription d'Edmundston, dans le nord-ouest de la province, passa aux mains des progressistes-conservateurs de Richard Hatfield. C'est la conviction pour fraude fiscale d'un ministre du cabinet Robichaud de cette localité qui lui fit perdre cette circonscription.

Les Acadiens ne savaient trop à quoi s'attendre maintenant et se demandaient quelle forme allait prendre le mouvement de ressac des Anglais. Avec le temps, ils constatèrent cependant que Hatfield était un chef modéré qui déployait des efforts soutenus pour gagner leur confiance et leur appui. Hatfield fit clairement savoir aux partisans de son parti qu'il n'allait pas revenir en arrière et détruire le travail accompli par Robichaud, que ce soit l'entrée en vigueur de la *Loi sur les langues officielles*, la poursuite du programme Chances égales ou l'appui à l'Université de Moncton. Il suffit de se replonger à l'époque de 1970, après 10 ans d'un gouvernement fortement activiste dirigé par un Acadien, pour se rendre compte qu'il fallut un courage considérable et une volonté politique pour faire ce que fit Hatfield. Celui-ci démontra à nouveau du courage politique en appuyant le rapatriement de la Constitution sous la conduite de Trudeau et l'enchâssement de la *Charte des droits et libertés* dans celle-ci. Encore aujourd'hui, de nombreux Acadiens reconnaissent la grande valeur de l'héritage de Hatfield.

Parmi les Acadiens préoccupés par l'arrivée du gouvernement Hatfield, nul ne l'était davantage que ceux qui travaillaient dans la fonction publique à Fredericton. La plupart d'entre eux étaient arrivés pendant les années Robichaud, et s'il devait y avoir un mouvement de ressac des Anglais, c'étaient eux qui, les premiers, en feraient les frais. Ils n'avaient aucun moyen de savoir qu'ils n'avaient rien à craindre. Tout ce qu'ils savaient, c'est que Hatfield était un anglophone qui ne parlait à peu près pas français. Il était protestant, un progressiste-conservateur du comté de Carleton, en plein cœur de l'enclave anglo-protestante. Qui plus est, il n'y avait que deux francophones dans le premier cabinet Hatfield (l'un d'Edmundston et l'autre d'une circonscription plurinominale), ce qui était loin d'être rassurant, spécialement pour ceux qui faisaient partie de la fonction publique.

David Smith, un avocat bien connu de Moncton, ami de Richard Hatfield et collègue de Paul Creaghan, le nouveau ministre de la Santé, me contacta à Ottawa pour m'encourager à revenir dans la province. J'avais fait la connaissance de David, un homme affable et réservé, alors que nous étions tous deux étudiants à l'Université du Nouveau-Brunswick. David établit un excellent rapport avec les Acadiens pendant ses années à Fredericton et deviendrait plus tard le juge en chef du Nouveau-Brunswick (Cour du Banc de la Reine). David souligna que Hatfield et certains de ses principaux ministres souhaitaient démontrer rapidement que les Acadiens étaient à Fredericton pour y rester et que l'objectif était d'en attirer davantage. « Accepterais-tu de revenir? » me demanda-t-il.

J'allai voir Gotlieb pour lui expliquer la situation et lui demander conseil. Gotlieb comprenait bien le Canada français et appréciait la vision de Trudeau, selon qui le Canada français ne se limitait pas au Québec seulement. Il m'assura que j'aurais vraisemblablement une longue et enrichissante carrière si je demeurais dans la fonction publique fédérale, mais qu'en fin de compte je devais agir selon mon âme et conscience pour prendre ma décision. La fonction publique fédérale, m'expliqua-t-il, n'était pas près de disparaître, et j'aurais toujours la possibilité d'y retourner si les choses ne marchaient pas à Fredericton. Je décidai de revenir au Nouveau-Brunswick. Ce ne fut pas une décision facile. Il serait difficile d'imaginer trouver mieux que Gotlieb comme premier patron et modèle à suivre.

MES ANNÉES À FREDERICTON

On a souvent décrit Fredericton comme une mini-Ottawa. Ce sont deux villes gouvernementales. Fredericton est une ville mono-industrielle. Partout dans le monde, les fonctionnaires ne sont pas seulement prudents par nature, mais ils ont aussi appris à ne pas avoir de personnalité publique (d'où l'expression « bureaucrates anonymes ») en se faisant discrets. Ce sont les politiciens, non les bureaucrates, qui ont une personnalité publique. Or, la personnalité des individus déteint sur les lieux où ils habitent. Par conséquent, Fredericton est une ville physiquement attrayante, stoïque par nature, mais guère excitante.

J'étais donc fin prêt à devenir un bureaucrate provincial anonyme dans un milieu où l'on parlait anglais. Je travaillai au ministère de la Santé et, par la suite, comme analyste des programmes au Secrétariat du Conseil du Trésor. Je tiens à souligner à nouveau et avec encore plus d'insistance que Hatfield fit tout ce qu'il put pour faciliter la transition aux Acadiens après les années Robichaud. Néanmoins, des tensions entre les deux groupes linguistiques faisaient surface, alors que des francophones dénonçaient souvent des affronts, réels ou imaginaires, de la part de leurs collègues anglophones.

Je dis « imaginaires » car, avec le recul, j'en suis venu à croire que certaines des tensions résultaient souvent de l'incertitude que ressentaient les Acadiens dans la période post-Robichaud. Il ne faut pas en conclure pour autant que les intérêts des Acadiens figuraient au sommet des priorités de tous les fonctionnaires anglophones. Bien sûr, il y avait des fonctionnaires de langue anglaise qui souhaitaient et prévoyaient que les choses allaient revenir comme elles étaient avant les années Robichaud, lorsque les Acadiens étaient très peu présents à Fredericton et encore moins dans la fonction publique provinciale. Ils s'étaient habitués à considérer la fonction publique comme leur chasse gardée et les Acadiens comme des intrus.

Cependant, la majorité des fonctionnaires avec qui j'ai travaillé au début des années 1970 vaquaient à leurs occupations en se concentrant sur la tâche à accomplir. Ils géraient les programmes, menaient des transactions et élaboraient des initiatives en matière de politiques en manifestant un intérêt limité pour ce qui se passait à l'extérieur de leur propre ministère, y compris comment les Acadiens se tiraient d'affaire.

Néanmoins, nous voulions encore plus. Nous cherchions toujours à être assurés que les francophones seraient les bienvenus sous la gouverne de Hatfield. Je me rappelle m'être souvent retrouvé en compagnie d'Acadiens lors de réunions mondaines où l'on soulevait inévitablement la question de la place que nous occupions dans la fonction publique. Il était facile, lors de ces réunions, de croire que des affronts involontaires avaient été délibérés et que c'était à cause de ses racines acadiennes qu'un collègue s'était vu refuser une promotion. Certains devinrent même convaincus que la loge orangiste était présente et active à Fredericton, s'employant encore une fois à faire obstacle à la promotion des Acadiens.

J'eus également des rencontres avec des collègues acadiens afin de discuter de la meilleure façon de promouvoir de nouvelles installations scolaires ou la construction d'un centre communautaire à l'intention des francophones. Nous étions impatients et jetions le blâme sur la majorité anglophone pour la lenteur des progrès. De son côté, le gouvernement Hatfield attendait, non sans raison, de conclure une entente sur le partage des coûts avec Ottawa avant de s'engager envers le projet. Depuis un certain temps, Fredericton est maintenant le site d'un centre scolaire et communautaire de première classe au service de sa population francophone.

Il ne fait pas de doute qu'il me fallut une adaptation considérable après mon séjour à Ottawa et mon travail aux côtés de Gotlieb. Trudeau et ses deux lieutenants au Québec, Jean Marchand et Gérard Pelletier, pressaient vigoureusement la fonction publique fédérale d'embaucher davantage de francophones et de promouvoir le bilinguisme. De plus, les Québécois à Ottawa réclamaient des droits linguistiques dans la fonction publique avec plus d'insistance que les Acadiens ne le faisaient au Nouveau-Brunswick. En outre, je découvris bientôt que les fonctionnaires fédéraux étaient plus ouverts au changement et plus créatifs que leurs homologues néo-brunswickois. Cela dit, j'eus la chance de travailler directement avec des personnes remarquables pendant que j'étais à Fredericton. Je désire mentionner en particulier Marcel Massé, que Hatfield fit venir d'Ottawa pour le nommer sous-ministre des Finances. Nous avons travaillé ensemble à divers dossiers et sommes restés amis depuis lors. Marcel retourna à Ottawa, où il devint greffier du Conseil privé et secrétaire du Cabinet dans le gouvernement Clark et, plus tard, ministre de premier plan du gouvernement Chrétien.

Le travail que j'accomplis à Fredericton il y a environ 35 ans témoigne de la réalité selon laquelle les gouvernements doivent s'occuper principalement de problèmes permanents. Les solutions miracles ou rapides à ce qui constitue invariablement des problèmes complexes sont logiques uniquement lors des campagnes électorales. Il demeure que s'il est possible de soulager les problèmes de la société, il n'est jamais possible de les résoudre. Nous n'avons jamais gagné la guerre à la pauvreté et nous sommes toujours en quête d'une société juste, mais nous n'en voyons pas l'aboutissement.

Pendant mon passage à Fredericton, je travaillai à deux initiatives importantes : l'élaboration d'un nouveau modèle de soins de santé et les efforts de remaniement du processus de budgétisation des dépenses du gouvernement. Loin de moi l'intention d'accabler le lecteur d'un examen des points les plus subtils des politiques publiques qui sous-tendaient ces deux initiatives. Un bref retour en arrière aidera néanmoins le lecteur à constater que, lorsqu'il est question de gouvernement et de politiques publiques, plus ça change, plus c'est pareil.

La recherche d'un nouveau modèle de soins de santé était motivée par le besoin évident de réduire les coûts. Comme c'est le cas aujourd'hui, le gouvernement estimait que les coûts des soins de santé grugeaient une part beaucoup trop grande du budget total des dépenses gouvernementales. Nous avions la tâche de trouver des moyens moins coûteux de fournir les services de soins de santé. Je revois notre groupe se demander comment nous pourrions diminuer le recours aux lits d'hôpital, qui coûtaient cher, et comment nous pourrions utiliser plus efficacement le personnel médical, en particulier les infirmières. Nous avons aussi étudié la promotion des soins à domicile comme moyen de réduire les coûts. Nous nous penchons encore sur la question au Nouveau-Brunswick et dans les neuf autres provinces.

Au Secrétariat du Conseil du Trésor, nous avons fait ce à quoi pratiquement tous les conseils du Trésor ou services centraux du budget s'employaient un peu partout dans le monde occidental dans les années 1970 : essayer de refondre le processus budgétaire de façon à mettre l'accent sur les objectifs des programmes et le rendement des gestionnaires et des programmes du gouvernement. L'idée était qu'il était possible, grâce à des évaluations poussées, de déterminer quels programmes fonctionnaient bien et lesquels n'équivalaient qu'à gaspiller l'argent des contribuables. Il ne s'agissait plus simplement de compter les crayons; la voie de l'avenir consistait à évaluer dans quelle mesure les programmes donnaient de bons résultats et d'indiquer ensuite aux politiciens lesquels devaient être éliminés. La nouvelle approche allait se traduire par un processus budgétaire plus rationnel et des économies appréciables pour les contribuables.

Aucun gouvernement n'a jamais réussi à livrer la marchandise. J'ai assisté en mars 2008 à une séance d'information à Ottawa préparée par le bureau du contrôleur général et le Secrétariat du Conseil du Trésor, qui portait sur un nouveau cadre de responsabilisation au sein du gouvernement fédéral. Les fonctionnaires qui ont fait la présentation ont évoqué de nouveaux concepts, de nouvelles approches et de nouveaux instruments qui semblaient très prometteurs. C'était exactement le même discours que celui que nous tenions dans les années 1970 ou, pour employer les mots du philosophe américain Yogi Berra, c'était « du déjà-vu réchauffé ». Comment, me suis-je demandé, des fonctionnaires pouvaient-ils se lever et affirmer qu'ils présentaient quelque chose de nouveau alors qu'on en a fait l'essai plus d'une fois au cours des 30 dernières années environ? Néanmoins, quand j'étais à Fredericton, j'ai bel et bien produit un manuel administratif qui documentait pour la première fois les politiques administratives, financières et personnelles visant à guider les gestionnaires dans leur travail. Ce manuel a fait l'objet d'une mise à jour considérable au cours des ans, mais il est encore en usage de nos jours.

MA RENCONTRE AVEC LINDA

On m'avait demandé de passer une entrevue à une jeune étudiante de l'UNB, Linda Dempsey, en vue d'un possible emploi d'été au ministère de la Santé. Tout ce que je savais, c'est qu'elle était originaire de Moncton et que ses parents étaient des partisans reconnus du Parti conservateur. Sa mère était représentante du Parti au scrutin ou dans le secteur ouest de Moncton. En 1970, l'allégeance politique était un facteur important pour les étudiants qui cherchaient un emploi d'été auprès du gouvernement du Nouveau-Brunswick. Elle l'est probablement encore.

Cela n'aurait rien fait si ses parents avaient été membres du Parti communiste. Il suffit d'un regard, et elle était embauchée – et tant pis pour le processus d'embauche objectif! Ce fut le cas classique du coup de foudre. Les jeunes filles que j'avais fréquentées étaient bien plus nombreuses que mon apparence ne le laissait croire. Le fait que je pouvais emprunter la Chrysler de mon père les fins de semaine – à cette époque, disposer d'une voiture à Moncton était un atout très prometteur lorsqu'on était à l'affût des jeunes filles – avait sans doute accru mes chances à cet égard. Mais cette fois, avec

Linda, c'était différent. Je n'avais jamais éprouvé un tel sentiment auparavant et je décidai bientôt qu'elle était l'élue de mon cœur. C'est la meilleure décision que j'aie jamais prise.

C'est Linda qui a assumé toutes les lourdes charges au fil des ans. Elle a abandonné sa carrière d'enseignante afin de me suivre autour du monde, de s'occuper de notre maison et de concentrer ses énergies sur l'éducation de nos enfants. Elle a pris soin de son mari avec amour, lui qui, grâce à sa ténacité et à un travail ardu, a surmonté un trouble d'apprentissage et qui est également daltonien. Je ne saurais imaginer comment je me serais habillé pendant toutes ces années si elle n'avait pas été là pour s'assurer que tout était en ordre au moment où je partais travailler ou quand je faisais mes valises. Elle est dotée d'une patience incroyable et a passé sa vie à donner aux autres, en particulier à moi et à nos enfants.

Toutefois, il y avait un hic et il était de taille : elle était Anglaise et protestante, et ses parents étaient partisans à la fois des Maple Leafs et du Parti conservateur. Ce n'était pas un mince obstacle pour un fils de Bouctouche. Je dus soupeser la rencontre de l'amour de ma vie avec les valeurs — et les préjugés — qui avaient façonné ma personnalité. Le combat ne fut pas facile. Allions-nous élever nos enfants en anglais ou en français? Qu'adviendrait-il de leur héritage acadien? À un certain point, je mis fin à notre relation, expliquant à Linda que j'avais besoin de temps pour réfléchir à certaines questions, sans être très précis.

Avant longtemps, je revenais frapper à sa porte. La question était close, plus d'arrière-pensées, du moins de mon côté. Nous avons décidé de nous marier et nous sommes descendus à Moncton pour en informer nos parents. Mon père accueillit bien la nouvelle, mais ma mère fut moins enthousiaste. « Je ne sais pas ce qui est le pire : le fait qu'elle est Anglaise ou le fait qu'elle est protestante », dit-elle. Je dois ajouter qu'avec le temps Linda et ma mère devinrent de bonnes amies, qu'elles passèrent beaucoup de temps ensemble et partageaient de nombreux intérêts.

Nous avions décidé de nous marier devant un prêtre catholique et un ministre de l'Église unie. Nous avions aussi décidé d'établir un précédent pour Moncton : notre mariage serait entièrement célébré dans les deux langues. Je dirais mes vœux de mariage en français et Linda dirait les siens en anglais, et la cérémonie comme telle se déroulerait à moitié en français et à moitié en anglais.

Il y eut quelques moments de malaise, mais pour bien en comprendre la signification, il faut se rappeler les valeurs qui prévalaient dans les années 1970. L'une de mes tantes était une religieuse catholique et l'un des oncles de Linda était un ministre de l'Église unie. Le grand-père de Linda venait du comté d'Albert, réputé depuis longtemps chez les Acadiens comme un bastion anti-français. Son grand-père était également l'un des dirigeants de la loge orangiste dans le comté d'Albert.

Nous avions appris que ma tante allait nous offrir un crucifix en cadeau de mariage. J'ignorais complètement qu'il existait un crucifix catholique et un crucifix protestant. Cela risquait de provoquer un moment extrêmement embarrassant. Qu'allaient penser les grands-parents de Linda? Et que dire de son oncle, le ministre de l'Église unie?

Nous avons effectivement reçu un crucifix et nous avons déballé le présent devant les invités, mais nous avons eu la surprise et le plaisir de constater que le crucifix n'était ni catholique, ni protestant, mais bien chrétien. Il était composé d'une croix en argent au centre duquel étaient fixés deux anneaux de mariage et deux colombes. Du coup, tous ceux qui des deux côtés avaient craint la réaction des invités devant un crucifix catholique se sentirent bien ridicules, et pour cause. Voilà une vieille religieuse qui montrait à tout le monde qu'il y avait des choses bien plus importantes et significatives que la perspective étroite d'une seule religion. Nous avons toujours gardé ce crucifix bien en vue dans notre foyer.

Un soir, nous avons invité les grands-parents de Linda à souper. Dans le couloir menant à la salle à manger, j'avais accroché une vieille photographie de sir Wilfrid Laurier dans un cadre antique. En passant devant, le grand-père de Linda s'arrêta, la contempla longuement et déclara : « Quelle belle photo de sir John A. Macdonald. – Non, non, c'est sir Wilfrid Laurier », dis-je. Le souper fut agréable, et au moment de partir, il passa à nouveau devant le portrait, s'arrêta et dit : « Quelle belle photo de sir John A. Macdonald. » Je savais aussi qu'il n'était pas un admirateur de Louis Robichaud. De mon côté de l'album de famille, mon grand-père avait l'habitude de se frotter la bedaine après avoir bien mangé et de déclarer : « Ça, c'est un repas que les Anglais auront pas! » Quant à moi, je tirai une grande satisfaction de voir les Canadiens de Montréal remporter la coupe Stanley plusieurs fois d'affilée dans les années 1970. Les Maple Leafs de Toronto n'étaient pas capables de leur faire compétition.

La famille de Linda avait aussi des liens avec celle de Stephen Harper, l'actuel chef du Parti conservateur et 22ᵉ premier ministre du Canada. Le grand-père de Harper était enseignant à Moncton et directeur de l'école Prince Edward. Il enseigna à l'oncle de Linda, Ron Dempsey, et le père de Stephen Harper, Joseph Harper, fréquenta l'école en même temps que Corena, la mère de Linda, qui en garde de bons souvenirs. Elle souligne que « Jos » était un excellent élève, très intelligent et aimé de tous.

Il y a une histoire que les personnes âgées de Moncton connaissent bien, mais que de nombreux Canadiens ignorent. Alors qu'il était directeur d'école à Moncton, au début des années 1940, le grand-père de Stephen Harper disparut un après-midi, et on ne le revit plus jamais. À ce jour, personne ne sait ce qu'il lui est arrivé. L'oncle de Linda se souvient d'avoir parcouru à pied les marais des environs de Moncton avec son père à la recherche du directeur de son école, « Puffy » Harper. J'ai rencontré Stephen Harper à Ottawa lors des célébrations du 30ᵉ anniversaire de l'Institut de recherche en politiques publiques et je lui ai rappelé qu'il avait des « racines maritimiennes » lui venant de son grand-père. Il a reconnu avoir des racines dans les Maritimes et il a dit que la disparition de son grand-père demeure un mystère pour la famille Harper.

Je crois depuis longtemps que Harper a été injustement critiqué dans ma région pour ses commentaires selon lesquels la région des Maritimes souffre d'une « culture du défaitisme ». On peut comprendre pourquoi ces commentaires, pris hors contexte, ont froissé des habitants des Maritimes. On se souviendra qu'il a formulé ces commentaires en mai 2002, alors qu'il était chef de l'opposition, mais il a également ajouté que la culture défaitiste était née « en raison de ce qui s'est passé au cours des décennies suivant la Confédération ». Il a attribué la cause de la culture défaitiste de la région aux institutions politiques nationales et aux politiques nationales, et il se trouve que je suis d'accord avec lui sur ce point. Par ailleurs, j'ai toujours applaudi l'engagement de Harper à réformer le Sénat pour accroître son efficacité à défendre les intérêts des régions auprès des institutions politiques nationales et à l'égard des politiques nationales.

J'ai le plaisir de signaler qu'il n'y a jamais eu de tensions linguistiques ou autres entre les familles Savoie et Dempsey. Mon beau-père, Lloyd Dempsey, joua un rôle actif sur la scène politique de Moncton pour empêcher Leonard Jones d'être élu au Parlement. Il exprima haut et fort son opposition, soulignant que ce serait une honte pour la région d'être représentée par Jones à Ottawa. Son opposition farouche à Jones voulait dire beaucoup pour moi.

DE RETOUR À MONCTON

Le gouvernement fédéral décida de décentraliser son ministère de l'Expansion économique régionale (MEER) dans la foulée des élections générales de 1972. On se souviendra que le gouvernement Trudeau évita de peu la défaite et se lança dans la quête de nouvelles approches en vue de gagner la faveur des électeurs. L'une de ces approches consistait à établir quatre grands bureaux régionaux et plusieurs bureaux provinciaux du MEER dans l'ensemble du Canada.

Le gouvernement choisit Moncton pour accueillir le bureau régional du MEER pour le Canada atlantique et demanda à Don McPhail, originaire des Maritimes et cadre supérieur au ministère des Affaires extérieures, de diriger la nouvelle entité. Celui-ci n'était accompagné que d'un adjoint administratif et de quantité de boîtes lorsqu'il arriva à Moncton. Peu après son arrivée, il demanda à me rencontrer. Quelqu'un, peut-être Gotlieb, lui avait parlé de mon travail à Ottawa. McPhail m'exposa la nouvelle approche du gouvernement en matière de développement économique régional, ses objectifs pour la région et comment il prévoyait mettre en place les activités du Ministère à Moncton et les quatre bureaux provinciaux. Il me demanda si je serais intéressé à me joindre à lui à titre de chef de cabinet.

À peine quelques jours après mon retour à Moncton, je faisais déjà des journées de 12 à 14 heures de travail. Notre programme était très chargé, mais il y avait très peu de personnel en place pour accomplir le travail. Il nous fallut embaucher des gens, installer de nouveaux bureaux, obtenir de l'équipement, établir des politiques et des procédures, définir de nouveaux objectifs stratégiques en matière de politiques, signer des ententes fédérales-provinciales et jeter les bases d'une nouvelle relation avec l'administration centrale du Ministère à Ottawa.

Je n'étais pas impliqué dans toutes ces activités, mais on ne manquait jamais de travail intéressant et je pouvais concentrer mes efforts sur des questions qui m'intéressaient particulièrement. Je veillai aussi à ce que des Acadiens qualifiés soient candidats aux nouveaux postes. Je suis heureux de dire que de nombreux le furent et qu'un bon nombre furent embauchés, dont mon bon ami Victor Landry.

Ce fut aussi pour moi une expérience riche en enseignements. Je vis comment une organisation prend forme, comment les politiques sont regroupées et quel genre de rapports les hauts fonctionnaires ont avec les ministres. J'observai le déroulement de négociations fédérales-provinciales, comment on parvient à des ententes et le processus de mise en œuvre des programmes. Je constatai comment des tensions peuvent surgir entre des bureaux régionaux et Ottawa et comment les ministres clés qui sont proches du premier ministre peuvent arriver à leurs fins. Je ne veux pas laisser entendre par là que je comprenais le gouvernement, mais j'acquis une connaissance de ses rouages.

Don McPhail était un très grand bourreau de travail et il mettait toujours plus d'heures de travail que n'importe qui d'autre. Nous avons développé une excellente relation de travail. Un jour, alors que nous étions restés à travailler tard dans la soirée, McPhail dit que nous devions penser à mon prochain avancement dans la fonction publique fédérale. Il suggéra que je devrais retourner à Ottawa afin d'acquérir de l'expérience au sein d'un organisme central et affirma qu'il serait ravi de promouvoir ma candidature.

J'avais d'autres projets en tête, ayant résolu de retourner à l'université. Linda et moi avions tous deux un emploi et nous nous étions entendus pour mettre de l'argent de côté afin de subvenir à nos besoins pendant que je serais inscrit à un programme de doctorat. J'expliquai ma décision à McPhail, insistant toutefois pour dire que mon travail au MEER me plaisait beaucoup. Je n'avais aucune objection solide à travailler à Ottawa, dans un organisme central, mais j'avais pris la décision de retourner à l'université.

Il répondit : « Je vais faire un marché avec toi. » Il recommanderait fortement au Ministère d'assumer une partie des frais liés à mon programme d'études à condition que, en retour, je prenne un certain nombre d'engagements. Premièrement, je devrais travailler aux côtés de McPhail pendant deux ans afin de mettre sur pied l'organisation et continuer de consentir de longues heures de travail sans demander à être rémunéré pour des heures supplémentaires. Je devrais être disposé à voyager à court préavis et à assumer des tâches qui débordaient clairement ma description de tâches. Deuxièmement, je devrais prêter mes services au gouvernement durant au moins deux ans après l'obtention de mon doctorat. Et troisièmement, il m'accorderait son appui pourvu que j'aille faire mes études doctorales à l'extérieur du Canada.

McPhail était un fonctionnaire du ministère des Affaires extérieures et avait travaillé à l'étranger dans diverses ambassades, notamment en qualité d'ambassadeur du Canada au Venezuela. Il croyait que les Canadiens n'avaient généralement pas une compréhension adéquate de la place du Canada dans le monde et dans l'économie internationale. Il souligna qu'il serait très avantageux pour moi d'étudier dans un pays étranger, de lire les grands journaux de ce monde et d'avoir un aperçu de la façon dont les gens des autres pays perçoivent le monde et le Canada.

Ma réponse fut sans équivoque : « Marché conclu. » J'avais toujours supposé que j'irais étudier dans une université canadienne, mais pourquoi ne pas aller à l'étranger? Linda m'appuya entièrement dès que j'abordai cette possibilité avec elle. Nous n'avions pas d'enfants et nous louions une maison en rangée de mon frère, de sorte que ce n'était pas compliqué pour nous de quitter le pays.

Je présentai une demande d'admission à Oxford, Cambridge, la Sorbonne, Harvard et Yale. Dans les années 1970, les conditions d'admission n'étaient pas aussi rigoureuses qu'elles le sont de nos jours, et je me disais qu'au moins une de ces universités m'accepterait. Je supposais aussi que mon expérience de travail serait un atout pour ma candidature.

Mon premier choix était Oxford pour des raisons qui n'étaient pas claires pour moi alors, et qui d'ailleurs ne le sont toujours pas maintenant. Je soupçonne que ce choix était dû à la réputation de l'institution et au fait que quelques Acadiens de ma connaissance ou dont j'avais entendu parler y avaient étudié. Mon vœu fut exaucé : un vendredi soir vers 19 h, je reçus un appel téléphonique du bureau télégraphique local. L'employé du bureau lut le télégramme et, comme de fait, j'étais accepté. Voulant m'assurer qu'il n'y avait aucun malentendu, je me rendis au bureau ce soir-là pour avoir une copie imprimée du télégramme envoyé par Oxford. C'était bien vrai : j'étais maintenant un étudiant au doctorat au Queen's College d'Oxford.

Le lundi matin, la première chose que je fis fut d'envoyer un télégramme à Oxford pour dire que je ne manquerais pas d'y être à l'automne. Il ne faisait aucun doute dans mon esprit et dans mon cœur que je ne changerais pas d'idée. J'écrivis également à toutes les autres universités pour les aviser que je retirais ma demande. Il était inutile, me disais-je, de leur faire perdre du temps ou des ressources alors que j'avais déjà décidé où j'irais étudier. J'appris également la nouvelle à Don McPhail, qui écrivit immédiatement au directeur du personnel du Ministère pour lui demander une aide financière afin de m'appuyer dans mon programme d'études. La demande fut approuvée.

Quelques jours plus tard, je fus cependant assailli par une crise aiguë de doute au sujet de mes capacités. Comment allais-je me débrouiller à Oxford? J'avais fréquenté seulement deux universités d'une même province, qui n'étaient ni l'une ni l'autre la norme par excellence des universités. Nous n'avions jamais visité l'Europe et y avions encore moins étudié; comment alors pouvais-je croire que je serais à la hauteur?

Je confiai mes doutes à mon frère Claude, qui me répondit : « Je ne m'en ferais pas pour ça. Vas-y et fais de ton mieux. Et rappelle-toi que si tu ne réussis pas, ce n'est pas la fin du monde. J'ai pour mon dire qu'il vaut mieux aller à Oxford et échouer que d'avoir des diplômes de l'Université de Moncton ou de l'UNB. » Ma mère écarta vigoureusement la possibilité que j'échoue : « Si des gens de Toronto ou de n'importe où ailleurs peuvent le faire, tu peux le faire toi aussi. Tu es aussi bon qu'eux. »

7

Mes années à Oxford

Nous sommes partis de Montréal à destination de l'Angleterre en août 1976 à bord de l'*Alexander Pushkin*, un bateau russe. On peut difficilement dire que c'était un navire de croisière de luxe, mais il était populaire auprès des jeunes voyageurs, en particulier des étudiants. Il offrait plusieurs avantages : il était économique, les boissons y étaient à très bon prix et il permettait aux étudiants de comparer leurs notes avant d'arriver à leurs nouvelles universités respectives.

La traversée de l'Atlantique nous plut beaucoup. Les passagers étaient des étudiants canadiens qui se rendaient à l'étranger pour étudier, d'autres jeunes qui prenaient une année de congé pour visiter l'Europe avant d'entrer à l'université ou d'entreprendre des études de cycles supérieurs, un certain nombre d'étudiants américains, des touristes nord-américains et des familles européennes qui rentraient chez elles après des vacances d'été en Amérique du Nord. Les tables étaient assignées aux mêmes groupes de huit personnes pour le souper, de sorte qu'à la fin de la traversée, qui durait huit jours, nous connaissions assez bien nos voisins de table.

Nous étions surtout des étudiants canadiens à notre table. Néanmoins, il y avait aussi une jeune femme qui voyageait seule. La veille de son mariage, nous raconta-t-elle, son fiancé lui avait fait faux bond sans même lui donner un coup de téléphone, encore moins une explication. Elle était atterrée et, quelques semaines seulement après son mariage annulé, elle avait décidé de partir en Europe à bord du *Pushkin*. Je ne la vis jamais sourire et je la voyais seulement au souper. Elle était maigre, pas particulièrement séduisante et toujours mal habillée, même pour le souper offert par le capitaine. Nous avons tous essayé de l'égayer, mais sans grand succès. Elle ne semblait pas amère, mais une grande tristesse se lisait sur son visage et elle était souvent au bord des larmes. Nous ne l'avons jamais revue et n'avons pas eu de ses nouvelles après la traversée, et je me suis souvent demandé ce qu'elle était devenue.

Je considérais le voyage comme ma dernière semaine de liberté avant qu'Oxford ne commence à accaparer pratiquement chaque moment de chaque jour de chaque semaine. Les bars où il était possible de prendre une bière ou une autre boisson pour la grosse somme de 50 ¢ (après notre entrée dans les eaux internationales) devinrent le lieu de rassemblement de prédilection des étudiants. Nous y avons rencontré une personne qui prétendait avoir rencontré Charles Manson, une autre qui avait effectué un stage d'été auprès d'un sénateur américain, ainsi qu'un jeune couple qui prévoyait aller enseigner dans les Territoires du Nord-Ouest après avoir passé un an à visiter l'Europe. Quelqu'un déclara qu'il n'y avait rien de plus spectaculaire que de voir le soleil se lever au-dessus de l'océan Atlantique. Pourquoi ne pas rester debout toute la nuit pour le voir? Pourquoi pas, en effet, avec des boissons à 50 ¢ et plein de conversations intéressantes? C'est précisément ce que firent certains d'entre nous : discuter, prendre un coup et attendre patiemment que le soleil se pointe. Mais tout ne se passa pas comme prévu. L'aube arriva, humide, grise et nuageuse, et je résolus de ne pas répéter l'expérience, quoique d'autres l'aient fait.

Le *Pushkin* accosta aux quais de Tilbury, dans l'est de Londres. Je n'eus guère de difficulté à franchir le bureau d'immigration, mais Linda s'offusqua d'une remarque de l'agent d'immigration, qui insinua qu'elle était « une femme entretenue ». C'était le premier de nombreux signes selon lesquels l'Europe avait encore et a toujours du chemin à faire en matière de promotion de l'égalité des sexes et de la sensibilité à cet égard. Après avoir passé le bureau d'immigration, nous avons eu notre premier contact direct avec l'anglais cockney. Je demandai comment se rendre à Oxford, mais je ne compris pas un traître mot des instructions qu'on me donna. Je me tournai vers Linda et lui dis : « Tu es Anglaise, toi. Essaie donc de comprendre ce gars-là. » Elle n'eut pas beaucoup plus de succès.

On fait souvent remarquer que le français parlé en Acadie est différent du français du Québec et que les deux sont différents du français parlé en France. Bien entendu, le français varie beaucoup selon les endroits du monde où on le parle parce que les accents sont différents. Dans le cas des Acadiens, nous employons encore des mots issus du vieux français (des mots qui existaient avant 1755) parce que nous avons été coupés à la fois du Québec et de la France pendant très longtemps. Beaucoup d'entre nous parsèment leur conversation de mots anglais. Cela dit, la différence entre l'anglais parlé à Moncton et l'anglais cockney est beaucoup plus grande que celle entre le français de Moncton et celui qu'on parle à Paris. Non seulement le cockney se distingue par son accent, mais il possède aussi son propre vocabulaire très varié.

D'après ce que Linda comprit des instructions en cockney sur la façon de se rendre à Oxford, nous nous sommes mis en route en tirant nos quatre valises. Nous sommes montés dans un train, puis dans le métro et, finalement, nous y sommes arrivés – la station Oxford. Nous sommes remontés à la surface dans une rue extrêmement bondée et nous nous sommes rendu compte que quelque chose n'allait pas rond : il n'y avait aucun des collèges d'Oxford en vue. Alors, nous avons hélé un taxi et lui avons demandé de nous conduire au Queen's College.

Nous n'avons eu aucun mal à comprendre ce monsieur. Nous avons compris aussi que nous étions au centre-ville de Londres, à la station de métro Oxford Circus. La ville d'Oxford se trouvait encore à une soixantaine de kilomètres au nord-ouest de Londres. Le taxi nous emmena à la gare Paddington, d'où un train partait pour Oxford sur le coup de chaque heure. Et nous voilà repartis, cette fois dans le bon train. Je demandai à un autre passager comment nous allions faire pour savoir que nous serions rendus à destination en arrivant à Oxford. « Pas besoin de vous inquiéter, de répondre le passager, vous allez voir les "flèches rêveuses" d'Oxford. » Comme de fait, au bout d'une heure, nous regardions par la vitre les flèches majestueuses couronnant les collèges d'Oxford. C'est une vue d'une beauté incroyable.

Notre première tâche fut de nous trouver un endroit où vivre, et l'université fut d'une aide précieuse à cet égard. Nous avons décidé de louer un duplex sur Abingdon Road, à environ un kilomètre de mon collège. Notre propriétaire habitait à côté, une dame charmante toujours prête à raconter des histoires divertissantes. Elle était extrêmement active dans le Parti conservateur de Grande-Bretagne et devint une partisane énergique de Margaret Thatcher. Elle relata de nombreuses histoires des expériences qu'elle avait vécues au cours de la Seconde Guerre mondiale, notamment le jour de 1940 où les Allemands bombardèrent la ville épiscopale de Coventry. « Je savais, dit-elle, que quelqu'un était en train de se faire démolir à cause du vrombissement incessant au-dessus de nos têtes. Ce n'est que plus tard que nous avons appris que c'était Coventry – les pauvres! »

Nous n'aurions pas pu demander meilleur logement et meilleurs voisins. Le pub local était situé juste au coin de la rue, et tous les lundis soir j'y rejoignais trois ou quatre voisins pour notre soirée au pub. Linda et moi bénéficiions de ce qu'il y avait de mieux dans chacun des deux mondes : nous découvrions la vie dans l'une des meilleures universités du monde et, en même temps, nous nous mêlions à des gens qui travaillaient dans des usines de fabrication, la charpenterie et le secteur des services. J'en vins progressivement à me laisser dire que, dans l'Angleterre axée sur les classes sociales, où tout le monde peut dire à l'accent de chacun la place exacte qu'il occupe dans la hiérarchie des classes, les Canadiens étaient privilégiés. Personne ne pouvait nous « placer » d'après notre accent, et nous étions par conséquent les bienvenus dans toutes les classes.

MARSHALL ET JOHNSON

Quelques jours après notre arrivée, je me rendis au Queen's College afin de rencontrer mon directeur d'études, Geoffrey Marshall. Quelle agréable surprise! Marshall était un éminent spécialiste du gouvernement parlementaire, très amical et toujours à la disposition des étudiants. Il s'est retiré comme doyen de Queen's en 1999 et est décédé en 2003. Dans son article nécrologique, *The Guardian* le décrivait comme « le plus grand théoricien des constitutions en général et de la Constitution britannique en particulier » (traduction libre). Il s'intéressait aussi aux institutions politiques canadiennes et visita le Canada à plusieurs reprises, passant du temps à l'Université McGill où, comme il me le dit un jour, un de ses anciens étudiants enseigne le droit.

Il était généreux, avait un excellent sens de l'humour et possédait une intelligence remarquable. Je savourais chaque moment passé en sa compagnie et ressortais toujours de nos séances encouragé et enthousiaste envers mon travail. Il avait une façon d'encourager au moment approprié mais d'inciter à plus de rigueur sur certaines questions lorsqu'il le jugeait opportun. Comme la plupart de ses étudiants, j'en vins à le considérer comme un ami.

Marshall était de petite taille et avait le physique d'un jockey. Si la nature l'avait peu gâté sur le plan physique, il possédait en revanche une personnalité, une détermination et un esprit qui compensaient largement. Il n'était jamais flamboyant ou prétentieux, des caractéristiques qu'il n'aimait pas chez les autres. Selon *The Guardian*, il était « discret et efficace[1] ». Il fut membre du Conseil municipal et représenta Queen's aux réunions de l'université ou intercollégiales. Ça lui était égal de faire cavalier seul sur des questions lorsqu'il estimait que c'était ce qu'il convenait de faire.

Il a publié un certain nombre de livres et de nombreux articles sur les institutions politiques et administratives, et son travail est largement respecté des deux côtés de l'Atlantique. Il ne fut jamais du genre à claironner ou à rechercher la gloire et les honneurs. L'un des postes les plus prestigieux auxquels peut aspirer un politologue au Royaume-Uni, sinon dans le monde, est celui de titulaire de la

Gladstone Chair of Government à l'All Souls College d'Oxford. On lui offrit la chaire, mais il la refusa. La raison de son refus? Contrairement à Queen's, l'All Souls College n'avait pas de court de squash.

Il prit la peine de venir me souhaiter la bienvenue à Queen's. Il me recommanda fortement de m'inscrire à trois cours : Théorie politique, Politique comparative et Économie politique, et d'assister à autant de séminaires et de cours offerts par des conférenciers invités que possible. Le programme de doctorat à Oxford est construit autour de la thèse, mais Marshall insista pour que je me concentre sur ces cours durant plusieurs mois.

Je fis ensuite la connaissance de Nevil Johnson, mon directeur de thèse du Nuffield College. Il était aux antipodes de Geoffrey Marshall, même s'ils étaient amis. Johnson était beaucoup plus imposant physiquement. Il ressemblait à un Allemand par ses cheveux blonds, ses épaules larges et son absence de gras. Je ne me rappelle pas l'avoir jamais vu sourire. Aucune blague ne réussit à le dérider. Il était austère, amer et sévère. Son bureau, contrairement à ceux d'autres directeurs d'études à Oxford, était toujours propre, chaque objet y était à sa place. Il plaçait son bureau de façon à faire face au mur. Il faisait pivoter son fauteuil pour parler à ses visiteurs au-dessus d'une table à café qui les séparait. On sentait immanquablement que Nevil avait hâte de redonner un quart de tour à son fauteuil et de continuer à travailler sur ce qui retenait son attention avant d'avoir été interrompu par l'arrivée si inopinée d'un visiteur.

Nevil était un chercheur de premier rang et son travail était grandement respecté partout par les étudiants qui s'intéressaient au fédéralisme et aux institutions politiques. Il fut un membre dirigeant du Parti conservateur britannique et un conseiller de Margaret Thatcher. Thatcher le nomma membre de l'Economics and Social Research Council et commissaire de la fonction publique entre 1982 et 1988. Son ouvrage sur le fédéralisme allemand et la Constitution britannique a été abondamment cité et continue de l'être. Il devint mon directeur de thèse parce que je désirais écrire ma thèse sur le fédéralisme dans une perspective canadienne.

Notre première rencontre, peu après mon arrivée, fut brève et sans détour. Nous avons convenu que je ne m'attaquerais pas à ma thèse avant un certain temps. Nous nous sommes aussi mis d'accord pour que j'écrive un document de 25 pages sur la coordination des politiques dans les États fédéraux. Je retournai le voir au bout de quelques semaines avec ce que je croyais être un article solide.

Quelques jours plus tard, Nevil me fit venir à son bureau. Il ne s'encombra pas de formalités du genre « Bonjour, comment vas-tu » ou « Est-ce que tu te plais à Oxford? » Il me regarda plutôt droit dans les yeux et déclara : « Ce travail est épouvantable. J'ai rarement vu un texte aussi mal écrit. Je ne comprends vraiment pas ce que tu essaies de dire. » Je tentai d'employer une stratégie qui m'avait bien servi lorsque j'étais à l'Université du Nouveau-Brunswick. « Oh, dis-je, je suis un Acadien. » Il répondit : « Qu'est-ce que c'est que ça, veux-tu me dire? – Ma langue maternelle est le français, expliquai-je. – Je vois, dit Nevil. Eh bien, tu sais, il y a d'excellentes universités de l'autre côté de la Manche, en France. Pourquoi ne vas-tu pas étudier là-bas? – Non, protestai-je. C'est ici, à Oxford, que je veux être. – Eh bien, dans ce cas, voici une grammaire anglaise. » Il lança un livre sur la table à café et ajouta : « Lis-la très attentivement, et tant que tu ne l'auras pas fait, ne reviens pas ici me faire perdre mon temps. » Sur ce, il poussa son fauteuil du pied pour se tourner face au mur. Je restai planté là à regarder son dos et la grammaire sur la table à café. Je pris le livre et sortis sans dire un mot de plus.

Quelques jours plus tard, j'étais invité à une réception mondaine en plein air offerte pour souhaiter la bienvenue à tous les nouveaux doctorants. Ce ne fut pas une agréable soirée, du moins pour moi. Je rencontrai deux Américains, dont l'un était le fils d'un cadre supérieur à la Banque Chase Manhattan. Il venait de compléter sa maîtrise à Harvard. L'autre venait de la Californie, un diplômé de Stanford. Le diplômé de Harvard me demanda où j'avais étudié. Il me jeta un regard bien perplexe lorsque je lui répondis l'Université du Nouveau-Brunswick. Il n'en avait jamais entendu parler...

Voilà donc Oxford, me dis-je. J'étais intimidé. Mes origines acadiennes ne me seraient d'aucune utilité ici. Je pensai que Nevil avait peut-être raison, que j'aurais peut-être dû aller en France.

Je rentrai à la maison et dis à Linda que je pouvais faire l'une de trois choses : rentrer au pays, suivre le conseil de Claude et profiter d'Oxford sans trop m'inquiéter d'obtenir un diplôme, ou m'atteler à la tâche et faire mes études jusqu'au bout. J'envisageai sérieusement la première et la troisième option, mais pas la deuxième. Je décidai de faire de mon mieux.

Les deux années suivantes furent entièrement consacrées au travail. Je commençais à 7 h tous les matins et je continuais jusqu'à 22 h tous les soirs sauf les dimanches, où je débutais à midi, et les lundis, où je terminais à 18 h. Les dimanches matin étaient toujours réservés à la lecture du *Sunday Times* et le lundi soir, c'était la soirée au pub.

Si je comptais passer de si longues heures à travailler, je savais que j'avais besoin de quelque chose pour me donner de l'endurance. J'avais entendu dire que la méditation transcendantale (MT) s'était avérée bénéfique pour un certain nombre d'étudiants d'Oxford. Linda et moi avons donc décidé de nous inscrire au cours. Encore aujourd'hui, je demeure convaincu que sans la MT je n'aurais pas été en mesure de terminer mes études à Oxford. Non seulement elle me permit d'accroître mon énergie, mais je crois aussi qu'elle m'aida considérablement à surmonter ma difficulté d'apprentissage. Je découvris bientôt que je réussissais mieux à me concentrer, à étudier le même sujet durant des heures et à saisir pleinement la signification du matériel que je lisais. De nos jours, j'entends des politiciens évoquer la nécessité d'un changement « transformateur » dans la société. Quand je repense à mon époque pré-Oxford, je reconnais que j'étais alors différent à bien des égards – j'étais moins sûr de moi, moins sérieux, j'avais plus de mal à me concentrer, à contester l'autorité... Pour moi, Oxford se révéla un changement transformateur.

Je lus la grammaire de Nevil, et elle m'aida effectivement. Mais ce n'était pas suffisant. Je me rendis chez Blackwell's, la célèbre librairie d'Oxford, et j'achetai une trousse : *New Course in Practical English*. Il s'agissait d'un cours de 12 semaines et de 350 pages qui comprenait un certain nombre d'exercices visant à améliorer la grammaire et le style d'écriture. Je possède encore cette trousse et je la consulte de temps en temps. Je réalisai patiemment chacun des exercices et je lus et relus tout le matériel sur une période d'environ

12 jours au lieu de 12 semaines. Elle s'avéra un outil inestimable et produisit un impact durable. Il y a plusieurs années, un collègue de la Carleton University me dit qu'il croyait avoir relevé une erreur de grammaire en lisant l'un de mes articles. Après avoir vérifié dans sa propre grammaire, il se rendit compte que c'est moi qui avais raison. À son avis, les personnes qui apprennent la grammaire anglaise à l'âge adulte la maîtrisent toujours mieux que celles dont la langue maternelle est l'anglais. Dans mon cas, j'en étais entièrement redevable à Nevil Johnson.

Je décidai de rédiger un nouvel essai pour Nevil, qui portait encore une fois sur l'élaboration des politiques dans un système fédéral. Je l'emportai au Nuffield College accompagné d'une note demandant à le voir. Quelques jours plus tard, j'étais à son bureau pour recevoir le verdict.

Son ton n'était pas plus amical, mais son message l'était. Il constata que mon travail s'était « beaucoup amélioré ». Il ajouta que, bien qu'il y ait encore place à amélioration, « certaines » indications démontraient que je pouvais écrire une thèse. Mais il poursuivit en me donnant « un important conseil ». Il me recommanda d'être plus concis pour exprimer ce que je voulais dire. « En anglais, contrairement au français, dit-il, nous n'avons pas besoin d'employer autant de mots pour jeter nos pensées sur papier. » (Aïe! me dis-je.) « De plus, continua-t-il, s'il te plaît, n'emploie pas de mots complexes ou rarement utilisés pour traduire tes pensées. À Oxford, nous valorisons beaucoup le style dépouillé et clair. » Il expliqua que l'on doit avoir un style d'écriture accessible, sinon à quoi bon écrire (Conrad Black n'est jamais allé à Oxford). Nevil n'avait plus grand-chose à dire. Je le remerciai, remis la grammaire sur la table à café, dis qu'elle m'avait été fort utile et je sortis. Il retourna son fauteuil face au mur.

D'après les critères de Nevil, c'était là une évaluation positive de mon travail. Je rentrai à la maison, informai Linda que nous allions rester et, ce soir-là, nous sommes sortis manger à l'extérieur, un plaisir rare. Linda se plaisait beaucoup à Oxford. Elle s'y fit de nombreux amis dont plusieurs lui devinrent très chers. Elle s'adonna aux activités qu'elle aimait le plus – l'art, y compris le batik, la peinture et le tissage – et à l'un de ses passe-temps favoris, le magasinage. Elle se mit aussi au jardinage et y devint très prolifique. Plus tard, ses jardins de fleurs à Moncton lui vaudraient un prix Tournesol.

J'allais à mes cours et aux séminaires et je commençai à réfléchir à ma thèse. Nous nous sommes tous deux acheté une bicyclette, et la plupart des jours je faisais ma tournée : le Queen's College, Rhodes House et le retour à la maison vers l'heure du souper. Je passais beaucoup de temps à Rhodes House, car on y trouvait une excellente bibliothèque sur le Commonwealth britannique et le fédéralisme. Je pris bientôt l'habitude de travailler de plus en plus.

Quelques mois après notre arrivée à Oxford, mes parents et mon frère Claude vinrent nous visiter. Ma mère avait reçu un diagnostic de cancer quelques semaines seulement après notre départ de Moncton. Elle désirait vivement voir Oxford de ses propres yeux. Claude et moi sommes allés à un pub pour discuter en privé de la maladie de notre mère. Nous sommes allés au « Fox and Hounds ». Le bar était sombre, bruyant et rempli de fumée de cigarette. Je pouvais tout de même voir une autre salle, où il y avait moins de gens, pas de fumée et des meubles de meilleure qualité. Les deux salles étaient séparées par une demi-porte, probablement pour permettre au personnel d'y faire passer de la nourriture. Je m'avançai vers un homme qui semblait en état d'intoxication avancée. J'indiquai du doigt la demi-porte et demandai s'il y avait un moyen de se rendre de l'autre côté. Il regarda la porte, me regarda, tourna à nouveau les yeux vers la porte, vacillant sur ses pieds pendant tout ce temps car il se balançait d'avant en arrière, les yeux perdus dans le vague, et dit avec un fort accent irlandais : « Oh, il doit bien y en avoir un. » Ensuite, il tourna les talons et s'éloigna en titubant. Je me rendis compte que je devais formuler mes questions de façon plus précise.

Nous avons fini par accéder à l'autre salle en sortant en dehors et en entrant dans le pub par une autre porte. Les nouvelles que Claude me rapporta n'étaient pas très encourageantes. Ma mère recevait d'excellents soins et Claude affirma qu'il ferait tout pour lui obtenir les meilleurs traitements disponibles. Il voulait se montrer positif, se disant probablement qu'il nuirait à mes études à Oxford en m'exposant les faits avec une franchise plus brutale.

Linda fit visiter les collèges à mes parents et à Claude. Comme tous les Canadiens, ceux-ci furent frappés par la riche histoire d'Oxford. Claude en particulier fut ébloui par le New College (nouveau? disait-il), qui fut fondé en 1379. Nous avons parlé du rôle que joua Oxford dans l'empire britannique et nous nous sommes demandé ce qu'Oxford avait pensé du Grand Dérangement en 1755. Nous doutions que nos ancêtres se soient attiré beaucoup de sympathie au New College ou à tout autre collège d'Oxford.

Je pris quelques jours de congé pour visiter Dublin avec ma famille. Les villes européennes sont toutes bien fournies en vastes églises, et Dublin n'y fait pas exception. Nous avons visité la cathédrale Saint Patrick's, où ma mère décida de s'agenouiller pour prier. Regardant autour de moi, je commençai à douter qu'il s'agissait vraiment d'une cathédrale catholique comme nous l'avions tous présumé. Je posai donc la question à un prêtre qui me dit que ce n'en était pas une. Comment aurions-nous pu deviner que Saint Patrick's était une cathédrale de l'Église d'Irlande, autrement dit anglicane? Je revins lentement auprès de ma mère et m'assis à ses côtés pour lui apprendre la mauvaise nouvelle. « Ça ne fait rien, dit-elle. C'est le même dieu. » Nous faisions des progrès...

DES PROBLÈMES DANS LA COLLABORATION FÉDÉRALE-PROVINCIALE

Je lus autant que je le pouvais sur le fédéralisme en général et tout ce que je pouvais trouver sur le fédéralisme canadien en particulier. Les grandes lignes de ma thèse commençaient à prendre forme. J'eus plusieurs discussions avec Nevil Johnson et Geoffrey Marshall et je devins de plus en plus convaincu que j'avais trouvé un filon. Je voyais une amorce pour ma thèse, une amorce qui me semblait aussi plutôt originale.

À mon avis, les écrits sur le fédéralisme n'accordaient pas assez d'attention au rôle joué par les fonctionnaires dans l'élaboration des politiques et des programmes fédéraux-provinciaux. Le gouvernement moderne faisait en sorte qu'il était plus difficile pour les citoyens de déterminer qui faisait quoi et quels politiciens étaient responsables de tels politiques et programmes. Pour appuyer mon point de vue, j'examinerais le travail réalisé par mon ancien ministère, le MEER.

Le nouveau fédéralisme canadien était efficace pour contourner notre Constitution rigide (comme nous le savons trop bien, ce n'est pas une tâche facile que de modifier notre Constitution) et élaborer des programmes fédéraux-provinciaux. J'alléguais que cette pratique entraînait un prix à payer. Les politiciens perdaient ainsi une partie de leur capacité d'élaboration de politiques, les électeurs n'étaient plus en mesure de dire à quel palier de gouvernement incombait la responsabilité dans quel domaine, on demandait aux bureaucrates d'étendre la portée de leurs actions au-delà du modèle traditionnel et le gouvernement fédéral ne recevait pas le genre de visibilité que ses dépenses auraient dû lui mériter.

Il s'agissait d'une perspective nouvelle, et mes deux directeurs d'études à Oxford reconnurent son mérite. Comme d'autres auteurs, je trouvais exaltant d'écrire quelque chose d'original et avec lequel des gens de la trempe de Nevil Johnson et de Geoffrey Marshall étaient d'accord. Dès lors, la question n'était plus de déterminer comment je pouvais me motiver, mais plutôt comment je pouvais assurer un équilibre dans ma vie entre mon écriture et tout le reste. C'est un combat que j'ai livré tout au long des années, et je crains que mes écrits ne l'aient remporté beaucoup trop souvent.

À un certain moment au cours de ma deuxième année à Oxford, je sus que je serais capable de terminer ma thèse. La question était : combien de temps me faudrait-il y consacrer? Je me donnai une échéance de trois ans, un objectif que j'atteignis.

J'étais en mesure de prendre quelque temps de congé, et Linda et moi sommes allés à Paris une fin de semaine, à Rome une autre fin de semaine et à Bruxelles encore une autre. Nous avons aussi décidé de visiter l'Union soviétique, curieux de découvrir comment vivaient les gens sous un régime communiste. Nous avons passé quatre jours à Moscou et trois autres à Leningrad. Le voyage nous plut énormément, quoique les services hôteliers et de restauration de l'ancienne Union soviétique aient été mémorables surtout pour leur piètre qualité. Un jour, je demandai à la réception de notre hôtel à Moscou de nous réveiller par téléphone. L'appel vint une heure plus tôt que nous ne l'avions demandé et la voix à l'autre bout du fil dit : « Debout, s'il vous plaît. »

Nous avons visité autant de musées et de galeries d'art que notre horaire nous le permit. Je vis au Musée de la Révolution la célèbre peinture dans laquelle apparaissent Lénine, Staline et d'autres leaders de la révolution. Les historiens racontent qu'autrefois Léon Trotsky occupait lui aussi une place de choix dans le tableau, mais que Staline le fit disparaître sous une couche de peinture après que Trotsky fut tombé en disgrâce. Et j'étais là, debout devant le célèbre tableau et, effectivement, pas de Trotsky. Je demandai à notre guide touristique comment il se faisait que Trotsky ne figurait pas dans le tableau. Il me donna essentiellement une non-réponse. Je persistai. Il esquiva à nouveau la question. Je n'allais pas m'avouer vaincu, et le guide commença à s'énerver. Finalement, un dirigeant du Musée vint me voir et me dit : « Nous avons pris des dispositions pour que le conservateur du Musée vous rencontre afin de discuter du sujet et de répondre à toutes vos questions. Il vous attendra près de la porte lorsque vous sortirez. » Nous sommes sortis pour le rencontrer. Nous avons attendu et attendu – pas de conservateur. Nous n'avions plus notre guide et nous ne pouvions pas faire grand-chose, sinon retourner à notre hôtel. Je me souviens que Linda n'était pas très contente de moi cet après-midi-là.

LES PLAISIRS D'OXFORD

Une fois que je sus que j'allais repartir avec mon diplôme en main, je commençai à profiter d'Oxford. Nous sortions avec des amis, chose que nous n'avions jamais faite au cours de ma première année là-bas. Nous avons pris part aux célébrations traditionnelles du 1er mai au lever du jour, une autre chose que nous n'avions jamais faite auparavant. Je restais souvent à mon collège pour souper, où je rencontrais d'autres étudiants diplômés, ce que j'avais rarement fait dans ma première année.

Je fus invité à souper à la résidence de Charles Taylor, le philosophe renommé natif du Canada. Il avait enseigné à l'Université McGill pendant des années et était maintenant titulaire de la Chichele Chair of Social and Political Theory à l'All Souls College. Véritable gentleman et grand chercheur, il était certainement le Canadien le plus réputé à avoir occupé un poste de professeur à Oxford. Ce souper compte parmi les soirées les plus agréables que j'ai passées au cours de mes années d'études à Oxford. Vingt-cinq ans plus tard, nous étions tous deux finalistes de la Médaille d'or du Conseil de recherches en sciences humaines (CRSH) pour les réalisations en recherche, et nous avons été réunis à nouveau lors du souper offert à l'occasion de la remise du prix.

J'avais coutume de passer devant All Souls à bicyclette en me rendant à Rhodes House. All Souls est situé en plein cœur d'Oxford, sur High Street, voisin de Radcliffe Camera (l'un des sites touristiques les plus populaires d'Oxford) et de la bibliothèque Bodleian, l'une des meilleures du monde. J'avais l'habitude de jeter un coup d'œil à travers le portail en fer du côté ouest du collège pour contempler la magnifique bibliothèque Codrington. À All Souls, il n'y a pas d'étudiants, uniquement des boursiers. C'est l'un des collèges les plus riches d'Oxford, où les boursiers ont la possibilité de poursuivre des travaux de recherche sans être soumis aux distractions. Au cours de mes années d'études à Oxford, il comptait dans ses rangs Charles Taylor, Isaiah Berlin, considéré par plusieurs comme un des plus grands penseurs libéraux du 20e siècle, et John Hicks, lauréat du prix Nobel 1972 en économie. All Souls est un endroit spécial, comme quiconque a fréquenté Oxford en vient à s'en rendre compte.

Nous nous sommes aussi liés d'une amitié durable avec d'autres Canadiens qui étudiaient à Oxford. Nous avons participé à de nombreuses réceptions mondaines, où nous avons rencontré John A. Chenier, Robert A. Young, Andrew Cooper et Paul Guild. Tous ont apporté une importante contribution à leur discipline et aux publications spécialisées.

L'ARRIVÉE DE JULIEN

À la fin de ma première année, nous avons appris que Linda était enceinte. Le premier de nos enfants serait donc Britannique, ce que les Acadiens appellent un « pied plat ». Je ne pouvais m'empêcher de me demander ce que mes ancêtres auraient pensé de tout ça – mon départ pour Oxford, le lieu même où les dirigeants de l'empire britannique recevaient leur formation, au lieu de la France et la naissance de notre premier enfant en tant que citoyen britannique. Tout ça, c'était bien loin de Bouctouche.

La naissance de Julien fut extrêmement difficile. J'assistai à l'accouchement ou, du moins, j'essayai de le faire. Linda fut en travail durant plusieurs heures, puis les événements se précipitèrent. L'équipe médicale devint agitée et il y avait du sang partout. L'un des médecins me pria de sortir et me dit, en m'accompagnant hors de la salle : « Je ne sais pas comment vous faites pour rester aussi calme, étant donné la situation dans la salle. » Il ajouta que nous pouvions perdre Linda ou le bébé. Nous n'avons perdu aucun des deux.

J'étais exténué lorsque je rentrai à la maison, vers 1 h du matin, et j'appelai à Moncton pour annoncer la bonne nouvelle à mes parents. Claude répondit et, malgré sa joie d'apprendre la nouvelle, il me dit : « Si tu veux voir notre mère vivante, il faut que tu viennes à la maison tout de suite. Elle n'en a plus pour longtemps. » J'allai voir Linda ce jour-là et l'informai de l'état de ma mère. Elle me pressa de rentrer au pays et le personnel de l'hôpital affirma qu'il se ferait un plaisir de garder Linda à l'hôpital jusqu'à mon retour. Compte tenu des complications à la naissance de Julien, les membres du personnel ajoutèrent que ce ne serait pas une mauvaise idée de prolonger le séjour de la mère et de l'enfant à l'hôpital afin qu'ils puissent garder un œil sur eux. J'allai ensuite voir Nevil. Sa réponse fut le premier de nombreux signes qui suivraient selon lesquels il se cachait un cœur tendre dans la poitrine de cet homme. Sa réponse fut la suivante : « Va rejoindre ta mère. S'il arrive quelque chose ici, je prendrai soin de ta femme et de ton fils de mon côté. »

Le lendemain, je prenais le premier vol pour rentrer chez moi.

Pour mon malheur, j'étais assis à deux sièges d'un enfant en pleurs et j'arrivai à Moncton complètement épuisé. Je me rendis immédiatement au chevet de ma mère qui, pour quelque raison, dormait dans mon ancienne chambre. Elle était ravagée par le cancer et pesait peut-être 35 kilogrammes, tellement que je la reconnus à peine. Claude avait raison, c'était presque la fin. Néanmoins, nous avons eu une agréable conversation, comme toujours. Elle me demanda comment nous souhaitions appeler notre fils. Je lui dis Julien Zachary Savoie. Elle était ravie du choix de Julien – un de ses ancêtres du temps du Grand Dérangement s'appelait ainsi. En revanche, elle n'aimait pas Zachary – il y avait un Zacharie qui vivait près de Saint-Maurice et qui, comme elle le dit, était un bandit. Elle craignait que les gens ne se moquent de lui et elle m'exhorta : « Appelez-le Julien, tout simplement. » Je voulais lui donner le nom Zachary à cause de Zachary Richard, le chanteur cajun bien connu de la Louisiane. J'ai toujours eu le sentiment que les Cajuns de la Louisiane avaient subi des épreuves pires que les nôtres, et les chansons de Richard, en particulier *Réveille*, témoignent de cette réalité.

J'étais heureux d'avoir pu revenir à la maison pour dire adieu à ma mère. Ce fut un adieu très pénible, mais au moins nous avons eu la possibilité de parler, ce dont je serai toujours reconnaissant. Quelques jours plus tard, j'étais à nouveau à bord d'un avion à destination de l'Angleterre. Ma sœur Rose-Marie raconte qu'elle était dans la chambre avec notre mère lorsqu'elles entendirent un avion passer au-dessus de la maison. Elle rapporte que ma mère dit alors : « Voilà Donald qui s'en va », ferma les yeux et plongea dans un coma. Elle mourut quelques jours plus tard.

De retour à Oxford, j'allai à l'hôpital de Radcliffe afin de ramener ma famille à la maison. Nous avons bientôt découvert que Julien n'était pas porté sur le sommeil. Bien éveillé, toujours curieux et actif, il nous gardait occupés jour et nuit, ne cédant au sommeil que quelques heures à la fois. C'était notre premier enfant, et nous étions loin des grands-parents, des tantes et des oncles qui auraient su comment s'y prendre. Nous répondions au moindre pleur, au moindre son et à toutes ses demandes d'attention. C'est alors que je découvris toute la patience dont Linda est capable – elle en possède des trésors infinis.

Je continuai de travailler d'arrache-pied à mes études, sachant que nous rentrerions au Canada dans quelques mois vite passés. Avec le recul, je me rends compte maintenant que je souffris de dépression. Je n'avais jamais été atteint de dépression auparavant ni depuis, d'ailleurs, de sorte que j'ignorais comment y faire face. Je fus profondément affligé par la perte de ma mère. Plus rien n'avait de sens maintenant, et il m'était tout simplement impossible d'arrêter de penser à elle. J'essayais d'imaginer la douleur physique et la souffrance morale qu'elle avait éprouvées, mais en vain. Pourquoi étais-je à Oxford? À quoi tout cela rimait-il? Pourquoi elle? Je n'avais pas de réponses. Toutefois, je serai éternellement reconnaissant à Linda pour la compréhension réconfortante qu'elle me témoigna en m'aidant à traverser cette sombre période.

L'HEURE DE RENTRER AU PAYS

En juin 1978, le temps était venu de rentrer au pays. À mon retour à Moncton, j'étais une personne bien différente de celle qui en était partie. J'étais maintenant un père et j'avais appris à réfléchir et à écrire. J'avais vécu avec l'ennemi durant deux ans et découvert qu'il y avait de nombreuses raisons d'admirer la Grande-Bretagne et les Britanniques. Ma perception des Anglais avait fait un virage de 180 degrés, alors que j'en étais venu à apprécier l'immense contribution qu'ils avaient apportée dans le monde.

L'Angleterre nous a donné Shakespeare, les meilleures institutions politiques et administratives du monde, l'ère industrielle, sir Winston Churchill et certains des plus grands esprits que le monde ait jamais produits. Si l'on compare l'histoire de la Grande-Bretagne à celle d'autres pays, on constate rapidement que la civilisation britannique a engendré plus de bien que de mal dans le monde. L'empire britannique se compare très avantageusement avec d'autres empires, qu'il s'agisse des Américains et même des Français compte tenu du traitement qu'ils ont réservé à d'autres groupes ethniques. J'ai acquis un attachement très puissant à Oxford, un des rares endroits dans le monde où je me sens vraiment chez moi. J'adore tout d'Oxford – son atmosphère, son architecture sans égale, son charme et sa civilité. Je fais de fréquentes visites à Oxford, et cet endroit est véritablement devenu mon deuxième chez-moi.

Il n'est pas exagéré de dire qu'Oxford a été l'expérience qui m'a le plus transformé de ma vie. Je suis redevable à Oxford et il y aura toujours une partie de moi qui restera là-bas. Oxford m'a donné confiance en moi, je m'y suis fait des amis de longue date et j'y ai acquis un goût profond de l'écriture.

Au fil des années, j'ai dû me montrer prudent lorsque j'ai exprimé mon admiration pour la Grande-Bretagne, de crainte que chez moi on n'interprète mal mes sentiments. Mon grand-père, celui qui se frottait la bedaine après avoir mangé en déclarant : « Ça, c'est un repas que les Anglais auront pas », n'aurait jamais compris. Je doute que ma mère, mon père, mes frères et sœurs ou même tous mes collègues à l'Université de Moncton puissent comprendre. Cependant, le regard que je porte sur l'Angleterre ne diminue en rien mon attachement à mes racines, à mon héritage, ou mon profond désir d'aider les Acadiens et les communautés acadiennes lorsque je le peux.

Je n'avais pas fini de rédiger ma thèse, et nous retournions à Moncton. Une partie de la documentation dont j'avais besoin ne se trouvait qu'au Canada, si bien qu'il était essentiel que je sois au pays pour compléter ma recherche. Je retournai à mon ministère, le MEER, et j'expliquai la situation – Don McPhail était alors retourné aux Affaires extérieures et Harley McGee lui avait succédé. La haute direction accepta que je passe du temps à travailler à ma thèse, mais décida qu'il me fallait également travailler dans l'une des unités de politiques. Cet arrangement m'allait très bien, mais je découvris bientôt pourquoi Nevil Johnson avait réagi si fortement à mon premier document. À la lecture de certains des dossiers et des documents de politiques, je fus renversé par la rédaction négligente, par le jargon administratif. Malgré l'abondance de mots, les phrases étaient plutôt vides de sens.

Au risque de sembler condescendant, je savais que je pouvais faire mieux. La question était de savoir si les documents de politiques étaient délibérément rédigés dans le jargon administratif afin d'occulter le message. Il y a des jours où je crois encore que la rédaction de documents gouvernementaux fait délibérément preuve de négligence. Nos fonctionnaires ont reçu une excellente formation et, comme tout le monde, ils sont familiarisés avec des articles et des chroniques bien rédigés qui paraissent dans nos journaux nationaux. Pour les bureaucrates, la clarté de la prose est une arme à deux tranchants : elle peut donner vie aux options de politiques, mais aussi elle expose clairement la perspective ministérielle pour que les ministres et, en raison maintenant de la *Loi sur l'accès à l'information*, pour que tous puissent en prendre connaissance et, par conséquent, obliger les auteurs à rendre des comptes. Une chose que je décidai : je ne voulais pas écrire de cette façon.

Au printemps de 1979, j'avais terminé ma thèse. J'en envoyai les copies requises à Nevil, et la date de ma soutenance de thèse fut fixée. Nevil m'écrivit pour dire que sir K.C. Wheare présiderait le comité et que Vernon Bogdanor en serait l'un des membres. Sir K.C. Wheare était titulaire de la Gladstone Chair et professeur de gouvernance à All Souls dans les années 1940 et il était l'auteur de l'ouvrage *Federal Government*, un classique sur le fédéralisme. Il avait également rédigé la déclaration finale sur l'autonomie universitaire. Australien, il fut le premier non-Britannique à la tête de l'Oxford University, et celle-ci connut un essor sous sa gouverne dans les années 1960.

Cette soutenance de thèse ne serait pas facile. Je décidai de prendre un congé de deux semaines afin de lire tout ce que Wheare avait écrit sur le fédéralisme, ce qui faisait beaucoup, et de lire également les écrits de Bogdanor. Quand je m'avançai nerveusement dans la salle d'examen, Wheare était assis au bout de la table et Bogdanor se trouvait à sa gauche. Un certain nombre d'étudiants diplômés étaient présents – peut-être pour entendre ce que j'avais à dire ou, plus certainement, pour voir le grand homme. Wheare, qui portait une magnifique toge rouge et gris de docteur ès lettres, était âgé de 72 ans et avait l'air très distingué. Je ne l'avais jamais vu auparavant, mais je le lisais depuis ce qui me semblait des années.

Je ne m'étais aucunement attendu à ce qui arriva ensuite. Wheare commença par me demander : « Êtes-vous parti d'aussi loin que le Canada pour venir ici? – Oui », répondis-je. Il poursuivit : « Je ne suis pas du tout certain que cela ait été nécessaire. Il m'apparaît évident que votre thèse fait plus que répondre à nos critères. Il ne fait aucun doute dans mon esprit que vous avez mérité votre diplôme. » J'en restai bouche bée. Je le remerciai et tournai immédiatement les yeux vers Bogdanor pour voir sa réaction. Il se contenta de faire un signe de tête pour manifester son accord. « Ça y est, pensai-je. Après trois années passées à travailler de 12 à 14 heures par jour et les deux dernières semaines de lecture intensive, voilà que le verdict est tombé au bout de quelques minutes seulement... » Je regardai les étudiants diplômés dans la salle, et tout ce que je vis fut des visages souriants.

Wheare déclara ensuite : « J'aimerais toutefois discuter de fédéralisme avec vous. Je crois savoir que vous êtes Acadien? – Oui, répondis-je. – Eh bien, reprit-il, je connais bien le Canada, ayant agi comme conseiller lorsque Terre-Neuve est entrée dans la Confédération, et j'ai toujours été fasciné par l'histoire du peuple acadien. Parlez-moi de votre peuple. » La soutenance de thèse dura bien au-delà d'une heure, et si ma mémoire est bonne, nous avons discuté de l'Acadie durant 15 ou 20 minutes. De nombreuses années plus tard, je demandai à Bogdanor s'il avait été surpris lui aussi du mot d'ouverture de Wheare. Il dit que non, qu'ils s'étaient rencontrés auparavant et qu'ils étaient d'accord pour dire que le rôle des fonctionnaires dans les relations fédérales-provinciales n'avait pas reçu l'attention qu'il méritait dans la documentation et qu'en effet ma thèse avait ouvert une nouvelle voie, bien que modestement.

Quelques jours plus tard, Nevil m'invita à souper en sa compagnie à la table d'honneur du Nuffield College. Je lui demandai s'il se rappelait notre deuxième rencontre, lorsqu'il avait suggéré que je devrais songer à traverser la Manche pour aller en France. « Oui, bien sûr, dit-il. Ce que tu cherchais, ajouta-t-il, c'était une béquille, et je n'étais pas près de t'en donner une. Ou bien tu répondrais à mes critères, ou bien tu n'y répondrais pas. » À ma grande surprise, il parla ensuite de l'Acadie, révélant une connaissance assez étendue de notre histoire. J'allais souvent retourner à Oxford et, chaque fois, j'irais le visiter. Nevil est décédé en 2006, année où il quitta le Nuffield College.

À mon retour au Canada, le directeur du bureau de l'Atlantique du MEER, Harley McGee, demanda à me rencontrer. Il avait lu ma thèse et était visiblement contrarié. Il y voyait une condamnation du MEER. Il me donna la directive très précise de mettre la thèse dans le dernier tiroir de mon bureau pour qu'elle ne revoie jamais la lumière du jour. « Il y a un problème, dis-je. La thèse a été officiellement acceptée à Oxford et n'importe qui peut y avoir accès par l'intermédiaire de la bibliothèque Bodleian. » J'ajoutai que Richard Hatfield avait demandé à en recevoir une copie et que je lui en avais déjà envoyé une. McGee devint encore plus contrarié et déclara : « C'est complètement inacceptable. » Ce fut à mon tour alors de me sentir vexé, et je lui dis : « Harley, cette thèse ne te concerne aucunement. Je suis allé à Oxford, j'ai écrit une thèse dont il se trouve que je suis très fier, et si tu y vois un problème, il existe alors une solution bien simple : tu n'as qu'à me dire que je n'ai pas besoin d'honorer mon engagement à passer deux ans au service du gouvernement fédéral, et je m'en irai. » Il ne répondit pas. Au moment où je prenais congé de lui, je lui annonçai que j'avais la ferme intention de voir si quelqu'un serait intéressé à publier ma thèse, que cela lui plaise ou non.

Hatfield mis à part, la seule personne à qui j'envoyai une copie de ma thèse fut Ted Hodgetts, le doyen de l'administration publique canadienne et un homme pour qui j'ai une grande admiration. À l'époque, il était directeur de la collection « Canadian Public Administration » chez McGill-Queen's University Press. Je ne sais pas si c'était à cause de Hatfield, de McGee ou de rumeurs qui circulaient au MEER au sujet de ma rencontre avec McGee, mais le bruit courait à Ottawa que j'avais écrit une thèse provocatrice. Ce que j'ignorais, ayant été absent du Canada pendant quelques années, c'est que le MEER était devenu plutôt impopulaire auprès des politiciens et d'une partie des cadres supérieurs de la fonction publique. Voilà sans doute, plus que tout autre facteur, ce qui expliquait la réaction de McGee.

Hodgetts me répondit pour m'informer qu'il avait reçu les évaluations des lecteurs anonymes et qu'elles étaient toutes très positives. McGill-Queen's University Press allait publier mon premier livre. Bien entendu, j'étais ravi, mais cela signifiait que ma position au sein du bureau de l'Atlantique du MEER était devenue intenable. McGee refusa cependant de me dégager de mes obligations.

Lorsqu'il prit sa retraite, Harley McGee écrivit un livre au sujet de son expérience à titre de bureaucrate du MEER, intitulé *Getting it Right*, dans lequel il s'inscrivait en faux à plusieurs reprises contre les conclusions exposées dans mon premier livre. On m'invita à y réagir, ce que je ne fis jamais. Je n'en voyais pas l'utilité. Le MEER fut démantelé en 1983 lors de la restructuration de l'administration fédérale. Néanmoins, certains employés du MEER changèrent le titre du livre de McGee pour *Getting Even with Savoie*.

Avant Oxford, si un haut fonctionnaire m'avait dit de rentrer dans le rang, je l'aurais probablement fait assez rapidement. Mais plus maintenant. Geoffrey Marshall et Nevil Johnson m'avaient enseigné, entre autres choses, l'importance de défendre ses croyances même quand on est seul dans son camp. Je découvris bientôt, cependant, que j'étais loin d'être seul dans mon camp.

8

Ottawa : hors de l'Ontario
et du Québec

Pierre Trudeau mit fin à la retraite qu'il avait prévue et mena à nouveau son parti au pouvoir en 1980. Les libéraux n'étaient restés au purgatoire que quelques mois avant de revenir en force avec un mandat majoritaire et le projet ambitieux de rapatrier notre Constitution, qui se trouvait en Grande-Bretagne. Des signes indéniables laissaient entrevoir que d'autres changements étaient à venir. Pendant leur bref séjour dans l'opposition, des libéraux influents commencèrent à pointer du doigt les bureaucrates, leur reprochant d'avoir trop de pouvoir et d'avoir freiné le changement lorsqu'ils formaient le gouvernement, dans les années 1970. Trudeau allait concentrer ses énergies sur la Constitution, mais certains de ses principaux ministres allaient concentrer les leurs sur la transformation de l'appareil gouvernemental, sur la recherche d'un nouvel équilibre en leur faveur avec les bureaucrates et sur l'accroissement de la visibilité des programmes fédéraux-provinciaux. Les relations fédérales-provinciales étaient sur le point de subir une transformation radicale.

À Ottawa, la rumeur commençait à circuler dans certains milieux que j'avais écrit une thèse contestant le statu quo quant au rôle d'Ottawa dans la politique de développement économique régional, en particulier dans une perspective fédérale-provinciale. Certains ministres de premier plan, notamment celui nouvellement nommé au ministère de l'Expansion économique régionale (MEER), Pierre De Bané, et un concitoyen acadien et ministre des Pêches, Roméo LeBlanc, me téléphonèrent pour savoir de quoi traitait ma thèse. Peu de temps après, j'étais à Ottawa pour rencontrer De Bané et LeBlanc.

De Bané m'avisa clairement que le gouvernement désirait revoir son approche dans le domaine du développement économique régional et il me demanda si je serais disposé à travailler à son bureau à titre de conseiller principal en politiques afin d'aider à superviser les changements. J'expliquai mon dilemme : j'étais tenu de respecter mon engagement de travailler durant deux ans dans la fonction publique. J'expliquai que je doutais fort que le Ministère, et en particulier Harley McGee, accepterait de me laisser partir.

Le lendemain, le sous-ministre de l'Expansion économique régionale, Robert Montreuil, demanda à me rencontrer. À ma plus grande surprise, non seulement il se montra favorable à l'affectation proposée, mais même qu'il m'encouragea vivement à l'accepter. Il n'était pas d'accord avec McGee au sujet de l'avenir du MEER, reconnaissant qu'il n'était plus possible de maintenir le statu quo. Il déclara que le Ministère était sur le point d'amorcer des changements en profondeur, que certains au Ministère soient d'accord ou non. Il était convaincu que ce serait pour moi une expérience très profitable d'observer le gouvernement de l'intérieur du bureau d'un ministre. Il affirma que si j'acceptais de me joindre à l'équipe de De Bané, non seulement je le ferais à titre de fonctionnaire, mais de plus je respecterais tout de même toutes les obligations qui m'incombaient envers le gouvernement en raison de mon programme d'études à Oxford.

Bien entendu, j'acceptai tout de suite. De retour à Moncton, Linda et moi avons formé le plan de partir pour Ottawa dès que possible. Nous avions alors deux enfants. Margaux Caroline était née à Moncton en janvier 1980. L'accouchement eut lieu par césarienne en raison des complications survenues lors de la naissance de Julien. Nous avons choisi le deuxième nom de Margaux, Caroline, d'après la reine Caroline, qui est perchée sous la coupole à l'entrée du Queen's College, à Oxford, depuis près de 400 ans. Margaux a fait notre bonheur à tous les deux. Elle a hérité de la gentillesse de sa mère, mais non de sa patience.

L'EFFONDREMENT DU MEER

Mon travail à Ottawa consistait à conseiller le ministre sur la restructuration du Ministère et à procurer au gouvernement une perspective du Canada atlantique à l'égard de la politique fédérale de développement régional. Je travaillais en étroite collaboration avec De Bané dans le premier dossier et avec Roméo LeBlanc et Allan J. MacEachen dans le second.

Il devint bientôt clair pour moi que Trudeau et ses principaux ministres voulaient mettre la hache dans le MEER. Ils étaient convaincus que le gouvernement fédéral était loin d'en retirer toute la visibilité ou le capital politique qu'Ottawa aurait dû recevoir, compte tenu des généreux transferts aux gouvernements provinciaux de fonds fédéraux destinés au développement régional. Allan J. MacEachen, alors ministre des Finances, déclara publiquement en 1981 que « le gouvernement fédéral subit un problème particulier de "visibilité" à l'égard de ces services [il avait le MEER en tête] du fait qu'ils sont fournis par les provinces et qu'on ne se force pas pour rendre compte publiquement du rôle important joué par le gouvernement fédéral[1] ».

Entre-temps, les ministres de l'Ontario et le puissant ministère des Finances avaient d'autres réserves à propos du MEER. Les fonctionnaires des Finances n'ont jamais été enchantés des efforts d'Ottawa en matière de développement régional. On se souviendra qu'Ottawa commençait à s'inquiéter du ralentissement économique du début des années 1980, particulièrement de son impact potentiel sur le Canada central. C'était l'époque des mégaprojets énergétiques dans l'Ouest canadien et sur la côte est (Hibernia), et on croyait à Ottawa que l'Ouest canadien et le Canada atlantique allaient connaître une croissance considérable alimentée par l'énergie, tandis qu'en Ontario et au Québec on allait sentir de plus en plus un fléchissement dans le secteur manufacturier. Le MEER, dont l'approche traditionnelle mettait l'accent sur le Canada atlantique, avait fait son temps.

De Bané écrivit à Trudeau pour réclamer un examen du Ministère, ce qui, comme tout le reste, scella le sort du MEER. Si le ministre lui-même ne pouvait plus appuyer son ministère et si personne d'autre à Ottawa n'était prêt à se porter à sa défense, il ne faisait alors aucun doute que son avenir s'annonçait sombre.

Les changements à l'appareil gouvernemental sont une prérogative du premier ministre et du Bureau du Conseil privé (BCP), pas des ministres pris individuellement ni même du Cabinet. Le directeur de la section de l'appareil gouvernemental de l'époque fut invité à prendre les devants en définissant une nouvelle approche. Nous étions constamment en communication et dînions ensemble une fois par mois afin que je puisse informer De Bané de l'avancement du dossier. Le 12 janvier 1982, Trudeau dévoila une restructuration en profondeur du gouvernement qui mit fin au MEER.

On introduisit une nouvelle structure de développement économique, fondée sur un document de 1981 du ministère des Finances et la nécessité d'accroître la visibilité des dépenses du gouvernement fédéral. Le ministère des Finances faisait valoir que l'équilibre régional au Canada se modifiait sous l'effet de l'essor économique dans l'Ouest, de l'optimisme dans l'Est et de la « mollesse sans précédent » de secteurs économiques clés au Canada central[2]. La nouvelle structure permettait également à Ottawa de fournir des programmes de développement économique directement aux clients au lieu de devoir passer par les gouvernements provinciaux. Faisant allusion aux mérites de la nouvelle structure, Trudeau affirma que les nouveaux ministères et organismes procéderaient à un examen de tous les programmes et politiques du fédéral afin d'évaluer leurs retombées à l'échelle régionale. Toutefois, cet examen n'a jamais eu lieu. La nouvelle structure fut de courte durée, et nous y reviendrons plus tard.

TOUT CE QUI COMPTE, C'EST L'ONTARIO
ET LE QUÉBEC

Ottawa m'a ouvert les yeux à bien des égards. Ottawa fonctionne en vase clos, en ce sens qu'une grande partie de ce qui est important à Ottawa n'a pas d'importance ailleurs. Les politiciens, les adjoints politiques et les fonctionnaires peuvent passer des heures à s'interroger au sujet d'un remaniement imminent du Cabinet ou de changements dans les rangs des sous-ministres. En général, à l'extérieur d'Ottawa, les gens ont plutôt tendance à bâiller devant de telles questions.

Toutefois, ce qui m'a le plus frappé au sujet du système à Ottawa, c'est son parti pris inhérent en faveur de l'Ontario et du Québec. Ce qui me semble le plus étonnant, c'est que le système ne reconnaît pas son parti pris inhérent. J'ai vu amplement de preuves qu'Ottawa est toujours prompt à réagir au premier indice d'un ralentissement économique dans l'une de ces deux provinces ou lorsque le Québec brandit une menace à l'unité nationale. Les enjeux qui se rapportent à l'Ontario ou au Québec sont invariablement considérés comme des enjeux nationaux qui requièrent une attention urgente, tandis que les enjeux liés aux provinces de l'Ouest ou de l'Atlantique sont considérés comme des enjeux régionaux.

Les échelons supérieurs de la fonction publique, la plupart des principaux ministres et les médias nationaux sont concentrés en Ontario et au Québec. Le secteur manufacturier du pays est concentré en Ontario et au Québec, et le puissant secteur financier est situé en Ontario. Cette configuration ne résulte pas des forces du marché; elle a largement été produite à dessein. Je sais que l'Ontario et le Québec et ceux qui en font l'apologie n'aiment pas se faire rappeler que les 32 sociétés d'État qui furent créées dans le cadre de l'effort de guerre au cours de la Seconde Guerre mondiale furent *toutes* établies dans ces deux provinces. De même, la plupart des usines de munitions et des activités connexes furent implantées en Ontario et au Québec (les provinces Maritimes ne reçurent que 3,7 % de ces investissements). De nombreux habitants des Maritimes quittèrent leur communauté – dans l'intérêt national, leur dit-on – pour aller travailler dans ces usines et ne sont jamais revenus dans leur province d'origine. C'est un fait bien connu que les 32 sociétés d'État jouèrent un rôle déterminant dans l'essor du secteur manufacturier du Canada central dans l'après-guerre. Les économistes à Ottawa allégueront qu'il faut s'en remettre aux forces du marché pour justifier que le gouvernement fédéral ne doit pas intervenir, fermant les yeux comme par hasard sur le rôle d'Ottawa dans l'élaboration de sa « Politique nationale » (vers les années 1880), dans la conclusion du Pacte de l'automobile entre le Canada et les États-Unis, qui s'est traduit par la création d'emplois dans le sud de l'Ontario mais qui a aussi provoqué une hausse du prix des automobiles dans le reste du pays, dans la construction de la Voie maritime du Saint-Laurent, et la liste est longue...

Le Parlement et tout ce qui l'accompagne et l'appuie se trouvent à cheval sur la frontière entre l'Ontario et le Québec. Si les États-Unis, l'Australie et l'Allemagne possèdent tous une chambre haute crédible et efficace pour défendre les intérêts politiques et économiques des régions, ce n'est pas le cas du Canada. L'Ontario et le Québec se sont opposés et continueront de s'opposer à un tel avènement, car ils continuent de dominer la Chambre des communes, celle des deux chambres qui détermine qui détient le pouvoir politique.

Non seulement le Canada est dépourvu d'une chambre haute efficace pour faire entendre la voix des régions, mais aussi sa fonction publique fédérale est plus centralisée que celle des États-Unis ou de l'Australie. Le point de vue que l'on a sur les politiques dépend de l'endroit d'où on les regarde. La fonction publique du Canada possède des bureaux dans toutes les provinces et régions. Alors, à quel endroit exactement sont situés les bureaucrates fédéraux? Leur nombre à Ottawa-Gatineau est passé de 93 640 en 1996 à 112 234 en 2003 et à Toronto, de 19 724 à 22 171 (une augmentation de 2 447). À Calgary, il est passé de 6 049 à 6 548 (une augmentation de 499)[3].

L'Ontario s'est enrichi de 13 353 fonctionnaires fédéraux entre 1996 et 2003. Le Québec s'est enrichi de 2 316 fonctionnaires fédéraux au cours de la même période et l'Alberta, de 344. Les pertes? De l'ordre de 346 au Manitoba, de 46 en Colombie-Britannique, de 853 en Saskatchewan et de 2 381 en Nouvelle-Écosse. L'Ontario dénombrait 42,8 % des fonctionnaires fédéraux en 2003, le Québec 21,2 %, le Canada atlantique 13 % et l'Ouest canadien 22,5 %.

Ces chiffres ne révèlent qu'une partie de l'histoire. En effet, la plupart des fonctionnaires en poste dans les bureaux locaux et régionaux assurent la prestation des programmes et des services du gouvernement. Ils ne jouent guère un rôle de conseil en matière de politiques, tandis que la catégorie de la direction, qui joue un rôle à cet égard, est concentrée à Ottawa. Tous les sous-ministres (sauf quatre) sont en poste à Ottawa, mais même les quatre qui n'y sont pas situés ne passent pas beaucoup de temps loin de la capitale. Un fonctionnaire du Conseil du Trésor rapporte que « plus de 70 % des fonctionnaires de la catégorie de la direction se trouvent maintenant à Ottawa ». Il ajoute que cette tendance remonte à l'exercice d'examen des programmes du milieu des années 1990. En outre, une part considérable du travail lié aux politiques fédérales est concédée en sous-traitance à des consultants et à des groupes de recherche, et environ 70 % des documents du Cabinet sont maintenant préparés par des consultants de l'extérieur, une pratique qui aurait été impensable il y a 40 ans. Évidemment, la grande majorité de ces consultants et de ces groupes de spécialistes est située à Ottawa.

Par contraste, aux États-Unis, plus de 80 % de tous les fonctionnaires fédéraux (non militaires) se trouvent à l'extérieur du district de Columbia, de la Virginie et du Maryland[4]. En Australie, cette proportion est de près de 70 %. Ces pays ont également un Sénat élu qui procure une voix aux régions au centre du gouvernement[5]. En fait, c'est peut-être ce qui explique pourquoi la fonction publique est davantage décentralisée dans ces deux pays qu'au Canada.

Un haut fonctionnaire du Conseil du Trésor rapporte que le pourcentage de fonctionnaires fédéraux qui sont en poste à Ottawa s'est accru davantage au cours des derniers mois et qu'il frise les 40 %. Cependant, les États-Unis et l'Australie ont un Sénat élu qui est en mesure de donner une voix forte et crédible aux régions au centre du gouvernement. En conséquence, le besoin pour la fonction publique de témoigner des circonstances et des intérêts des régions est probablement moins grand dans ces pays, tandis que le besoin qu'elle assume ce rôle se fait davantage sentir au Canada.

En 1981, je participai à une réunion visant à examiner les actions d'Ottawa en matière de développement économique régional. Parmi ceux qui y assistaient, il y avait Pierre De Bané, Allan J. Mac-Eachen et Gordon Osbaldeston. Ce dernier était un des principaux bureaucrates d'Ottawa et jouissait d'une grande estime dans les milieux politiques et bureaucratiques. Il formula un commentaire qui m'est resté en mémoire depuis lors. Je ne peux reproduire les termes exacts qu'il employa mais, faisant une analogie avec le hockey, il affirma que le système est conçu en fonction de l'Ontario et du Québec et que, de temps en temps, le Canada atlantique réussira à faire une échappée. Ce qu'il fallait en retenir, c'est que le système à Ottawa génère des politiques et des programmes qui correspondent aux circonstances économiques du Canada central, mais pas tellement à celles du Canada atlantique ou de l'Ouest canadien. De temps à autre, un ministre puissant de l'une de ces régions – par exemple, Allan J. MacEachen (Nouvelle-Écosse) ou Ralph Goodale (Saskatchewan) – réussira à se frayer un chemin dans le système en jouant des coudes afin d'obtenir un projet pour sa région, d'où l'analogie avec une échappée.

J'allais apprendre néanmoins que, parfois, même les échappées sont interdites. Lorsque j'étais conseiller principal en politiques au MEER, j'eus une rencontre avec Hector Hortie, alors à la tête du MEER en Nouvelle-Écosse, qui m'annonça de bonnes nouvelles. Son bureau et lui avaient amorcé des négociations avec Deutz Diesel afin que cette entreprise établisse certaines de ses activités en Nouvelle-Écosse, et les négociations préliminaires s'avéraient prometteuses. Tout en reconnaissant l'opportunité d'en aviser MacEachen, son ministre régional, il me demanda quand le bureau du MEER en Nouvelle-Écosse devrait informer l'administration centrale du MEER de la tenue des négociations. Je répondis : « Dès que possible. » Le problème, expliqua Hortie, c'était que le MEER à Ottawa et d'autres ministres et ministères essaieraient d'amener l'Ontario et le Québec dans le portrait. J'insistai pour dire que c'était peu probable.

La semaine suivante, une note d'information suivit la voie hiérarchique pour aviser la haute direction à Ottawa et le ministre des efforts visant à attirer Deutz en Nouvelle-Écosse. À peine quelques semaines plus tard, j'appris que le MEER au Québec s'apprêtait à présenter une offre à Deutz pour que l'entreprise s'installe dans la région de Montréal. Je demandai à De Bané et à Montreuil comment une telle chose pouvait se produire. Ils n'y voyaient aucun problème. Les offres pouvaient venir de n'importe quel bureau, et il appartiendrait à Deutz de décider où établir ses activités. La tournure des événements m'apparaissait inacceptable pour de nombreuses raisons. Le MEER fut démantelé avant que toute offre ferme n'ait pu être soumise, et aucune activité de Deutz ne vit donc le jour en Nouvelle-Écosse.

Ottawa soutient invariablement que son rôle consiste à favoriser l'intérêt national au moyen de politiques nationales. Les gens à l'extérieur de l'Ontario et du Québec en sont venus à reconnaître que les « politiques nationales » sont un code pour désigner les intérêts de l'Ontario et du Québec. Les 32 sociétés d'État créées au cours de la Seconde Guerre mondiale en sont un exemple concret. Mais elles sont loin d'être le seul. Les musées nationaux, le Centre national des Arts, le Musée des beaux-arts du Canada, le Ballet national ou, aussi bien dire, quoi que ce soit et tout ce qui est « national » doit, semble-t-il, être situé en Ontario et au Québec. L'Agence spatiale canadienne, la stratégie aérospatiale nationale et les mesures nationales touchant la recherche-développement sont également toutes axées sur l'Ontario et le Québec (quoique les richesses découlant du pétrole en Alberta aient commencé à faire pencher la balance vers l'Ouest en matière de recherche-développement).

Il y a quelques années, j'ai participé à une table ronde à Ottawa qui réunissait des analystes des politiques des quatre coins du Canada, mais principalement de l'Ontario. Plusieurs d'entre eux se disaient profondément inquiets au sujet de l'Accord de libre-échange nord-américain, affirmant que l'on risquait d'assister à une « maritimisation de l'économie ontarienne ». Ils craignaient que les activités réalisées en Ontario n'aillent en grand nombre s'installer dans les grands centres des États-Unis. Nous connaissons très bien la maritimisation de notre économie, et jusqu'à ce que quelqu'un puisse nous démontrer le contraire, nous, les habitants des Maritimes, continuerons de croire que ce sont les politiques nationales davantage que les forces du marché qui, au fil des années, ont été à l'origine de nos difficultés économiques.

Les politiciens nationaux (lire : ceux de l'Ontario et du Québec), dont Jean Chrétien, insistent pour dire, lorsqu'une région estime qu'elle a été flouée par la Confédération, que c'est simplement la « manière de faire canadienne ». C'est là un argument insipide qui ne fait qu'éluder la question. C'est une porte de sortie facile pour les « politiciens nationaux ». Le gouvernement fédéral aurait pu documenter l'impact que ses programmes et politiques ont eu au fil des années dans toutes les régions. Il ne l'a jamais fait. Je me souviens cependant que Pierre Trudeau en 1982 et Brian Mulroney en 1988 s'engagèrent fermement à ce qu'Ottawa réalise un examen exhaustif de l'impact régional des politiques et programmes nationaux. Toutefois, l'exercice auquel le ministère des Finances et le gouvernement de l'Ontario se sont souvent livrés consistait à documenter l'afflux des paiements de transfert fédéraux aux régions. C'est un exercice facile à faire et, bien entendu, les paiements de transfert fédéraux par personne sont plus élevés dans les provinces de l'Atlantique qu'en Ontario. Les réformes du Programme de péréquation adoptées par le gouvernement Harper en 2007 ont cependant orienté le flux des paiements de façon à favoriser le Québec.

Les gens oublient que les paiements de transfert, notamment les paiements de péréquation, ont été établis dans les années 1950, du moins en partie, pour compenser les régions des retombées inégales des politiques nationales. Les décideurs des années 1950 reconnaissaient que la Politique nationale (vers les années 1880), l'effort de guerre et la politique d'industrialisation nationale n'étaient pas appliqués de façon égale partout au Canada, favorisant certaines régions au détriment des autres. Il est relativement simple de rendre compte des paiements de péréquation par région, mais on passe ainsi sous silence d'autres dépenses fédérales : les salaires des fonctionnaires, les encouragements fiscaux qui favorisent largement

l'Ontario et l'Alberta, les investissements en recherche-développement, et ainsi de suite. Il suffit d'y réfléchir un instant pour se rendre compte que, lorsqu'il est question de développement
économique, un dollar dépensé en recherche-développement vaut
beaucoup plus qu'un dollar dépensé en péréquation ou en assu-
rance-emploi. En fait, un dollar dépensé en paiement de transfert
peut même entraver le développement économique.

DES AMIS

J'ai collaboré de très près avec Roméo LeBlanc à l'époque où j'étais
au MEER à Ottawa. Nous nous rencontrions souvent et nous avons
noué des liens d'amitié étroits et durables. Il comprenait Ottawa, y
ayant travaillé comme journaliste, puis comme haut fonctionnaire
au bureau du premier ministre et, plus tard encore, comme ministre de premier plan au sein du gouvernement Trudeau. Bien que je
n'aie jamais eu de liens aussi étroits avec lui, j'ai également eu des
relations de travail fructueuses avec Allan J. MacEachen, un ministre puissant responsable du Cap-Breton. J'ai beaucoup appris de ces
deux hommes. Tous deux ont réussi à créer quelques échappées, en
particulier MacEachen.

Je garde un doux souvenir d'une échappée réalisée par le Nouveau-Brunswick. En 1981, le MEER décida de créer une unité ayant
pour mandat d'identifier des entreprises au potentiel de croissance
élevé et de voir si elles seraient disposées à établir certaines de leurs
activités prévues dans des régions à faible croissance. J'avais d'excellentes relations de travail avec la haute direction du MEER, y
compris Robert Montreuil, le sous-ministre et nouveau directeur de
l'unité, qui était originaire des Maritimes. Il m'approcha pour me
faire part d'une candidature très stimulante : au début des années
1980, la société Mitel était l'un des chefs de file au Canada parmi
les entreprises de haute technologie à forte croissance et était dirigée par deux entrepreneurs de prestige établis à Ottawa, Michael
Cowpland et Terry Matthews. Mitel produisait du matériel de télé-

communications et avait enregistré une croissance de 100 % année après année à la fin des années 1970, pour atteindre des ventes de 100 millions de dollars en 1981.

Mitel cherchait à prendre de l'expansion et le MEER décida qu'il devait employer certaines de ses ressources en vue d'influencer l'entreprise dans le choix d'un lieu où établir ses nouvelles installations. Le directeur de la nouvelle unité vint me voir pour m'annoncer que Mitel avait choisi de créer une nouvelle usine à Renfrew, près d'Ottawa, mais qu'elle projetait d'en construire deux autres et qu'elle était ouverte à l'idée de trouver un site au Canada atlantique. « As-tu des suggestions? me demanda-t-il. – Bien sûr, répondis-je, Bouctouche. » Il connaissait le Nouveau-Brunswick, mais il n'était pas du tout convaincu que Mitel aurait le moindre intérêt à s'établir à Bouctouche. Je répondis : « Nous ne le saurons pas tant que nous n'aurons pas essayé. » Quelques semaines plus tard, j'assistais à une réunion entre la haute direction du MEER et Michael Cowpland, et nous avons évoqué la possibilité de choisir Bouctouche. Évidemment, Cowpland ignorait complètement où pouvait bien se trouver Bouctouche, mais il déclara qu'il y jetterait volontiers un coup d'œil.

La semaine suivante, Cowpland était de retour et indiqua qu'il était vivement intéressé à s'installer à Bouctouche. Il avait visité les lieux, les avait survolés et il fit remarquer que la région ressemblait de façon frappante au village du Royaume-Uni où il était né. En outre, dit-il, son personnel lui avait assuré qu'il ne serait pas difficile d'y attirer des employés. Non seulement le chômage y était élevé, mais de plus certains des travailleurs locaux avaient apparemment les compétences que Mitel recherchait. Mitel avait besoin de gens qui étaient habiles de leurs mains parce qu'il fallait assembler du matériel de télécommunications. Les travailleurs d'usine de poisson possédaient ces compétences, et il serait facile de les amener à travailler dans la nouvelle usine. On m'informa également que Cowpland avait déjà choisi un emplacement à Bouctouche pour y établir la première de deux usines. Là, nous étions en affaires.

Toutes les parties étaient d'accord pour dire qu'il fallait agir dans le plus grand secret. Il ne fallait pas en aviser les autres ministres et les autres ministères fédéraux sauf à la dernière minute, de crainte qu'ils ne cherchent à attirer Mitel ailleurs. Nous avons même convenu de ne pas en informer le gouvernement de Richard Hatfield au Nouveau-Brunswick. C'était l'époque où le gouvernement fédéral désirait accroître la visibilité de ses dépenses et assurer directement la prestation d'initiatives de plus en plus nombreuses au lieu de passer par les provinces. Je reconnais volontiers que, à cette époque, je partageais fortement son point de vue.

Je fis clairement savoir à tous que je devais en informer Roméo LeBlanc, ne serait-ce que parce que Bouctouche était située dans sa circonscription. De toute façon, quiconque connaissait LeBlanc savait qu'il était l'un des politiciens les plus discrets à Ottawa, ayant perfectionné ses compétences en communications auprès de Radio-Canada–CBC et dans le bureau de Trudeau. Je rencontrai LeBlanc pour lui dire que le MEER était sur le point de conclure une entente avec la firme Mitel concernant la construction de deux usines à Bouctouche. Évidemment, il était ravi et demanda seulement si nous avions songé à Memramcook, son village natal. « Non, lui dis-je, c'était Bouctouche depuis le début et Cowpland a été enchanté de ce qu'il a vu. De toute façon, poursuivis-je, Bouctouche fait partie de ta circonscription, et à Memramcook, il n'y a pas d'usines de poisson à des milles à la ronde. » Il comprenait, sans doute mieux que n'importe qui, la nécessité de garder le secret.

Les négociations allèrent bon train, et bientôt le MEER avait conclu un marché avec Mitel. On prépara les communiqués de presse et l'on fixa au 16 juillet 1981 la date où Roméo LeBlanc en ferait l'annonce à Bouctouche au nom du gouvernement fédéral. La veille de l'annonce, LeBlanc me téléphona pour repasser le communiqué et voir s'il ne serait pas préférable d'annoncer la construction d'une seule usine au lieu de deux. Il craignait de susciter des attentes élevées et d'être incapable de livrer toute la marchandise. Je lui dis que nous avions une entente ferme avec Mitel et qu'il était pratiquement impossible de négocier quoi que ce soit à cette étape tardive. Du reste, lui dis-je, il serait le principal porte-parole du gouvernement et il était libre de limiter ses commentaires exclusivement à la première usine.

Je me rendis à Bouctouche pour l'annonce. J'étais discrètement assis avec mon frère Claude et quelques-uns de nos amis tout au fond de la salle. La rumeur de la venue de nouvelles usines à Bouctouche s'était rapidement répandue dans la communauté cet après-midi-là, et un grand nombre de résidents s'étaient déplacés pour l'annonce, ne serait-ce que par curiosité. LeBlanc parla des progrès que les Acadiens réalisaient dans tous les domaines et il m'invita à me lever parce que, dit-il, « ce gars de Saint-Maurice, au bout du chemin non loin d'ici, a travaillé fort afin que cette initiative devienne une réalité pour Bouctouche ». Il poursuivit en procédant à la grande annonce : « deux usines à Bouctouche, qui amèneront 1,000 nouveaux emplois et des investissements de plus de $48 millions. Le MEER investira $15.7 millions[6]. » Je revois encore les résidents de Bouctouche qui déambulaient après l'annonce, n'arrivant pas à croire ce qu'ils avaient entendu – c'était trop beau pour être vrai.

La construction de la première usine devait commencer immédiatement et LeBlanc fit bien comprendre que le projet était strictement le fruit d'une initiative fédérale. D'ailleurs, le gouvernement Hatfield n'apprit la nouvelle du projet que par les médias, comme tout le monde. Le ministère fédéral de l'Industrie ne l'apprit également qu'une fois le fait accompli. Toutefois, le ministre de l'Industrie considérait que le secteur de la haute technologie lui revenait exclusivement, qu'il n'avait pas à le partager avec le MEER. Il était occupé à promouvoir le secteur dans des régions telles que Kanata, Montréal, Toronto et Waterloo, et à ses yeux il n'y avait aucune raison pour que le MEER joue des coudes afin d'apporter des emplois à un petit village acadien.

Je demeure convaincu que la décision de Mitel fut l'un des facteurs qui contribuèrent à la décision du gouvernement d'abolir le MEER. Ottawa pouvait difficilement permettre qu'un ministère agissant en solitaire se démène dans tous les sens pour tenter d'attirer de nouveaux investissements dans le secteur manufacturier dans des localités éloignées comme Bouctouche. Le secteur, particulièrement celui de la haute technologie, appartenait à l'Ontario et au Québec.

Mitel construisit effectivement deux usines neuves et très attrayantes, l'une à Renfrew et l'autre à Bouctouche. Mais l'entreprise commença à éprouver de sérieuses difficultés financières même pendant la construction des usines. Elle tarda à lancer ses nouveaux produits, elle était talonnée de près par une vive concurrence et la récession économique du début des années 1980 força Mitel à supprimer des emplois. En fin de compte, Mitel Bouctouche embaucha un directeur du personnel, mais c'est à peu près tout ce qu'elle fit. Celui-ci travaille maintenant comme chef du personnel de Dominic LeBlanc, député fédéral de Beauséjour et fils de Roméo LeBlanc. L'usine de Renfrew, par contre, ouvrit bel et bien ses portes, embaucha du personnel et fut exploitée pendant une courte période.

L'usine de Mitel Bouctouche fut néanmoins complétée et demeura longtemps vacante. Elle abrite maintenant Kanalflakt AB, une entreprise internationale qui fabrique des systèmes de ventilation à l'intention principalement du marché industriel. Entre-temps, Ottawa vint à la rescousse de l'usine de Renfrew lorsque Mitel plia bagages; celle-ci abrite maintenant les Archives nationales.

Un jour, LeBlanc me téléphona pour m'inviter à déjeuner avec lui. *L'Évangéline*, le seul journal quotidien de langue française au Nouveau-Brunswick, qui avait commencé à paraître en 1887, ferma ses portes en 1982. Une controverse éclata entre la direction et les employés et le journal ferma ses portes à peu de préavis. LeBlanc me demanda ce qu'il était possible de faire. À mon avis, le gouvernement, à plus forte raison le gouvernement fédéral, n'avait aucun rôle à jouer dans la gestion d'un journal, et je lui fis part de mon point de vue. « Qu'est-ce que les Acadiens vont lire maintenant? demanda-t-il. – Il y aura bien quelqu'un, quelque part, qui va proposer quelque chose, répondis-je. – Quand ça? » reprit-il. Il craignait que les Acadiens ne se mettent à lire les quotidiens locaux de langue anglaise, qu'ils ne s'y accoutument et qu'ils ne perdent ainsi leur langue.

L'histoire donna raison à LeBlanc, car de nombreux Acadiens, spécialement dans la région de Moncton, se tournèrent rapidement vers les quotidiens de langue anglaise. Les gouvernements décidèrent toutefois d'intervenir et les deux ordres de gouvernement acceptèrent de créer un fonds de dotation pour soutenir un journal de langue française au Nouveau-Brunswick. Le fonds était destiné à pourvoir à une partie des coûts de distribution afin que le journal soit disponible dans toutes les localités francophones du Nouveau-Brunswick. Le journal *L'Acadie Nouvelle* commença à paraître le 5 septembre 1989.

À une autre occasion, LeBlanc me téléphona en vue de me confier une tâche bien précise. Sa carrière politique tirait à sa fin, dit-il, et il désirait faire quelque chose pour l'Université de Moncton avant d'abandonner la vie politique. Il avait travaillé à l'Université durant deux ans après avoir quitté le bureau de Trudeau et avant de se porter candidat aux élections fédérales. Le gouvernement fédéral, rapportait-il, avait appuyé toutes sortes d'initiatives dans pratiquement toutes les universités canadiennes pendant qu'il siégeait au Cabinet, et il estimait que l'Université de Moncton avait déjà attendu trop longtemps que vienne son tour. De plus, il en avait discuté avec Trudeau, qui lui avait donné son aval. Trudeau avait toujours énergiquement exprimé son appui à l'Université de Moncton, soulignant qu'elle avait été l'une des premières universités à lui décerner un diplôme honorifique. Aux yeux de Trudeau, l'Université de Moncton était un symbole important de sa vision d'un Canada français qui s'étendait au-delà du Québec.

LeBlanc évoqua la possibilité d'une initiative visant à promouvoir la recherche à l'Université. Il n'avait rien de précis en tête, mais il me demanda si j'accepterais de rencontrer Gilbert Finn, recteur de l'Université, pour en discuter. Finn accueillit favorablement l'initiative de LeBlanc, comme on pouvait s'y attendre. Nous avons discuté des possibilités et sommes tombés d'accord sur la création d'un institut de recherche. Finn, un ancien dirigeant de la Société l'Assomption, avait fortement tendance à privilégier le développement économique, et bientôt il fut convenu que la proposition porterait sur le développement économique régional.

LeBlanc proposa un niveau d'engagement financier qui lui semblait acceptable : Ottawa verserait cinq millions de dollars pourvu que l'Université apporte une contribution de 1,5 million de dollars. Je servis d'intermédiaire, ce qui ne fut pas difficile puisque Finn consentit rapidement. Trudeau me confia plus tard qu'il avait présidé la réunion du comité du Cabinet au cours de laquelle le gouvernement avait accepté la proposition.

À mon insu, Finn téléphona à Roméo LeBlanc pour lui formuler une autre demande : que je revienne à Moncton pour diriger le nouvel institut, sinon l'affaire tombait à l'eau. Encore une fois, LeBlanc me téléphona pour me donner rendez-vous à déjeuner et me demanda si je serais disposé à rentrer à Moncton pour mettre l'institut sur pied – du moins, pendant quelques années. Je lui dis que j'y réfléchirais, que j'en parlerais à Linda et que je communiquerais avec lui pour lui donner ma réponse. Cependant, à cette époque, j'avais déjà été affecté à de nouvelles responsabilités.

DU MEER AU BCP

La décision de Trudeau d'abolir le MEER en janvier 1982 signifiait que je devais passer à autre chose. Montreuil fut nommé sous-ministre du nouveau ministère de l'Expansion industrielle régionale (MEIR), plus vaste, et demanda si je serais intéressé à me joindre à ce ministère. Je déclinai son offre. À cette époque, mon premier livre, *Federal-Provincial Collaboration*, venait d'être publié et un certain nombre de personnes à Ottawa n'avaient pas tardé à en prendre connaissance.

La réaction de Gérard Veilleux, un haut fonctionnaire du ministère des Finances, à mon livre fut complètement différente de celle de McGee. Il me félicita au sujet de mon livre. En juin 1982, je rencontrai le premier ministre. Il l'avait lu lui aussi et l'avait plutôt apprécié, affirmant qu'il jetait un nouvel éclairage sur le fédéralisme canadien. Je demeurai sans voix, réussissant à peine à articuler un merci maladroit. Pas un seul instant ne me serais-je attendu à ce que le premier ministre ait eu le temps de lire mon livre et, encore moins, à ce qu'il l'ait apprécié. Je ne restai pas dans les parages suffisamment longtemps pour qu'il change d'idée.

Ces commentaires étaient bien exaltants pour moi. Je relatai la réaction de Trudeau à l'un de ses principaux associés et demandai si Trudeau avait réellement lu le livre. « Si Trudeau affirme qu'il l'a lu, alors il l'a lu, répondit-il. Tu sais, ajouta-t-il, le premier ministre

aime la lecture et il lit beaucoup plus qu'on ne pourrait le croire. »
À la réflexion, toutefois, je me suis rendu compte que mon livre allait dans le même sens que tout ce que Trudeau préconisait : un rôle
plus visible et distinct pour le gouvernement fédéral dans les relations fédérales-provinciales et la prestation des services publics, et
un rôle renforcé pour les politiciens chevronnés dans l'élaboration
des politiques publiques. Si mon premier livre avait défendu la position contraire ou s'il avait approuvé le modèle fédéral-provincial
du MEER, qui favorisait les gouvernements provinciaux de façon si
évidente dans leurs rapports avec le gouvernement fédéral, Trudeau
n'aurait alors pas remarqué le livre ou, s'il l'avait fait, il l'aurait probablement rejeté d'emblée. Néanmoins, je ne manquai pas de remarquer que Harley McGee, un haut fonctionnaire du MEER,
m'avait enjoint de mettre ma thèse dans le dernier tiroir de mon bureau pour qu'elle ne revoie jamais la lumière du jour, tandis que le
premier ministre me disait qu'il avait pris plaisir à la lire.

De son côté, Veilleux croyait que le livre avait du mérite parce
que lui aussi avait écrit sur les relations fédérales-provinciales et dirigé les efforts fédéraux-provinciaux au sein du ministère des Finances. Il estimait que les demandes constantes des gouvernements
provinciaux d'obtenir toujours davantage forçaient trop souvent
Ottawa à se mettre sur la défensive. Il partageait fortement le point
de vue exprimé dans mon livre, selon lequel il fallait atteindre un
nouvel équilibre entre le gouvernement fédéral et les gouvernements
provinciaux. J'eus de fréquentes rencontres avec Veilleux à Ottawa,
et nous nous sommes liés d'une étroite amitié qui dure encore à ce
jour.

Trudeau fit de Gérard Veilleux son sous-ministre des relations
fédérales-provinciales au sein du BCP. Quelque temps plus tard,
Veilleux suggéra que je pose ma candidature au poste de directeur
de l'analyse provinciale dans la Division des relations fédérales-provinciales. J'obtins le poste. Peu après mes débuts au BCP, Veilleux
me dit qu'il venait de dîner avec Roméo LeBlanc et qu'ils avaient
discuté du nouvel institut à l'Université de Moncton. Il déclara que
certains politiciens de premier plan à Ottawa avaient l'institut à
cœur et qu'on était d'avis que je devrais aller orchestrer sa fonda-

tion. Son conseil fut : « Va le mettre sur pied, restes-y quelques années pour t'assurer qu'il est bien sur les rail, puis reviens à Ottawa. » Il affirma qu'il ferait en sorte que le BCP prête mes services à l'Université de Moncton, afin que je puisse revenir à Ottawa dans un an ou deux, après la mise sur pied et le démarrage de l'institut.

J'allai à Moncton y rencontrer à nouveau Gilbert Finn avant de prendre ma décision. Finn a toujours été un homme terre à terre et eu une perspective axée sur les affaires. Quelques minutes à peine après que je fus entré dans son bureau, il alla droit au but. Il dit qu'il avait déclaré à Roméo LeBlanc que je « devais » revenir à Moncton pour jeter les bases de l'institut, sans quoi il n'y aurait pas d'entente. Il poursuivit en disant qu'un membre de la direction de l'Université avait suggéré que l'on recrute un candidat en France pour diriger l'institut. Finn ne voulut rien savoir de cette option, pas plus que les deux vice-recteurs de l'Université n'accepteraient que l'on confie les rênes de l'institut à un « Français de France ». Nous avions certainement fait suffisamment de progrès en 25 ans environ, alléguait-il, pour que l'un des nôtres soit en mesure de diriger un nouvel institut de recherche. Quel message l'Université enverrait-elle aux Acadiens ou à la collectivité si elle devait en remettre les clefs à quelqu'un de la France? Il expliqua qu'il n'avait aucune objection à ce qu'un Français ou une Française soit nommé à la tête d'un deuxième, d'un troisième ou d'un quatrième institut créé à l'Université, mais pas du premier.

Je mis Finn au courant de l'offre de Veilleux, et il en fut satisfait et soulagé. Il proposa que je voie à l'établissement de l'institut et que je trouve quelqu'un pour me remplacer dans trois ou quatre ans. À son avis, cela poserait moins un problème si son deuxième directeur venait de l'extérieur. Linda aimait beaucoup Ottawa et était réticente à retourner à Moncton, mais si c'était ce que je souhaitais, alors elle serait d'accord avec ma décision.

Je rencontrai LeBlanc et lui annonçai que j'étais prêt à accepter l'offre de Veilleux. J'avais cependant une condition et je tenais à bien la faire comprendre à LeBlanc, à Finn et à tous ceux qui avaient un intérêt envers l'institut et son avenir. J'expliquai que je désirais par-dessus tout donner à l'institut un mandat universitaire aussi solide que celui de n'importe quel institut de la Queen's University ou de la Toronto University. Autrement dit, je n'allais pas m'engager dans des initiatives communautaires ou parrainer des tables rondes ou des conférences locales. Je fis valoir que l'Université de Moncton devait maintenant rivaliser dans les milieux universitaires et qu'elle devait jouer un rôle beaucoup plus grand que celui d'une agence de développement communautaire. LeBlanc, à l'instar de Finn quelques jours plus tôt, affirma qu'il n'avait aucune objection à la direction que je voulais donner à l'institut. Il m'offrit néanmoins un conseil. Il me dit que je devais m'assurer d'établir très tôt ce que je désirais faire de l'institut et ne pas en démordre, que ce que je ferais dans les six premiers mois déterminerait la direction que l'institut allait suivre pendant longtemps. Il me confia que, lorsqu'il était entré au service de l'Université, il avait décidé de se rendre à son bureau dès 7 h 30 tous les matins pendant deux semaines. Il n'en fallut pas plus. À partir de ce moment, il avait la réputation d'être un lève-tôt. Quelle que soit l'heure à laquelle il arrivait au bureau après ces deux premières semaines, cela n'avait aucune importance : sa réputation était établie. Il me recommanda de définir rapidement les paramètres de l'institut, de m'en tenir à ce que j'avais décidé, et les choses iraient rondement.

Lorsqu'il fit l'annonce de la création de l'Institut canadien de recherche sur le développement régional au nom du gouvernement fédéral, LeBlanc déclara : « De Victoria à St. John's, j'ai vu moi-même un grand nombre d'instituts ou de centres de recherche situés sur des campus universitaires, qui examinaient une foule de questions. Mais aucun n'avait le mandat d'étudier le développement régional. Nous avons décidé de corriger cette lacune en conjuguant nos efforts avec ceux de l'Université de Moncton afin de créer un institut de recherche de première classe. » Pour sa part, Finn déclara que son vœu était que le nouvel institut « réponde aux plus hautes normes universitaires possibles ». J'avais obtenu le mandat que je désirais; il fallait maintenant accomplir le travail.

9

Rentrer chez nous

Je suis arrivé à l'Universié de Moncton à l'été de 1983 et je me mis immédiatement au travail. Je connaissais bien le campus, bien sûr, pour y avoir étudié. J'y avais également enseigné à l'époque où je travaillais au ministère de l'Expansion économique régionale (MEER). Je suivis le conseil de Roméo LeBlanc et je fis comprendre dès les premières semaines, le plus clairement possible, que mon objectif consistait à mettre en place un institut de recherche qui égalerait n'importe quel autre au Canada et que le test décisif de notre réputation serait nos publications.

Le gouvernement Trudeau accorda à l'Institut canadien de recherche sur le développement régional (ICRDR) un fonds de dotation de cinq millions de dollars de financement fédéral sur une période de cinq ans à condition que l'Université y apporte une contribution de 1,5 million de dollars. Je ne tardai pas à recevoir des réactions – certaines cyniques, certaines méprisantes. John Meisel, un distingué politologue de la Queen's University, m'appela pour dire que la création de l'Institut à l'Université de Moncton « n'est au fond qu'une forme de favoritisme ». Meisel a toujours été un bon ami, un homme extrêmement généreux et bon, comme l'attesteront volontiers tous ceux qui le connaissent. « John, lui répliquai-je,

aimerais-tu mieux que, par favoritisme, on construise quelques kilomètres de nouvelle route ici, au Nouveau-Brunswick, ou qu'on
cherche à aider l'Université de Moncton à se développer? – Tant
qu'à ça, t'as bien raison », répondit-il.

J'entendis dire que quelques professeurs des universités Carleton et Dalhousie étaient plutôt mécontents de la décision d'établir
l'Institut à Moncton plutôt qu'à leur propre établissement. Je ne
l'appris qu'à travers les branches, car personne de ces deux campus, contrairement à Meisel, n'eut le courage de m'appeler directement. Je n'étais pas surpris de ces critiques – ça fait partie du métier.
Avec les années, j'en suis venu à la conclusion que rien dans le gouvernement n'est trop petit pour qu'on l'intègre dans un processus et
que rien dans le monde universitaire n'est trop petit pour valoir la
peine qu'on se le dispute. Meisel me téléphona cependant quelques
années plus tard pour m'informer que Jean Laponce, un collègue et
ami de la University of British Columbia, et lui prenaient bientôt
leur retraite et qu'ils désiraient établir un institut de recherche sur
la langue, l'ethnicité et les conflits politiques. Ils cherchaient à obtenir du financement du fédéral, et Meisel me demanda si je pouvais
lui donner quelque conseil. « Ah, John, répondis-je, tu aimerais bénéficier du favoritisme, n'est-ce pas? – Touché », dit-il en riant de
bon cœur. Je lui suggérai de contacter le Secrétaire d'État de
l'époque, dont le mandat que lui confiait le gouvernement fédéral
comprenait alors l'éducation postsecondaire et les droits des minorités linguistiques. J'ignore si ses démarches ont été couronnées de
succès.

Entre-temps, à l'Université de Moncton, certains membres du
corps professoral et même de l'administration trouvaient que je pla-
çais la barre un peu trop haute. L'Université était encore bien jeune,
et de nombreux professeurs travaillaient toujours à la rédaction de
leur thèse de doctorat. Un professeur me fit remarquer, avec un humour caustique, qu'il fallait d'abord savoir marcher avant de pouvoir courir et que l'Université n'en était qu'à ses premiers pas. Ce
qu'il voulait dire, c'est que l'institut que j'étais en train de monter
était voué à l'échec car il ne serait pas capable de produire les publications que j'envisageais.

Rien de tout cela n'ébranla ma détermination. Je ne fis qu'une seule concession : j'acceptai que l'ICRDR fournisse des services de traitement de texte aux membres du corps professoral qui complétaient leur thèse de doctorat. Autrement, nous allions nous concentrer sur un objectif : « publier ou périr », comme dans bien des universités de par le monde. J'étais cependant inflexible sur le fait que l'Institut n'appuierait pas des projets communautaires ou qu'il n'accéderait pas aux demandes d'aide financière de la part de professeurs désireux d'assister à des conférences et autres activités semblables.

Je sollicitai les membres du corps professoral qui auraient des ouvrages à publier dans le domaine des sciences sociales, mais ils n'étaient pas légion. Rodolphe Lamarche était titulaire d'un doctorat en géographie, et je l'invitai à se joindre à l'ICRDR. Il y travailla durant plusieurs années et contribua à définir un programme de recherche. J'embauchai Maurice Beaudin, un jeune Acadien du nord-est du Nouveau-Brunswick, qui venait de terminer sa maîtrise en économie à l'Université de Moncton. Je l'encourageai à s'inscrire à un programme de doctorat, ce qu'il fit éventuellement. Au fil des années, il a produit de solides rapports de recherche pour le secteur public, et tous s'entendent pour dire qu'il est maintenant un excellent professeur d'économie à l'Université de Moncton, Campus de Shippagan.

L'Institut a accordé des bourses à un certain nombre de jeunes Acadiens pour les aider à réaliser des études de cycles supérieurs. Pierre-Marcel Desjardins compléta son doctorat à la University of Texas et enseigne maintenant au Département d'économie de l'Université de Moncton. Sébastien Breau réalisa son doctorat à la University of California at Los Angeles (UCLA) et fait maintenant partie du corps professoral de l'Université McGill, où il démontre de grandes aptitudes pour la recherche.

Il devint bientôt manifeste que si l'ICRDR voulait faire sa marque, je devrais retrousser mes manches ainsi que faire appel à des gens de l'extérieur pour donner un coup de main. Les premières années de l'Institut furent pour moi des années productives. Je publiai *Regional Economic Development: Canada's Search for Solu-*

tions chez University of Toronto Press, et fus co-auteur d'un livre sur le développement économique paru aux Presses de l'Université du Québec. Je fus directeur de la publication d'un ouvrage collectif paru chez Methuen Press et codirecteur de la publication d'un recueil d'essais sur le développement économique régional publié par les Presses de l'Université de Montréal. Je publiai également de nombreux articles dans la *Revue canadienne de science politique*, *Analyse de politiques*, *Administration publique du Canada*, la *Revue d'études canadiennes* et *La revue canadienne des sciences régionales*. Je n'étais pas sur le point de périr. Ce qui est plus important, j'aimais beaucoup faire de la recherche et travailler à l'ICRDR. Mes publications eurent aussi pour effet de répondre à ceux qui critiquaient le fait que l'Institut était situé à l'Université de Moncton. Je me souviens que Meisel me téléphonait au cours des premières années pour me féliciter de mes publications et des progrès accomplis par l'ICRDR.

BEN HIGGINS

Je n'avais d'autre choix que de faire appel à des chercheurs de l'extérieur pour qu'ils donnent un coup de main à l'Institut jusqu'à ce que d'autres membres du corps professoral soient en mesure d'y contribuer. On me recommanda chaudement Ben Higgins, un Canadien qui vivait en Australie, et je lui proposai de venir passer du temps à l'ICRDR en tant que chercheur invité. Il arriva à l'été de 1985 et revint chaque été pendant les 10 années suivantes. Ce fut l'une des meilleures décisions que j'aie jamais prises. Ben apporta une immense contribution à l'Institut. Il fit de tout : il publia un ensemble important de travaux, se rendit disponible aux professeurs et aux étudiants et produisit divers rapports de recherche pour le compte de gouvernements. Ben et Jean, sa charmante épouse, sont devenus des membres de la famille de l'Institut.

Ben était particulier à bien des égards. C'était un excellent chercheur, un être humain chaleureux et une âme généreuse. Sa vie, à peu de choses près, tournait autour de la recherche. Il n'était pas attaché aux biens matériels, ni d'ailleurs à tout ce qui ne concernait pas la recherche ou les politiques publiques. Néanmoins, sa joie de vivre innée en faisait un merveilleux compagnon.

Ben a eu une carrière remarquable. Il a enseigné à la Harvard University, au Massachusetts Institute of Technology (MIT), à l'Université McGill et à l'Université de Montréal. Il a publié des ouvrages précurseurs dans les domaines de l'économie et du développement international, et il compte des amis aux quatre coins du monde. Il enseigna à John F. Kennedy et à Robert Kennedy à Harvard (il m'a confié que Robert était un plus grand travailleur que son frère) et eut pour compagnon de classe le Prix Nobel Paul Samuelson, un bon ami de John K. Galbraith. Il connaissait Joseph Schumpeter, l'un des plus grands penseurs du 20ᵉ siècle.

Nous avons dîné avec Paul Samuelson au cercle des professeurs du MIT, et je pouvais sentir la chaude amitié qui existait entre eux. Samuelson demanda des nouvelles des enfants de Ben et les connaissait tous par leur nom. Je me rappelle que Samuelson évoqua une récente étude de productivité du MIT selon laquelle les Canadiens français du Québec qui travaillaient dans la région de Waltham étaient très productifs dans le secteur de la construction comparativement à leurs pairs. Je m'empressai de le corriger : c'étaient des Canadiens français, en effet, mais ils étaient Acadiens, non Québécois. J'expliquai la différence, et il sembla intéressé par mes explications. Je n'allais pas, en présence d'un Prix Nobel, laisser les Québécois recevoir des éloges pour quelque chose que des Acadiens avaient fait.

Ben me présenta également à John K. Galbraith, économiste d'origine canadienne enseignant à Harvard, et nous sommes demeurés en contact jusqu'à sa mort en 2006. J'écrivis à Galbraith après une allocution qu'il prononça à la Mount Allison University en 1986. J'avais été frappé par le message qu'il avait livré : voilà un des plus éminents penseurs libéraux du monde qui soutenait que la bureaucratie gouvernementale avait donné une mauvaise réputation au gouvernement ces dernières années. Son allocution m'incita à entreprendre la rédaction de mon livre *The Politics of Public Spending in Canada*, et je lui écrivis pour le lui dire. Il me répondit pour m'encourager à poursuivre mon travail sur la bureaucratie publique, affirmant avec insistance qu'il restait beaucoup de travail à faire dans ce domaine. Dans la préface du livre, je remercie Galbraith pour ses encouragements.

Comme chacun le sait, John F. Kennedy nomma Galbraith ambassadeur des États-Unis en Inde. Lorsque je rendis visite à Galbraith à sa résidence de Cambridge, la dame qui répondit à la porte était des Indes orientales, et je lui dis que Galbraith m'avait invité à prendre un café. Elle m'invita à entrer puis partit à pas de tortue chercher Galbraith. Jamais je n'aurais imaginé qu'on puisse marcher si lentement, si tranquillement. Je n'avais jamais vu quelqu'un marcher si lentement auparavant, c'était vraiment fascinant. Elle n'aurait jamais tenu une demi-journée à travailler pour mon père. Je garde aussi un souvenir très net de l'un des commentaires de Galbraith qui m'est resté depuis lors. Galbraith fit observer qu'une signature suivie de Ph.D. au bas d'une lettre était la marque indéniable d'un « universitaire raté », c'est-à-dire un universitaire sans publications. C'était il y a plusieurs années, et j'ai remarqué depuis que le commentaire de Galbraith est presque toujours valable.

Galbraith écrivit *The Scotch* en partie pendant qu'il écoutait des discours lors de son séjour en Inde à titre d'ambassadeur des États-Unis, au début des années 1960. Il découvrit que si l'on ne permettrait pas que quelqu'un lise un livre dans ces circonstances, parce que trop évident, il est parfaitement possible d'en écrire un. Je peux maintenant admettre que j'ai souvent écrit pendant des réunions d'une longueur insupportable à Ottawa, confiant d'avoir l'air de quelqu'un qui prenait consciencieusement des notes.

Ben Higgins était un ami intime de Pierre Trudeau. Ils s'étaient rencontrés à Montréal, au moment où tous deux enseignaient à l'Université de Montréal. Ben rédigea des documents stratégiques sur le développement économique pour le compte de Trudeau lorsque celui-ci fut candidat à la direction du Parti libéral. Ils dînaient ensemble chaque été, souvent au cercle des professeurs de McGill, à l'époque où Ben était à l'ICRDR. Ben mettait toujours Trudeau au courant de ce qui se brassait à l'Institut.

Ben et moi avions décidé d'honorer l'économiste français François Perroux en parrainant une conférence qui examinerait son œuvre publié. On se souviendra que Perroux suscita un nouvel engouement dans le domaine des politiques publiques lorsqu'il publia son ouvrage sur le concept des pôles de croissance. Dans les années 1960 et 1970, il n'y avait pratiquement aucun pays développé ou en développement qui ne s'inspirait pas de ce concept, et le Canada n'y faisait pas exception. Lors de sa création en 1968, le MEER élabora ses programmes autour du concept des pôles de croissance, que l'on associe immanquablement à Perroux, un homme prolifique qui le demeura jusqu'à sa mort en 1987, à l'âge de 83 ans. L'économiste américain bien connu Paul Streeten a décrit Perroux comme un « personnage de la trempe des Prix Nobel, qui fait figure de géant ».

Perroux avait une confiance limitée dans le libre marché et croyait que les économies capitalistes dynamiques exigeaient un certain degré de planification et de gestion. Il faisait valoir que l'activité économique tend à se concentrer autour de certains pôles d'attraction et que les efforts pour renforcer ces pôles d'attraction dans des économies à faible croissance peuvent déclencher un processus de croissance économique autosuffisante.

Grâce aux relations de Higgins, nous avons réussi à rassembler une brochette d'économistes pour participer à la conférence. William Alonso vint de Harvard, Lloyd Rodwin et Karen Polenske, du MIT, John Friedmann, de l'UCLA, et Harry Richardson, qui avait un poste de professeur à la fois à la State University of New York et à la University of Southern California. François Perroux lui-même y présenta une communication qui serait l'une de ses dernières. J'en possède encore la version originale à mon bureau, qui comprend ses annotations rédigées à la main dans la marge.

Je décidai que la conférence aurait lieu à Grand-Pré à la fin du printemps de 1986. Ironie de l'histoire, l'hôtel où se tenait la conférence surplombait le bassin des Mines, où le Grand Dérangement avait débuté quelque 230 ans auparavant. J'espérais que les fantômes de mes ancêtres étaient présents pour voir des chercheurs du monde anglo-saxon rendre hommage à un économiste français.

Je fus particulièrement attentionné auprès de François Perroux compte tenu de son âge avancé. Nous avons eu un léger incident lorsqu'il fit une chute en prenant son bain, mais il fut rapidement sur pied. Il assista à la conférence mais prêtait attention aux diverses présentations seulement quand il en avait envie. Il avait un appareil auditif, et quand les choses devenaient ennuyeuses, il le fermait simplement et s'offrait une petite sieste. À un moment donné, il s'éveilla et haussa le volume de son appareil au moment où Fernand Martin, un économiste de l'Université de Montréal, soulevait certaines questions au sujet de l'application du concept des pôles de croissance au Canada. Perroux en fut indigné. Comme seul un Français sait le faire, Perroux se montra impitoyable lorsqu'il se mit à dénigrer Martin. Faisant exprès (je le soupçonne) de mal prononcer son nom, il éclata : « Qui est ce Martin Ferdinand, quelle stupidité est-il venu nous faire entendre, qui a invité cet imposteur, qu'a donc publié cet individu? » Nous nous sommes tous sentis terriblement mal à l'aise, y compris Martin, bien sûr. Comme il le dit lui-même plus tard, si seulement Perroux avait gardé son appareil en marche durant toute sa présentation, il aurait réagi bien différemment. À un moment donné, Perroux sauta sur ses pieds et se dirigea vers la porte de la salle. Quelqu'un lui demanda où il allait. « Je vais pisser! » lança-t-il, ajoutant que ce serait une meilleure façon d'occuper son temps que d'écouter la diatribe de ce « Martin Ferdinand ».

Quoi qu'il en soit, la conférence se termina sur une note positive. Après que les esprits se furent calmés, Martin eut la possibilité d'expliquer plus en détail son point de vue à Perroux. Ben et moi avons réuni les textes de la conférence, qui furent publiés par Unwin Hyman à Londres. Les critiques réservèrent un très bon accueil au livre.

C'était le premier de nombreux ouvrages publiés en collaboration avec Ben Higgins. C'était un charme de travailler avec Ben, qui était toujours de bonne humeur et qui débordait d'idées ou de projets nouveaux à explorer. Nous avons publié un certain nombre d'articles et quatre livres ensemble. Je fus également codirecteur d'un ouvrage publié en son honneur. J'eus la chance de visiter Ben et Jean à leur ranch en Australie en 1993 afin de travailler à la rédaction de notre livre *Regional Development Theories and Their Application*.

Ben et Jean mordaient dans la vie avec un appétit contagieux doublé de l'absence de toute prétention. Ils visitaient de nombreuses localités des provinces Maritimes chaque été et tombaient amoureux de chaque endroit qu'ils visitaient. Invariablement, ils en revenaient en disant combien les gens étaient aimables et en suggérant des façons pour que la dernière localité visitée puisse renverser sa situation économique.

Ben avait un horaire régulier. Même s'il passait la soirée à boire du scotch, à 11 h le lendemain il était au bureau. Il travaillait sans arrêt sur une vieille machine à écrire électrique jusqu'à 18 h passées. C'était sa routine normale et il était inutile d'essayer de la modifier. J'essayai une fois, ce qui eut tout simplement pour résultat de nuire à sa productivité pendant quelques jours. C'était un excellent écrivain, toujours capable de produire un article remarquable à peu de préavis. Il commençait sa journée par prendre un café, tousser deux ou trois fois, puis il était parti. Tout ce qu'il demandait à la vie était une réserve de scotch, une bibliothèque convenable, une vieille machine à écrire, une automobile encore plus vieille, des amis et Jean, rien de plus.

J'ai d'autres souvenirs agréables de mes premières années à l'Institut. Je reçus quelques lettres et coups de téléphone de Clément Cormier, fondateur de l'Université de Moncton. Ses lettres étaient magnifiquement écrites. Dans l'une, il me félicita pour la publication d'un de mes livres sur le développement économique régional. Il écrivit que, d'une certaine façon, il était jaloux de mon travail, car c'est précisément le genre de travail qu'il aurait voulu faire. Il était allé à Laval pour étudier et faire de la recherche, disait-il, mais sa congrégation religieuse ne lui permit jamais de se consacrer à la recherche. Il fut plutôt appelé par sa congrégation à diriger un projet aussi vaste que la fondation de l'Université de Moncton. Cormier retira néanmoins une grande satisfaction d'avoir jeté les bases de l'établissement qui a permis à des Acadiens et à des Acadiennes de faire ce qu'il aurait toujours eu envie de faire.

J'ai appris tout récemment, alors que je passais à travers de vieux dossiers à l'Université en vue de recueillir du matériel pour le présent livre, que Clément Cormier fut un joueur clé dans la promotion de ma nomination à titre d'Officier de l'Ordre du Canada. Dans sa lettre adressée au Conseil consultatif de l'Ordre, il écrivit que, par mes publications, j'avais réussi à procurer une solide réputation à l'ICRDR et que j'avais apporté une importante contribution au rayonnement de l'Université de Moncton. Cormier comprenait, peut-être mieux que quiconque, la mission que je m'étais proposé d'accomplir à l'Institut.

UN APPEL DU PREMIER MINISTRE

Dans la dernière semaine d'août 1986, le premier ministre Richard Hatfield m'invita à dîner avec lui à Fredericton. Il arrivait tout juste de Toronto, où il avait rencontré le ministre de l'Industrie de l'Ontario, qui lui avait fortement recommandé de lire mon livre sur le développement régional. Hatfield me déclara au cours du dîner : « Quand un ministre provincial de l'Ontario me recommande de lire un livre sur le développement régional au Canada, ça me semble inquiétant. Que disais-tu dans ce livre? » Il me demanda ensuite si je trouvais que le MEIR faisait un bon travail au Canada atlantique. On se rappellera que, lors de la restructuration du gouvernement décrétée par Trudeau en 1982, le ministère de l'Expansion économique régionale (MEER) devint le ministère de l'Expansion industrielle régionale (MEIR) dans le cadre de la décision de renforcer l'assise industrielle et le secteur manufacturier du Canada central. « Absolument pas, répondis-je. – Que devrions-nous faire, alors? » demanda-t-il. Je déclarai que la dernière chose dont le Canada atlantique avait besoin était de nouveaux programmes gouvernementaux et davantage de fonds publics. Nous avions amplement des deux, dis-je, et nous devrions mieux les mettre à profit, mettre l'accent sur les entrepreneurs locaux, revoir les politiques et programmes fédéraux qui comportaient une discrimination contre le Canada atlantique, aider les petites entreprises dans leur mise en marché et leur recherche-développement et avoir un organisme voué entièrement au développement économique du Canada atlantique. Par-dessus tout, nous avions besoin d'un organisme ayant « un parti pris pour l'action » plutôt que des programmes bureaucratiques hiérarchisés. Je dis à Hatfield qu'il nous fallait être plus novateurs dans la résolution des problèmes liés à la structure administrative et bureaucratique de l'organisme.

Hatfield était d'accord avec l'essentiel de mon analyse et me demanda si je pourrais préparer un « cinq-pages » sur la question. Je lui fis parvenir le document quelques jours plus tard. Il en remit une copie au premier ministre fédéral sans même y changer une virgule la semaine suivante, lorsque Mulroney fit un bref arrêt à Fredericton en se rendant à une réunion du Comité du Cabinet à St. John's. Mulroney revint quelques semaines plus tard pour rencontrer les premiers ministres de l'Atlantique. Il les informa qu'il allait me demander de préparer un rapport en vue de la création de l'Agence de promotion économique du Canada atlantique (APECA), et que j'allais les consulter ainsi que d'autres citoyens du Canada atlantique.

J'étais parfaitement conscient que le MEIR était généralement perçu comme un échec. Nulle part cette opinion n'était plus répandue qu'au Canada atlantique, où l'on considérait que le MEIR s'intéressait essentiellement au Canada central et ne manifestait qu'un intérêt limité pour la situation économique des provinces de l'Est. Lors de cette visite de septembre 1986, les premiers ministres de l'Atlantique déclarèrent à Mulroney que le MEIR était devenu une partie importante du problème au Canada atlantique. Comment pouvait-il logiquement prétendre contribuer à atténuer les disparités régionales, soutenaient-ils, alors qu'il accordait une aide financière plus généreuse aux entreprises qui souhaitaient s'établir dans le sud de l'Ontario plutôt qu'en Nouvelle-Écosse, par exemple? On avait documenté plusieurs cas semblables. Il vaudrait mieux démanteler complètement le MEIR, affirmèrent les premiers ministres provinciaux, que de le maintenir en activité. Au fond, tout ce que le MEIR réussissait à accomplir, c'était d'exacerber les disparités régionales entre le Canada atlantique et le reste du pays.

Le MEIR était aussi aux prises avec d'autres problèmes sérieux. Le Conseil du Trésor découvrit que ses dépenses en subventions et contributions en 1986-1987 allaient dépasser son budget à ce titre de plus de 350 millions de dollars. En outre, son ministre, Michel

Côté, fut contraint de démissionner en raison d'un conflit d'intérêts. De toute façon, le MEIR avait été créé par Trudeau, non par Mulroney. Comme tout premier ministre désire laisser son empreinte sur l'appareil gouvernemental, l'avenir du MEIR était en péril. Bref, je n'avais pas besoin de passer beaucoup de temps à défendre le statu quo, car le MEIR était déjà mort au moment où le premier ministre fédéral me demanda de rédiger un rapport sur la voie à suivre dans le cas du Canada atlantique.

Le premier ministre me pria de travailler en étroite collaboration avec son bureau. C'est ce que je fis, du moins au début; mais avec le temps, Dalton Camp devint mon principal point de contact. Celui-ci avait été nommé cadre supérieur au Bureau du Conseil privé (BCP), mais il n'était pas à l'aise de travailler avec des bureaucrates de carrière. À ce que je compris, le sentiment était réciproque, si bien que, en pratique, Dalton accrochait son chapeau dans le bureau du premier ministre.

Nous travaillions très bien ensemble. Au moins une fois par semaine, nous avions soit une rencontre, soit une conversation par téléphone. Dalton vouait une antipathie viscérale aux fonctionnaires de carrière, et les communications entre eux étaient ardues. Par conséquent, je décidai d'entrer en contact avec le BCP par l'intermédiaire de Jack (John L.) Manion, greffier associé du Conseil privé. Au cours de mes expériences de travail antérieures avec le BCP, j'avais appris qu'il était toujours préférable de garder le Bureau informé de l'avancement des travaux et d'éviter les surprises si l'on voulait promouvoir un dossier avec succès. Les conseils et l'appui que me prodigua Manion s'avérèrent extrêmement précieux, et nous avons développé lui et moi une amitié durable. En somme, Camp s'occupait des politiciens, tandis que je m'occupais de Manion et des hauts fonctionnaires et que je sillonnais le Canada atlantique afin de consulter plus d'une centaine de cadres des secteurs public et privé.

Je travaillai sur le projet de l'APECA d'octobre 1986 à mai 1987 littéralement à temps plein. Je décidai de ne pas entreprendre la rédaction du rapport avant d'avoir terminé la plupart des entrevues, qui furent pour moi très instructives. Je me souviens d'avoir demandé à un entrepreneur de Trepassey, à Terre-Neuve : « Comment vont les affaires? » Il me répondit avec un fort accent de Terre-Neuve : « Mon gars, elles vont pas vite. Moins vite que ça, elles iraient à reculons. » Les temps étaient durs à Trepassey, et j'imagine qu'ils le sont encore.

Camp était toujours très curieux de savoir qui avait dit quoi, spécialement les premiers ministres provinciaux et les ministres du Cabinet fédéral. Je faisais rapport en termes généraux, mais je pris la décision judicieuse de ne pas répéter de commentaires précis, en particulier toute critique. Camp avait un excellent sens de l'humour et était extrêmement avisé, et je pouvais sentir qu'il savait que je lui cachais toujours quelque potin. Il avait également un attachement et un engagement très profonds envers le Canada atlantique – c'était inscrit dans son ADN. Il nourrissait une saine méfiance envers l'attitude d'Ottawa et du Canada central à l'égard des provinces Maritimes. Il était convaincu qu'Ottawa ne pourrait jamais concevoir de politiques et de programmes adaptés aux circonstances économiques particulières de la région. Il ne passait jamais beaucoup de temps à parler des Acadiens, mais je ne décelai jamais chez lui la moindre animosité à notre égard. Il était un partisan conservateur mais il n'hésitait jamais, du moins en privé, à se montrer critique à l'endroit de ministres du Cabinet conservateur, ou même du gouvernement lorsque celui-ci prenait ce qu'il considérait comme de mauvaises décisions.

Quand je rencontrais des premiers ministres provinciaux ou des ministres du Cabinet fédéral, j'entrais dans la pièce, je me présentais et je leur demandais où ils désiraient que je m'assoie. John Crosbie, alors ministre des Transports sous Mulroney, me demanda : « N'es-tu pas en mission spéciale pour le compte du premier ministre du Canada? – Oui, répondis-je. – Eh bien, dans ce cas, si j'étais toi, je m'assoirais où ça me tente. » J'éclatai de rire, m'assis et eus l'une des séances les plus instructives et utiles de tout le processus de consultation. Plus que tout autre politicien que je rencontrai, John Crosbie m'impressionna non seulement par son intelligence et son point de vue éclairé, mais aussi par sa connaissance approfondie du Canada atlantique.

Camp et moi étions en désaccord sur un point. À son avis, le nouvel organisme devait être une société d'État fonctionnant de façon complètement indépendante du système bureaucratique d'Ottawa. Je n'étais pas d'accord. J'estimais (et c'est encore ma position aujourd'hui) que les politiques et programmes fédéraux s'appliquent mal dans un pays aussi vaste et diversifié que le Canada, et que c'était particulièrement vrai dans le cas du Canada atlantique. Une société d'État fonctionnant de façon indépendante des autres organismes et ministères fédéraux n'aurait aucun espoir, selon moi, d'influer sur les politiques des organismes centraux ou des ministères d'exécution. J'insistais pour dire, néanmoins, que l'organisme devait disposer d'un certain degré d'autonomie par rapport à certaines exigences administratives et financières et être dirigé par un sous-ministre qui serait en poste dans les provinces de l'Atlantique. Je n'allais pas modifier mon rapport pour répondre aux vœux de Camp ni de qui que ce soit au bureau du premier ministre. Il va sans dire que le premier ministre était libre d'accepter ou de rejeter n'importe quelle de mes recommandations.

Mulroney proposa un nom pour le nouvel organisme : la Société de développement du Canada atlantique (ou *Atlantic Canada Development Corporation* en anglais). Camp démolit tout de suite sa suggestion en disant : « Vous savez comment sont les gens d'Ottawa : ils utilisent des acronymes pour tout. Ils vont l'appeler ACDC, ce qui n'est pas l'image que vous voulez projeter. » Il fallait aussi décider où au Canada atlantique serait établi le siège social de l'organisme. Plusieurs proposèrent la candidature de Halifax, mais je voulais que ce soit Moncton car il y serait plus facile d'attirer des Acadiens au sein de son personnel. Évidemment, la décision revenait entièrement à Mulroney, et je ne fis aucune allusion au site possible de l'organisme dans mon rapport. Pour ma plus grande joie, toutefois, le choix de Mulroney s'arrêta sur Moncton. Je veux souligner avec une insistance particulière que c'est Mulroney seul qui prit la décision d'établir le siège social de l'APECA à Moncton. Je serais enchanté d'en revendiquer une part de responsabilité, mais cela m'est impossible.

Nous nous sommes tous rendus à St. John's le 6 juin 1987 afin d'assister au dévoilement par le premier ministre Mulroney d'un nouvel organisme créé à l'intention du Canada atlantique : l'Agence de promotion économique du Canada atlantique. Mulroney déclara avec assurance : « Nous commençons avec de nouveaux fonds, une nouvelle mission et de nouvelles perspectives. » Puis il affirma : « L'Agence réussira où d'autres ont échoué. »[1]

Le gouvernement Mulroney adopta effectivement bon nombre de mes recommandations. Le siège social de l'Agence serait situé au Canada atlantique, un sous-ministre dirigerait l'Agence, celle-ci serait assurée d'une plus grande autonomie qu'un ministère gouvernemental ordinaire sans toutefois avoir le statut d'une société d'État, et elle s'emploierait principalement à promouvoir le développement de l'entrepreneuriat.

Le gouvernement accepta également d'accorder trois autres mandats à l'Agence : jouer un rôle de défense des intérêts de la région auprès d'Ottawa, coordonner les activités des autres ministères et organismes au Canada atlantique et promouvoir la coopération fédérale-provinciale. J'exhortais le gouvernement à ne pas créer de nouveaux programmes de subventions en espèces, mais à s'appuyer plutôt sur les programmes gouvernementaux existants. J'alléguais qu'on ne manquait pas de programmes gouvernementaux qui octroyaient des subventions en espèces. En outre, je recommandais que le gouvernement limite la taille de l'APECA à une centaine de fonctionnaires de premier ordre. Il ne m'apparaissait pas nécessaire de créer une bureaucratie imposante étant donné que l'Agence s'appuierait sur d'autres programmes gouvernementaux. J'envisageais un organisme qui aurait la capacité d'amener les autres ministères et organismes fédéraux à renforcer leur rôle, leur présence et leurs activités au Canada atlantique.

J'imaginais un organisme ayant à son service des fonctionnaires de prestige dont un certain nombre auraient été empruntés au secteur privé pour une période déterminée et auraient cerné les possibilités de développement économique de concert avec le milieu des affaires. Je concluais en affirmant que l'organisme pourrait jouer un rôle de catalyseur non seulement en cernant les possibilités de développement économique, mais aussi en faisant en sorte qu'elles se concrétisent. Je recommandais la création d'un fonds de 250 millions de dollars pour l'aider à remplir ce rôle, mais le gouvernement décida d'accorder un milliard de dollars de « nouveaux fonds » à l'Agence et d'y transférer une partie de l'ancien budget du MEIR. Enfin, je recommandais que les Canadiens de l'Atlantique soient autorisés à accumuler du capital exempt d'impôt en vue de démarrer de nouvelles entreprises – une espèce de REER à l'intention des entrepreneurs désireux d'investir dans notre région.

En fin de compte, le gouvernement n'adopta pas la stratégie fiscale et décida que l'Agence devait disposer de ses propres programmes de subventions en espèces. Par conséquent, l'APECA compterait un personnel beaucoup plus considérable que je ne l'avais imaginé. Pour le reste, elle ressemblait beaucoup à ce que j'avais proposé dans mon rapport.

L'Agence traversa des périodes difficiles, en particulier au cours de ses premières années, notamment dans ses rapports avec les médias nationaux mais aussi avec les médias locaux. Les critiques découlaient, pour la plupart, des subventions en espèces que l'Agence accordait à des entreprises privées. Certaines entreprises recevaient des fonds du gouvernement afin de monter des activités qui entraient en concurrence directe avec des entreprises en place, tandis que d'autres recevaient des niveaux d'aide financière extrêmement généreux qui attirèrent l'attention des médias nationaux, et d'autres encore mettaient fin à leurs activités ou pliaient bagages une fois les fonds du gouvernement épuisés.

Mis à part les premières années, où l'Agence faisait l'objet d'une pression énorme pour qu'elle soit visible et donne des résultats, je crois que l'APECA constituait et demeure l'exemple d'une belle réussite. Je reconnais, bien sûr, que j'ai un certain parti pris, ne serait-ce que pour avoir été présenté à maintes reprises comme étant « le père de l'APECA ». (Ce à quoi je réponds toujours à la blague que, si tel est le cas, comment se fait-il que je n'ai jamais rencontré la « mère »?) C'est un journaliste qui employa l'expression « le père de l'APECA » il y a quelques années et elle est restée. Bien entendu, comme je l'ai écrit il y a plusieurs années, il n'y a qu'un seul père de l'APECA et c'est Brian Mulroney.

L'APECA est le modèle de développement économique régional jamais conçu au Canada qui a survécu le plus longtemps. Pensez à la *Loi sur la remise en valeur et l'aménagement des terres agricoles* et au Fonds de développement économique rural, qui sont restés en place pendant plusieurs années; au MEER, 13 ans; au ministère d'État chargé du Développement économique et régional ainsi qu'au MEIR qui, par bonheur, n'ont duré que quelques années seulement. L'APECA est à l'origine d'un très, très grand nombre d'histoires de réussite au Canada atlantique et elle est le seul organisme fédéral à concentrer tous ses efforts dans notre région. Quant à attendre que les ministères fédéraux des Finances, de l'Industrie et de l'Énergie et plusieurs sociétés d'État ajustent leurs programmes afin de refléter les conditions économiques de notre région, aussi bien attendre les calendes grecques.

Je suis toujours émerveillé – non, en réalité, j'en suis irrité – de voir les médias nationaux et certains de nos propres observateurs régionaux qui montrent tant d'empressement à lever un doigt accusateur en direction de l'APECA parce qu'elle dépense des deniers publics pour appuyer le développement économique de la région, mais qui acceptent calmement qu'Industrie Canada et d'autres ministères fédéraux déversent des milliards en Ontario et au Québec pour soutenir le secteur de l'automobile, l'industrie aérospatiale, le secteur des TIC, et la liste est longue.

Je défie quiconque de comparer les réalisations de l'APECA avec celles de n'importe quel autre ministère ou organisme fédéral dans le domaine du développement économique. L'APECA a été partenaire d'entreprises privées, d'aspirants entrepreneurs, d'universités et des gouvernements provinciaux dans une multitude de projets qui, autrement, n'auraient jamais vu le jour. Comme on le sait, l'APECA n'attribue plus de subventions en espèces aux entreprises privées, misant plutôt sur une aide remboursable. Voyez plutôt les faits suivants : le taux d'impayés de l'APECA relativement à son aide financière remboursable totalise entre 5 et 15 %. Par contraste, le taux d'impayés du programme Partenariat technologique Canada (PTC) d'Industrie Canada s'établit entre 75 et 90 %, selon des représentants du Ministère. Je souligne cependant que le PTC a récemment fait l'objet d'une restructuration. Les critiques de l'APECA, tant dans la région qu'au Canada central et dans les médias nationaux, n'ont jamais daigné expliquer pourquoi ils estimaient que les programmes de développement économique étaient mauvais pour notre région, mais ils n'appliquent jamais la même logique aux programmes similaires qui existent en Ontario et au Québec.

L'annonce de Mulroney au sujet de l'APECA fut très bien reçue dans toute la région, même chez certains libéraux dont Frank McKenna, chef du Parti libéral du Nouveau-Brunswick. Lors de ma rencontre avec Mulroney à St. John's, j'étais préparé à répondre à toutes les questions qu'il aurait pu vraisemblablement me poser au sujet du Canada atlantique ou de mon rapport, mais la seule question qu'il m'adressa fut comment les Acadiens réagissaient-ils à son projet d'Accord du lac Meech. Je n'étais pas du tout préparé à cette question et je suis persuadé que ma réponse fut inadéquate. Je souhaitais parler du Canada atlantique, il voulait parler de l'unité nationale et du Québec.

Mulroney est un homme tout à fait charmant et à la personnalité chaleureuse, comme tous ceux qui l'ont rencontré le savent. Il me remercia abondamment pour mon travail et mon rapport. Il savait que je n'avais pas été rémunéré à titre de consultant pour mon travail (seuls les frais de voyage étaient remboursés), pas plus que l'Université de Moncton n'avait été remboursée pour mes services. Je me rappelle qu'il a déclaré que le gouvernement allait devoir trouver un moyen de reconnaître mon travail et la diligence avec laquelle l'Université avait accepté de prêter mes services.

À mon retour à l'Université le lundi suivant, je rencontrai notre recteur, Louis-Philippe Blanchard, et lui rapportai ma conversation avec le premier ministre. Le moment serait propice, lui dis-je, pour établir à l'Université de Moncton une chaire de recherche dont le mandat s'apparenterait aux intérêts de l'APECA. Je lui dis que l'Agence aurait son siège social à Moncton et qu'elle allait chercher des façons de promouvoir la recherche dans son secteur. J'ajoutai que l'Université devrait toutefois participer au financement de la chaire pour qu'une entente soit conclue. Le temps était venu, dis-je à Blanchard, d'honorer le fondateur de notre université, Clément

Cormier; nous devions créer une chaire qui porterait son nom. « Vas-y, me répondit-il, tu as tout mon appui. »

Je préparai une proposition à l'intention de l'APECA. Quelques semaines plus tard, j'eus une réunion avec le ministre responsable de l'APECA, Lowell Murray, un vrai gentleman, un homme intègre. Murray se montra très favorable à la proposition et expliqua qu'il connaissait Clément Cormier depuis un certain temps et qu'il avait pour lui une grande estime. Il me dit qu'il avait fait la connaissance de Cormier quand celui-ci était membre de la commission Laurendeau-Dunton sur les langues officielles.

En quelques semaines, une chaire de recherche voyait le jour à l'Université, l'une des premières chaires dotées établies sur le campus. L'APECA accepta d'en assumer 60 % des coûts. Blanchard me désigna pour aller annoncer à Clément Cormier que nous allions bientôt avoir une chaire en développement économique nommée en son honneur. Je le rencontrai à son appartement de Moncton un samedi après-midi. Il était âgé de 77 ans et, malheureusement, n'avait plus que quelques semaines à vivre. Cormier me fixa simplement des yeux pendant quelques minutes sans dire un mot, puis je vis ses yeux se gonfler de larmes. Tous ceux qui connaissaient Cormier savent que c'était un homme très modeste. Ce ne fut donc pas une surprise si la première chose qu'il dit fut de s'émerveiller de tout le chemin parcouru par l'Université de Moncton depuis qu'il l'avait fondée en 1963. Il ne fit jamais allusion à la chaire nommée en son honneur. Il parla plutôt de son université bien-aimée, il était fier de son enfant qui avait grandi au point de pouvoir maintenant abriter sa propre chaire de recherche dotée.

Blanchard et la direction de l'Université me demandèrent si j'accepterais d'être le premier titulaire de la chaire Clément-Cormier. C'était beaucoup trop tôt pour moi. Après le rapport de l'APECA, je concentrai à nouveau mon attention sur l'ICRDR. En outre, Gérard Veilleux m'avait téléphoné plus d'une fois pour demander quand je prévoyais retourner à Ottawa. Il me demanda si je serais intéressé à être nommé sous-ministre adjoint au bureau des relations fédérales-provinciales au sein du BCP. Je répondis que je n'avais pas encore terminé mon travail à l'Université. Toutefois, un événement d'une importance cruciale pour Linda et moi allait bientôt survenir et changer la donne.

DIAGNOSTIC : UNE DIFFICULTÉ D'APPRENTISSAGE

Il était temps pour notre premier-né, Julien, de commencer l'école, et nous l'avons inscrit à un programme d'immersion précoce en français, car à la maison il parlait anglais. Il avait eu un excellent développement au cours de ses premières années, et nous savions que nous avions devant nous un garçon très intelligent. Je me souviens qu'une fois, quand il avait quatre ou cinq ans, il m'avait demandé au moment d'aller au lit : « Papa, nous sommes sur un vaisseau spatial, la Terre. Nous ne savons pas d'où il vient ni où il va. Nous ne savons pas qui l'a lancé ni pourquoi il l'a lancé. Sais-tu pourquoi nous sommes ici et sais-tu comment tout ça va finir ? – Mon garçon, dis-je, c'est une très bonne question, mais je n'ai pas la réponse. Je ne crois pas que quelqu'un connaisse la réponse. Ce que nous devons faire, c'est faire de notre mieux. » De nombreux indices nous démontraient aussi qu'il était créatif, très sérieux et déterminé. Il a un bon sens de l'humour. Un jour, je venais de dire une bêtise, et Julien me regarda et dit : « Les gens disent que la pomme ne tombe jamais loin de l'arbre. Le jour où je suis né, j'aurais aimé ça s'il y avait eu une petite brise... »

Toutefois, les choses n'allaient pas bien pour lui à l'école. À notre surprise, il avait de la difficulté. Nous avons rencontré ses enseignantes, qui étaient perplexes elles aussi devant ses résultats étant donné son intelligence évidente. Nous avons tous convenu que nous devions demander une évaluation psychologique.

Nous avons consulté un psychologue très respecté, un Acadien du coin. Il soumit Julien à une batterie de tests. Son verdict : Julien est doué, il est doté d'une très grande intelligence, mais il a une difficulté d'apprentissage. D'après ce que je me rappelle de la discussion, le psychologue expliqua que, dans une section d'un test conçu pour mesurer l'intelligence, Julien avait obtenu les résultats les plus élevés qu'il lui ait été donné de voir dans sa carrière et que, dans l'ensemble, il avait une intelligence supérieure. Voilà pour la bonne nouvelle. La mauvaise nouvelle, c'était que Julien présentait « une difficulté d'apprentissage liée au langage, accompagnée de problèmes d'attention ». Il poursuivit en affirmant que, pour quelqu'un qui présente une difficulté d'apprentissage, il vaut beaucoup mieux posséder une intelligence moyenne que d'être doué. Il est beaucoup plus facile pour les gens qui ont une intelligence moyenne de composer avec les frustrations qui en découlent et de développer des habiletés d'adaptation. Il avait une autre mauvaise nouvelle : il était préférable de retirer Julien de l'immersion complète. Le langage était à la base de sa difficulté d'apprentissage et Julien aurait déjà suffisamment de difficultés à maîtriser une langue.

Nous avons immédiatement entrepris de chercher de l'aide. Il n'y en avait pas, ou très peu, au Nouveau-Brunswick, mais nous savions qu'il y en avait à Ottawa. Sur ces entrefaites, Frank McKenna, notre premier ministre provincial nouvellement élu, me demanda si j'accepterais de prendre un poste de cadre à Fredericton afin de l'aider à remplir son mandat. Je lui avais prêté main-forte lors de la planification de sa transition au pouvoir et j'avais (et j'ai toujours, d'ailleurs) une grande estime pour McKenna, mais je dus décliner son offre et je lui expliquai pourquoi. Je fais remarquer en passant que, avec le temps, McKenna adopta des mesures afin d'aider les élèves aux prises avec des difficultés d'apprentissage et que j'étais loin d'être le seul parent à lui faire part de mes préoccupations ainsi qu'à son gouvernement.

Nous avons décidé de faire tout en notre pouvoir pour aider Julien. Linda, Margaux, moi-même et, surtout, Julien sommes devenus en quelque sorte des experts pour ce qui est de composer avec des troubles d'apprentissage. Même si j'ignore à quel point l'aide que j'ai apportée à Julien a été efficace, je n'ai aucun doute que sa mère et sa sœur se sont montrées très compréhensives et qu'elles lui ont été d'une grande aide et d'un grand soutien.

J'ai appris une chose ou deux au sujet des difficultés d'apprentissage que j'aimerais partager avec le lecteur, car il se peut que le lecteur ait ou aura un enfant ou un petit-enfant ayant des difficultés d'apprentissage. Premièrement, il n'existe pas de remède; il n'y a que des habiletés d'adaptation. Il ne faut jamais confondre les difficultés d'apprentissage avec un manque d'intelligence – bien souvent, c'est plutôt le contraire. Les personnes suivantes, parmi de nombreuses autres sommités, avaient des troubles d'apprentissage : Albert Einstein, Nelson D. Rockefeller, Winston Churchill et Thomas Edison. Ce qui importe, c'est de reconnaître que les personnes ne pensent et n'apprennent *pas toutes* de la même façon.

Imaginez un moment ce que ce doit être d'aller à l'école et d'essayer de vous concentrer, mais de découvrir que le moindre petit bruit vous distrait. Quand vous tentez de lire, les mots n'ont aucun sens; et quand vous essayez d'écrire, vous n'arrivez pas à épeler les mots qui se bousculent dans votre tête. L'école, comme la société, est un milieu très compétitif, mais vous êtes incapable d'être en compétition. Vous savez que vous êtes probablement plus intelligent ou plus créatif que l'élève qui est assis à vos côtés, mais vous n'arrivez pas à suivre son rythme. L'estime de soi en prend un coup. Vous sentez sans cesse que vous n'êtes pas à votre place, que vous êtes incapable de vous mêler à vos pairs. Vous vous sentez rejeté, et le rejet vous pousse à adopter des comportements antisociaux. Vous voulez vous attaquer à l'injustice de tout cela et parfois vous le faites, ce qui ne fait qu'empirer les choses.

Vous finissez par accepter qu'il n'y a aucune cause connue pour expliquer les difficultés d'apprentissage et que certains enseignants et enseignantes ne croient même pas à leur existence. Ils croient que l'élève manque de discipline, qu'il est paresseux ou qu'il refuse de se concentrer au lieu d'en être incapable. Un trop grand nombre d'élèves, malheureusement, renoncent et se tournent vers les drogues, l'alcool ou, ces dernières années, peut-être parce qu'il s'agit d'une activité solitaire, vers le piratage informatique. Notre système scolaire est conçu pour que les enfants qui se situent autour ou au-dessus de la moyenne réussissent bien. Quant aux élèves aux prises avec des difficultés d'apprentissage, en particulier ceux et celles qui sont doués, ils éprouvent bientôt des problèmes d'estime de soi, et l'école devient un véritable enfer. Je me souviens d'avoir entendu Julien dire à un psychologue à Ottawa de cesser d'affirmer qu'il était « doué » : « Peu importe ce que tu veux dire par "être doué", je peux t'assurer que ce n'est pas un don. »

Les parents ont un rôle critique à jouer. Il y a des signes révélateurs que l'on peut déceler à un âge relativement précoce – un comportement non coordonné, des mots épelés à l'envers et des lettres inversées. Très souvent, cependant, les enfants qui éprouvent des difficultés d'apprentissage ont l'ouïe très fine et peuvent entendre des conversations qui sont inaudibles pour d'autres. Les parents ou les grands-parents qui souhaitent discuter des problèmes d'un enfant devraient aller au restaurant ou faire un tour en voiture, loin de l'enfant qui écoute. Ils doivent comprendre que personne ne sait avec certitude ce qui cause les troubles d'apprentissage et ils ne devraient pas chercher quelqu'un à blâmer, car l'enfant risque de se blâmer lui-même ou elle-même. Autre mystère : les difficultés d'apprentissage sont plus courantes chez les garçons que chez les filles.

L'essentiel, au risque de me répéter, c'est de se faire à l'idée qu'il n'existe pas de solution, certainement pas une solution unique. J'ai eu beaucoup de mal à l'accepter. J'ai toujours eu coutume de croire qu'il existe une solution pour chaque problème. Lorsqu'il s'agit des difficultés d'apprentissage, les solutions consistent vraiment à déterminer quelles sont les meilleures habiletés d'adaptation possibles. L'enfant grandira, apprendra à composer avec ses difficultés mais ne réussira jamais à être ce qu'il ou elle ne peut pas être. Il lui faudra lutter davantage que les autres – mais rappelez-vous que les luttes peuvent contribuer à renforcer l'enfant. Un collègue de la Georgetown University, chercheur bien connu ayant des troubles d'apprentissage, insiste pour dire que, tout compte fait, les luttes entraînent de nombreux avantages. Il a eu de nombreux étudiants au fil des ans, dont un certain nombre au doctorat. Ceux qu'il faut rechercher, fait-il remarquer, sont les étudiants qui ont eu à lutter, qui n'ont jamais trouvé que c'était facile, qui devaient fournir un effort supplémentaire. On entend souvent parler d'eux plus tard en raison de leurs publications ou d'autres réussites. Il ajoute qu'il entend rarement parler de ceux qui réussissent haut la main leur programme d'études supérieures.

Je ne regretterai jamais d'avoir fait tout ce que je pouvais, y compris faire appel à mes relations, pour venir en aide à Julien. J'ai pu lui ouvrir bien des portes, et nombreux sont mes amis qui lui ont apporté une aide précieuse au fil des ans. Ils savent qui ils sont, tout comme Julien le sait. Notre famille devait prendre une décision : demeurer à Moncton et tenter de trouver de l'aide dans la mesure du possible, ou déménager à Ottawa, où se trouvaient les ressources.

Le système d'éducation d'Ottawa était en mesure depuis un certain temps d'accueillir des élèves ayant des difficultés d'apprentissage. Peu après que Mulroney l'eut nommé secrétaire du Conseil du Trésor, Gérard Veilleux me téléphona à nouveau pour savoir si j'étais maintenant prêt à retourner à Ottawa. Je lui expliquai la situation de Julien et je lui dis que Linda avait fait pas mal de recherches sur le système scolaire d'Ottawa ainsi que les écoles privées de la région, et que nous avions décidé de déménager à Ottawa. Au moment où je quittais l'Université, Ginette, mon adjointe, me déclara : « J'ai l'impression que tu ne reviendras plus. – Ne compte pas trop là-dessus, lui dis-je. Je vais revenir. »

Quand je regarde en arrière, je me rends compte que notre départ pour Ottawa fut bénéfique pour Julien et pour Margaux. À Ottawa, il y avait les ressources, tant dans le système scolaire public que dans les écoles privées, pour aider Julien et stimuler Margaux. L'amour et la douceur de Linda firent le reste. Julien poursuivit ses études et compléta un programme en informatique à l'Université du Nouveau-Brunswick. Il figurait sur la liste du doyen et travaille maintenant à l'Université Sainte-Anne, en Nouvelle-Écosse. Margaux a obtenu un diplôme en droit de l'Université de Moncton et pratique le droit à Saint John. Nous sommes très fiers de nos deux enfants et, comme pour tous les parents du monde, ils sont ce que nous avons de plus précieux.

10

De retour à Ottawa

En septembre 1987, je me présentais au travail au Secrétariat du Conseil du Trésor à titre de secrétaire adjoint des politiques, de la planification et des communications. Il ne fallut que quelques semaines pour me rendre compte que je n'étais pas fait pour être un fonctionnaire heureux. Il y avait trop de participants à trop de réunions qui ne donnaient aucun résultat ou bien peu. Il fallait toujours passer par des comités pour faire bouger les choses, si elles bougeaient du tout, sauf les questions particulières auxquelles s'intéressaient le ministre et le sous-ministre, et il m'apparut bientôt impossible de déterminer qui était vraiment responsable de quoi. L'accent ne portait jamais sur les individus, mais toujours sur le processus. Toute nouveauté exigeait de nouvelles ressources, et tout ce qui était désuet restait simplement en place en grugeant les ressources existantes. Au début, je m'étonnais de la façon dont le système décidait qui était compétent, qui devait être promu et qui ne devait pas l'être. Je devins convaincu que, dans la bureaucratie, la compétence est dans les yeux de celui qui regarde. Il était néanmoins assez facile de repérer ceux dont le rendement était insatisfaisant, mais ils étaient tout simplement laissés en suspens, sans qu'il ne leur arrive rien de fâcheux ni d'heureux. Ils se contentaient d'agir machinalement, trouvant quelque chose à faire pour se tenir occupés. Je vis aussi des gens travailler sans arrêt à des projets ou à des initiatives qui, souvent, n'aboutissaient à rien. Certains fonctionnaires doivent avoir l'impression qu'on les garde occupés à actionner des manivelles qui tournent dans le vide.

Le problème de moral qui hante la fonction publique fédérale depuis les 20 dernières années et qui semble s'accroître d'année en année a tout à voir, à mon avis, avec le fait que les individus y sont incapables de « posséder » leur travail, de se tailler une responsabilité qui leur appartienne en propre, si petite soit-elle. L'approche collective fonctionnait bien à l'époque de la déférence, mais l'époque de la déférence est révolue ou maintenue en vie artificiellement. La baisse de moral n'est certainement pas due aux salaires ou aux avantages sociaux, qui sont tous deux extrêmement généreux. Avec le temps, j'en suis toutefois venu à constater qu'un certain nombre de fonctionnaires travaillent d'arrache-pied dans des conditions difficiles. Le problème vient du système, pas des individus. Le système peut néanmoins saper le moral de fonctionnaires, qui finissent par se résigner. Ils deviennent alors une partie du problème.

Les fonctionnaires sont des gens qualifiés, bien intentionnés et, du moins au début, avides d'apporter leur contribution. Il n'est cependant pas facile pour un haut fonctionnaire de faire la part entre les intérêts de son ministère et ceux de nombreux ministres et d'autres ministères. Et il est décourageant pour eux d'apprendre dans un article en première page du *Globe and Mail* que le gouvernement a changé de priorités du jour au lendemain, ou d'avoir une multitude d'organismes de surveillance (par exemple, le Vérificateur général, le Secrétariat du Conseil du Trésor, le Commissaire à l'accès à l'information, la Commission de la fonction publique, le Commissaire aux langues officielles, et la liste se poursuit) qui sont toujours à l'affût d'un faux pas.

Loin de moi l'intention de peindre un portrait complètement négatif de la fonction publique fédérale. Sans vouloir trop insister sur ce point, j'estime néanmoins que les fonctionnaires ont un problème d'image parce qu'ils sont incapables de régler la question des employés au rendement insatisfaisant, parce qu'ils sont réticents à remettre en cause le statu quo lorsqu'il s'agit des dépenses publiques, et parce qu'ils sont préoccupés outre mesure par Ottawa, ses processus internes et le travail des organismes de surveillance, qui sont devenus le centre de leur attention. J'en suis venu à la conclusion que le problème fondamental du gouvernement n'est pas qu'il dépense trop sur de nouvelles choses, mais qu'il dépense massivement sur de vieilles choses.

Toutefois, notre déménagement à Ottawa ne fut pas en pure perte. Julien avait accès à de meilleures ressources que celles que nous avions à Moncton et Margaux adorait sa nouvelle école. Heureusement, j'héritai d'un personnel qui savait produire ce qu'on attendait de lui, et il n'y avait aucun conflit de personnalités dans le groupe. Je gardais pour moi mes opinions sur l'organisme central et la bureaucratie.

Il ne servait à rien, cependant, de prétendre que j'allais devenir un fonctionnaire de carrière. Je savais que je retournerais dans le monde universitaire, auquel je sentais que j'appartenais. Par amitié et par respect pour Veilleux, je n'allais toutefois pas l'abandonner sans lui fournir une explication appropriée, et j'allais certainement lui laisser suffisamment de temps pour qu'il puisse trouver quelqu'un pour me remplacer. Il comprenait ma façon de voir et, avant longtemps, il allait lui aussi quitter la fonction publique.

LA FONDATION DU CENTRE CANADIEN DE GESTION (CCG)

Veilleux me demanda de prendre en charge un projet spécial : la fondation d'un centre d'études en gestion pour le compte du gouvernement fédéral. Les pays les plus industrialisés possédaient déjà un tel centre de formation, mais pas le Canada. Dans l'esprit de Veilleux, il était plus que temps de combler cette lacune.

On n'en était pas à la première tentative d'établissement d'un tel centre. Quand Gérard Veilleux travaillait au Conseil du Trésor au début des années 1970 avec le secrétaire de l'époque, Al Johnson, ils avaient élaboré une proposition visant la création d'un centre de formation en gestion. Leurs efforts s'étaient butés contre Michael Pitfield, le greffier du Bureau du Conseil privé (BCP) alors en poste. La proposition resta lettre morte à cause de l'opposition de Pitfield, mais Veilleux, profitant du fait que Pitfield ne faisait plus partie de la hiérarchie bureaucratique, y vit l'occasion de ramener le projet sur le tapis.

J'eus des réunions avec toutes les parties intéressées, j'examinai ce qui se faisait en France et au Royaume-Uni (sans aller voir sur place), puis je pris la plume. Je rédigeai un document de 23 pages qui soulignait la raison d'être d'un tel centre (les universités canadiennes étaient loin d'accorder une importance suffisante à l'étude de la gestion du secteur public), la raison pour laquelle celui-ci devait être créé à l'interne (la nécessité de promouvoir une structure organisationnelle sûre d'elle-même et propre à unifier), ainsi que l'objectif du centre (élaborer un solide programme de formation en gestion). Le document réclamait l'adoption d'une loi qui créerait un centre quasi autonome et dirigé par son propre conseil d'administration. Je faisais valoir dans le document que l'initiative ne serait pas nécessairement coûteuse puisque le gouvernement possédait déjà un centre de formation dans la région d'Ottawa, du côté québécois. Le centre en place employait déjà 44 fonctionnaires et avait un budget de 4,3 millions de dollars.

Lors de la séance d'information que Veilleux et moi leur avons offerte, Don Mazankowski, alors président du Conseil du Trésor, et son personnel ne se montrèrent pas particulièrement enthousiastes. Avec le temps, toutefois, et compte tenu du pouvoir de persuasion considérable de Veilleux, Mazankowski se rallia à l'idée. Il écrivit au premier ministre le 3 novembre 1987 pour lui recommander l'établissement du centre, lui disant qu'aucun effort ne serait ménagé pour limiter les dépenses à guère plus que le budget dont disposaient déjà les installations existantes. Le premier ministre répondit le 15 février 1988 pour exprimer son appui total et demanda à Mazankowski d'assumer la responsabilité de l'établissement du centre.

Mazankowski annonça la création du Centre canadien de gestion (CCG) lors d'un souper auquel étaient présents des dirigeants communautaires et du monde des affaires. J'étais assis à une table parmi des inconnus. Je bavardai avec chacun d'entre eux, leur disant que je travaillais avec le gouvernement, sans toutefois préciser que j'étais du Conseil du Trésor et sans révéler, bien entendu, que je savais ce que Mazankowski était sur le point d'annoncer.

La réaction à l'annonce ne fut pas positive à ma table. Quelqu'un fit observer : « Le gouvernement ne comprend vraiment pas. Pourquoi continue-t-il de créer de nouveaux organismes? C'est la dernière chose dont nous avons besoin. » Je ne dis pas un mot. J'avais moi-même des sentiments mitigés au sujet du Centre. Je reconnaissais le besoin d'offrir des cours de formation en gestion, mais j'avais des doutes quant à la capacité du Centre à maintenir un programme de recherche viable, car un tel programme exigerait la volonté de publier des résultats qui risqueraient d'être controversés ou difficiles à accepter. Compte tenu de mon expérience avec McGee, j'avais du mal à croire que des hauts fonctionnaires du gouvernement toléreraient des ouvrages qui remettraient en question le statu quo ou qui se montreraient critiques à l'égard de politiques et de pratiques existantes du gouvernement. Ce que je craignais, c'était que le Centre ne produise des recherches aux lignes toutes tracées d'avance, le genre qui sert les intérêts du statu quo.

La loi eut aussi droit à un rude accueil au Parlement, non pas aux Communes mais au Sénat. Michael Pitfield, maintenant sénateur nommé par Trudeau, n'avait pas changé d'opinion. J.L. Manion, greffier associé du BCP, et lui eurent un échange corsé, mais en fin de compte le Sénat donna son appui.

Jack Manion fut nommé le premier directeur du Centre canadien de gestion. L'ennui, cependant, c'était que ni le premier ministre, ni le greffier de l'époque, Paul Tellier, n'étaient disposés à voir Manion quitter le poste qu'il occupait avant une autre année. Manion me téléphona pour m'offrir d'occuper le poste de directeur par intérim pour une période de 12 mois. J'avais alors déjà décidé de retourner dans le monde universitaire, mais Manion et Veilleux insistèrent pour que je reste leur donner un coup de main dans la mise sur pied du Centre, compte tenu du travail que j'avais exécuté dans la préparation de la proposition et des documents connexes. J'acceptai à la condition de pouvoir aussi retourner à mes recherches et publier dans le domaine de l'administration publique. De plus, je demandai l'assurance de pouvoir publier ce que je voudrais. En retour, je leur dis que je ne publierais que dans des revues avec comité de lecture ou à des presses universitaires. Ils acceptèrent.

THE POLITICS OF PUBLIC SPENDING IN CANADA

Pierre Gravelle, secrétaire associé du Conseil du Trésor, fut nommé sous-ministre à Revenu Canada en 1988. Au moment de quitter le Conseil du Trésor, il m'indiqua qu'il avait environ une douzaine de boîtes de documents accumulés au fil des ans et il me demanda si je serais intéressé à les avoir, connaissant mon intérêt pour l'administration publique. Il y mettait une condition : si jamais je tombais sur quoi que ce soit qui portait la mention « Secret » ou « Confidentiel », je ne pouvais rien en citer. Sans aucune hésitation, je lui dis : « Marché conclu », et quel marché ce fut pour moi!

Les boîtes étaient un véritable trésor de matériel nouveau touchant de nombreux aspects de l'élaboration de politiques et du processus de budgétisation des dépenses d'Ottawa. Je sus immédiatement qu'il y avait là matière à un excellent livre, conjuguée avec des entrevues réalisées auprès d'importants décideurs et artisans de politiques, depuis les ministres de premier plan jusqu'aux hauts fonctionnaires. Je les consultai abondamment afin d'approfondir ma compréhension de la façon dont le gouvernement prenait ses décisions en matière de dépenses. Le résultat de mes recherches fut *The Politics of Public Spending in Canada*. Le livre était construit autour du scénario suivant : Dix personnes se rencontrent pour la première fois pour dîner. Elles doivent décider si elles partageront une seule addition ou si elles demanderont 10 additions séparées. En théorie, si elles choisissent de partager une seule addition, toutes prendront les plats les plus chers. Mais si chaque personne paie pour soi, les convives feront probablement des choix différents : personne ne voudra se priver des meilleurs plats tout en payant pour que quelqu'un d'autre les ait. J'alléguais que c'est ainsi que fonctionne le gouvernement vu l'absence des forces du marché pour imposer la discipline ou pour départager les gagnants des perdants.

À partir de cette analogie, je questionnais l'augmentation des dépenses du gouvernement et notre incapacité à réduire les programmes en place. Je soutenais que ces deux phénomènes tirent leurs origines du caractère régional du Canada et de la peur que, à moins de tous nous offrir ce qu'il y a de meilleur au banquet public, nous ne perdions notre part des largesses publiques. Je relevais également les forces qui alimentent les nouvelles dépenses du gouvernement et celles qui entravent les efforts visant à les réduire.

Le livre parut en 1990 et le moment n'aurait pu être mieux choisi. On se souviendra que le déficit d'Ottawa avait alors atteint des proportions incontrôlables. Moins de cinq ans plus tard, le *Wall Street Journal* disait du dollar canadien que c'était « un cas de poubelle ». Il publia un éditorial intitulé « *Bankrupt Canada?* » dans lequel il déclarait que le Mexique n'était pas le seul voisin des États-Unis qui frôlait l'abysse financier. Il prétendait que si le budget fédéral déposé le mois suivant ne renfermait pas des mesures draconiennes, il n'était pas inconcevable que le Canada frappe le mur de l'endettement et qu'il doive faire appel au Fonds monétaire international pour stabiliser sa devise en chute libre.

On fit de nombreux comptes rendus du livre, tous positifs. Douglas Fisher écrivit que le livre allait devenir un classique. Lloyd Brown-John écrivit dans la *Revue canadienne de science politique* que le livre apportait une contribution magistrale aux études sur les politiques publiques et l'administration publique au Canada. Pour sa part, Richard French formula le commentaire suivant : « Le malheur pour la documentation sur les politiques publiques au Canada, c'est que ceux qui savent n'écrivent pas, et ceux qui écrivent ne savent pas. Les lecteurs de Savoie sont bénis » (traduction libre). Jeffrey Simpson écrivit dans le *Globe and Mail* : « Donald Savoie a écrit l'un des deux ou trois livres les plus importants de la dernière décennie pour ceux qui désirent comprendre les rouages d'Ottawa. Quiconque étudie sérieusement le gouvernement fédéral devrait le lire » (traduction libre). Le livre a aussi été le premier récipiendaire du Prix Smiley, décerné par l'Association canadienne de science politique à la meilleure étude consacrée au gouvernement et aux politiques publiques au Canada.

Preston Manning, chef du Parti réformiste, m'écrivit pour me dire que *The Politics of Public Spending in Canada* l'avait « impressionné ». Il le citait souvent aux Communes et ailleurs, ce qui fit croire à certains libéraux que mes opinions avaient pris un virage trop à droite.

Ce qui m'a semblé encore plus remarquable, c'est que personne au gouvernement ne souleva d'objections à l'ouvrage, bien que celui-ci ait critiqué à la fois des décisions et le processus d'élaboration des politiques. J'avais le souvenir très net de la réaction de Harley McGee à mon premier livre et je me demandais pourquoi je n'avais pas de réaction semblable à cet ouvrage-ci, étant donné que j'étais le directeur intérimaire du centre de formation en gestion que le gouvernement avait récemment établi. Le livre suscita bien peu de controverse, et je soupçonne que l'entente que j'avais conclue avant d'accepter le poste y était pour quelque chose, de même que le fait que je ne pointais personne du doigt en particulier ni, d'ailleurs, aucun ministère gouvernemental.

Il s'écoula plus de 12 mois avant que Jack Manion fasse la transition du BCP au nouveau centre de gestion. J'attendis patiemment en cherchant de mon mieux à faire progresser le Centre, en embauchant du personnel, en organisant des cours et en jetant les bases d'un programme de recherche. Quand enfin Manion arriva, je demeurai en poste encore quelques mois afin d'assurer que la transition se fasse en douceur. Depuis lors, le CCG a été transformé pour devenir l'École de la fonction publique du Canada, dont le budget de dépenses se chiffre à 136 millions de dollars (total des dépenses autorisées) et qui compte un effectif de plus de 900 employés. Il importe de noter que l'École a vu ses responsabilités s'accroître au fil des années et assume notamment celle de la formation en langue seconde[1]. Cependant, même compte tenu des coûts de la formation en langue seconde, le Centre est loin de ce qu'on avait envisagé initialement.

Alors que je faisais des projets pour quitter le Centre, des hauts fonctionnaires du BCP et d'autres m'approchèrent afin de voir si je serais intéressé à un poste de cadre supérieur dans la fonction publique. Ma décision était ferme : j'allais retourner dans le milieu universitaire. J'avais trouvé ma vocation, le travail que j'aimais, et je n'allais pas y tourner le dos.

Il nous était toutefois impossible de retourner à Moncton en raison de l'éducation de nos enfants. Je faisais la navette entre Ottawa et Moncton pour mon enseignement (j'avais toujours une charge légère) et m'occuper de l'Institut canadien de recherche sur le développement régional (ICRDR). C'était l'époque où les tarifs aériens étaient économiques, rendus encore plus économiques grâce aux bons soins de mon agente de voyages, qui avait une habileté remarquable pour me dénicher des billets à des prix incroyables.

Jack Manion m'invita à rester au centre de gestion à titre de chargé de recherches. On me demanderait de réaliser des projets de recherche spécifiques en échange d'un local pour mon bureau, du service téléphonique et de l'accès à un télécopieur. Cette offre se révélait tout à fait providentielle pour moi. J'avais un pied-à-terre à Ottawa, l'accès à ce qu'on appelait les couloirs du pouvoir et une base à partir de laquelle je pouvais réaliser des entrevues pour mes recherches. Mon travail au Secrétariat du Conseil du Trésor et au Centre canadien de gestion m'avait mis en relation avec de nombreux fonctionnaires du gouvernement, dont beaucoup me furent extrêmement précieux pour mes recherches.

Je continuai de publier, notamment *Thatcher, Reagan, Mulroney: In Search of a New Bureaucracy*, qui parut en 1995. Le livre mettait en lumière un programme de réformes commun et ses répercussions sur les activités du gouvernement au Canada, aux États-Unis et au Royaume-Uni. En collaboration avec mon bon ami et collègue B. Guy Peters, de la University of Pittsburgh, je dirigeai trois exercices au centre de gestion, qui menèrent à la production de trois livres sur la gestion du secteur public dans une perspective internationale. Je publiai aussi largement dans le domaine du développement économique régional, y compris un livre sur la théorie du développement économique régional, en collaboration avec Ben Higgins.

UN DÉTECTIVE PRIVÉ DANS LES COULOIRS
DU POUVOIR

Ted Hodgetts, doyen de la fonction publique au Canada et un homme pour qui j'ai beaucoup d'admiration, me suggéra un jour d'écrire au sujet de mes diverses expériences. « J'ai un titre pour toi, ajouta-t-il, *A Gumshoe in the Corridors of Power*. » Lorsqu'il pensait à moi, disait-il, il m'imaginait me promenant sans bruit dans les couloirs du pouvoir à Ottawa, cherchant à comprendre comment et pourquoi les gens font ce qu'ils font, pour ensuite écrire sur mes observations. Dans son compte rendu de mon livre *Governing from the Centre* paru dans le *Globe and Mail*, Jeffrey Simpson proposait une image semblable. « Bien que professeur titulaire, Savoie surgit ici et là à Ottawa à tout bout de champ, faisant appel à ses relations, tel un journaliste chevronné[2]. » Il est vrai que j'ai côtoyé au fil des ans des personnes fascinantes des milieux politique et bureaucratique, de la communauté artistique et du monde des affaires, dont les commentaires m'ont beaucoup aidé à comprendre leur univers. Je m'en estime très privilégié.

Après sa réélection au pouvoir en 1988, Mulroney nomma Elmer MacKay au poste de ministre responsable de l'Agence de promotion économique du Canada atlantique (APECA). Au même moment, Mulroney appliqua de rigoureuses réductions des dépenses et un gel du budget des dépenses de l'APECA au niveau de l'année précédente. Il s'ensuivit que MacKay devait se contenter de gérer les engagements en place puisqu'il disposait de peu de ressources financières pour lancer de nouvelles initiatives.

MacKay m'invita à souper pour discuter de l'APECA. Il était visiblement déprimé et il déclara : « L'APECA sans argent, c'est comme si ton père te lançait les clefs de sa Cadillac après la collation des diplômes de fin d'études secondaires en te disant de passer une belle soirée. Tu sautes dans la voiture, tout excité, pour te rendre compte que le réservoir à essence est vide. » Notre serveur ce soir-là était Spedi Giovanni Comino, une légende à Ottawa, qui portait bien son surnom. Spedi ne marchait jamais, il courait d'une table à l'autre.

On l'appelait le diable de Tasmanie parce qu'il se déplaçait si rapidement; et quand on mangeait là où travaillait Spedi, c'était comme si on allait à un souper-spectacle. Non seulement il courait d'un bord à l'autre comme un diable de Tasmanie, mais aussi, de temps en temps et sans avertissement, il se mettait à chanter d'une voix relativement forte, toujours souriant, toujours content et toujours courant[3]. MacKay suivait Spedi des yeux et, à un moment donné, il se tourna vers moi et demanda : « Sais-tu où je pourrais trouver un sous-ministre adjoint comme lui? »

À l'instar de tant d'autres Acadiens, j'étais ravi quand Jean Chrétien nomma Roméo LeBlanc gouverneur général. J'avais travaillé en étroite collaboration avec LeBlanc au début des années 1980, comme le lecteur le sait maintenant, et je le visitais de temps à autre alors qu'il était membre du Sénat, durant les années Mulroney. Je me rappelle qu'il me téléphona plusieurs fois pendant que je travaillais au rapport sur l'APECA pour m'offrir son soutien et son avis, et j'ai toujours bénéficié de ses conseils.

J'assistai à son investiture, assis dans la tribune en compagnie de son fils, Dominic, et de sa fille, Geneviève. J'avais deux laissez-passer qui me permettaient d'assister à toutes les activités de la journée et de me déplacer librement. Linda me suggéra d'emmener Margaux avec moi pour l'après-midi, affirmant que ce serait un événement mémorable pour notre fille de 15 ans.

Assis dans la première rangée de la tribune des sénateurs, nous écoutions LeBlanc, un ancien journaliste et un communicateur exceptionnel, prononcer un excellent discours. Il évoqua ses racines, son enfance dans un petit village acadien. Il rappela aux Canadiens que « les Acadiens étaient présents depuis un bon bout de temps ». Il souligna que « s'il existe un groupe de Canadiens dont le passé aurait pu empoisonner son avenir, c'est bien les Acadiens. Au milieu du 18ᵉ siècle, ils furent arrachés à leurs foyers et déportés vers des côtes lointaines. Certains réussirent à échapper à la déportation avec l'aide des Mi'kmaq, leurs amis. Ils étaient cependant des réfugiés dans leur propre pays, dépouillés de leur terre. Mais ils n'ont jamais abandonné. Nous avons survécu… Les Acadiens ne sont pas amers, ajouta-t-il, et ils ont appris à vivre en harmonie avec leurs voisins de langue anglaise. » Il termina par un commentaire qui, malheureusement, ne retint l'attention des médias que pendant un jour ou deux : « Donnez une chance aux bonnes nouvelles. »

Après le discours, je vis Pierre Trudeau debout à l'écart et je décidai d'aller bavarder un moment avec lui et de le présenter à Margaux. Nous avons discuté pendant un moment, et il me demanda des nouvelles de l'Université de Moncton et de l'ICRDR. Puis, il commença à plaisanter avec Margaux et, à un moment, il lui demanda comment elle épelait son nom. Margaux avait avec elle une copie du programme de la journée et Trudeau le prit et y écrivit : « Pour Margaux, avec mes meilleurs vœux. P.E. Trudeau. » Comme nous nous éloignions, nous avons vu un homme s'avancer vers Trudeau et lui demander de signer son programme. Trudeau refusa et tourna les talons. Margaux demanda : « Pourquoi a-t-il fait ça? Ce n'était pas très gentil. » L'endroit était bondé de gens du Nouveau-Brunswick, de visages familiers. Entre autres personnes, nous avons vu Antonine Maillet, avec qui nous avons eu une agréable conversation. Nous avons croisé Harrison McCain, et Margaux et lui échangèrent quelques mots au sujet des frites, des automobiles et du moment où elle allait obtenir son permis de conduire.

Je racontai à Roméo LeBlanc le geste de Trudeau, et il décida d'écrire lui aussi un message pour Margaux. Il écrivit : « À Margaux Savoie, qui vivra la grande histoire de notre jeune pays et qui fera elle aussi cette histoire. Tous les succès! Roméo LeBlanc. » Plus tard, Jean Chrétien ajouta son autographe au programme, écrivant : « Pour Margaux. Bonne chance. Jean Chrétien. » Margaux a encore ce programme et le conserve précieusement.

Sur le chemin du retour à la maison, je tentai d'expliquer le refus de Trudeau de signer le programme de l'homme. Margaux n'avait que trois ans lorsque Trudeau quitta la vie politique. Je lui expliquai que Trudeau avait été notre premier ministre durant 15 ans et qu'il avait donné au Canada sa *Charte des droits et libertés*, un document très important. Il profitait maintenant d'une retraite bien méritée et il avait probablement signé plus que sa part de programmes au cours de sa carrière. Il était à la cérémonie au même titre que nous pour voir son ami Roméo LeBlanc et passer une agréable journée. Je tentai de mon mieux d'expliquer à Margaux que Trudeau avait mérité le droit qu'on le laisse tranquille, si c'était ce qu'il souhaitait. Je ne suis pas certain que mes explications aient eu beaucoup d'effet. Je lui demandai : « De toutes ces personnes que tu as rencontrées aujourd'hui, qui as-tu le plus aimé? » Sans hésiter, elle déclara : Harrison McCain. Ni Trudeau, ni personne ne pouvait faire d'aussi bonnes frites!

Quelques semaines plus tard, Margaux emporta son programme à l'école pour une « leçon partagée » et l'un des enseignants expliqua en long et en large qui était Trudeau et ce qu'il avait fait pour le Canada. Ce soir-là, au souper, Margaux déclara : « Tu sais, ce vieil homme que nous avons rencontré au Parlement, il était pas mal important. » J'acquiesçai en expliquant que la *Charte des droits et libertés* de Trudeau avait servi les intérêts des Acadiens et continuerait de le faire pendant des années et des années.

Je devins un fréquent visiteur à Rideau Hall. LeBlanc voulait rester au courant des derniers événements en Acadie, à l'Université de Moncton et au Nouveau-Brunswick. Pour tout dire, nous aimions tous deux le commérage. J'allais prendre le déjeuner ou le café avec lui et, après notre retour à Moncton, je restais à Rideau Hall pour la nuit (je dormais dans la chambre Minto). Au début, nous nous assoyions dans la salle à manger pour le déjeuner, mais nous avons bientôt décidé de le prendre dans son bureau, où nous pouvions discuter en privé. De toute façon, la salle à manger était trop grande et trop solennelle pour deux Acadiens.

Pour déjeuner, je demandais un bagel, une orange et un café. Un matin, LeBlanc annonça : « Aujourd'hui, nous allons prendre un déjeuner complet. » Un préposé au service, un Québécois, vint prendre notre commande. Je demandai – en français, bien sûr – du bacon et des œufs. Il me demanda comment je voulais mes œufs. Je voulais des œufs brouillés, mais j'eus soudain un blanc de mémoire et je ne pouvais tout simplement pas me rappeler comment on disait des œufs brouillés. Je dis « fricassés » même si je savais que ce n'était pas le terme exact. Les Acadiens mangent des œufs fricassés, mais pas les Québécois. Il me regarda d'un air perplexe et demanda : « Fricassés? » Des yeux, j'appelai LeBlanc, assis en face de moi, à ma rescousse tandis que le préposé gardait son regard interrogateur fixé sur moi. Roméo me lança un clin d'œil et un large sourire fendit son visage. Le préposé répéta : « Fricassés? », et je répondis oui. Il tourna les talons et sortit de la pièce. LeBlanc éclata de rire et dit : « J'ai hâte de voir ce qu'il va t'apporter. » Au lieu d'œufs brouillés, j'eus droit à deux œufs retournés plusieurs fois!

Je siégeai au Conseil consultatif de l'Ordre du Canada. Son prédécesseur, Ray Hnatyshyn, m'avait reçu à titre d'Officier de l'Ordre du Canada plusieurs années auparavant, et il y avait maintenant un siège vacant au Conseil pour un candidat du Canada atlantique.

J'agis au sein du Conseil pendant cinq ans, ce qui exigeait une somme de travail considérable. Nous nous rencontrions au moins deux fois par année et nous devions passer en revue des centaines de candidatures. Harrison McCain avait été membre du Conseil auparavant, et je l'appelai pour avoir ses conseils. Reconnu pour ne jamais s'étendre en vaines paroles, il déclara : « Ça veut dire perdre de trois à quatre fins de semaine à lire des C.V. » Puis, il ajouta : « Deux choses. La première : ne le décerne pas à des gens d'affaires si leur seul mérite, c'est de faire de l'argent. Ça, c'est la partie facile. La partie difficile, c'est s'ils ont redonné de cet argent pour aider d'autres personnes et leur communauté. Deuxièmement, ne le décerne pas à des gens d'Église : leur récompense, ils l'auront dans l'au-delà. »

Le travail au sein du Conseil me sembla à la fois exigeant et exaltant. Nous passions des heures à examiner le travail réalisé par des Canadiens et des Canadiennes accomplis qui avaient apporté une contribution dans leur domaine et leur communauté. Notre tâche consistait à célébrer des réussites, et ce fut un travail agréable en tout temps sauf la fois où nous avons adopté une politique permettant de retirer l'Ordre à d'anciens récipiendaires. On se souviendra que le gouverneur général accepta notre recommandation de destituer Alan Eagleson de l'Ordre après qu'il fut reconnu coupable de fraude à l'endroit de joueurs de hockey qu'il représentait dans des négociations avec des équipes de la LNH.

Lors de la soirée de réception à Rideau Hall, nous rencontrions les nouveaux membres, officiers et compagnons au souper, qui était une occasion de réjouissances réussies à la perfection. Je rencontrai les personnalités les plus illustres des milieux des affaires, de la politique, des arts, de la culture, des sports et du monde universitaire. Une fois, j'eus l'occasion de rencontrer Jean Béliveau et Maurice Richard ainsi que leurs épouses. « Si seulement mon père pouvait être ici à ma place! » déclarai-je à Béliveau et à Richard. Ils étaient ses héros. Je fis remarquer à Béliveau qu'il avait un nom acadien. « Absolument, dit-il, mes ancêtres étaient de la Nouvelle-Écosse. La vieille maison familiale existe toujours dans les environs de Pointe-de-l'Église. » Je dis ensuite : « Richard est aussi un nom acadien. » Et celui-ci à son tour reconnut qu'il avait des ancêtres acadiens. Ils s'étaient rendus aux îles de la Madeleine après le Grand Dérangement. Sentant que j'avais le vent dans les voiles, je me tournai à nouveau vers Béliveau et affirmai : « Tu sais, Gretzky, c'est aussi un nom acadien. » Il me regarda, sourit et répliqua : « Ah! charrie pas! »

Je me souviens aussi d'une discussion intéressante que j'eus avec Peter Gzowski, personnalité bien connue de la radio de CBC. Il animait une émission régulière (*Morningside*) et m'invita à diverses occasions à présenter le point de vue du Canada atlantique au sein d'un panel national. Le lendemain du match où les Blue Jays remportèrent les séries mondiales pour la première fois, Gzowski commença l'émission en se réjouissant de la victoire des Blue Jays et en disant à ses auditeurs combien c'était « un grand jour pour le Canada ». Il me demande ensuite de lancer la discussion en parlant de la signification de cette victoire pour le Canada. Je déclarai sans détour que, pour moi, elle avait peu d'importance puisque j'étais un partisan des Red Sox de Boston, comme beaucoup de gens des Maritimes. Il y eut une pause, puis Gzowski resta en terrain sûr en demandant au représentant de l'Ontario dans le panel de faire part de son point de vue. Lors de cette soirée à Rideau Hall, je demandai à Gzowski s'il se rappelait ce moment. « Comment pourrais-je l'oublier! Je ne m'attendais pas à cette réponse. » Il ajouta que, « à cause d'elle, il y eut quelques secondes d'un silence de mort sur les ondes ».

Vers la fin du mandat de LeBlanc à titre de gouverneur général, l'Institut d'administration publique du Canada (IAPC) m'attribua la Médaille d'or Vanier pour mes publications dans le domaine.

C'est le gouverneur général ou, s'il ou elle n'est pas disponible, le juge en chef qui procède à la remise de la Médaille. LeBlanc décida qu'il allait s'acquitter de cette fonction à la Citadelle de Québec, la résidence du gouverneur général dans cette ville.

Maurice LeBlanc, mon ami de l'époque de l'école secondaire qui, comme le lecteur s'en souviendra, m'aida à organiser les funérailles de Louis J. Robichaud, assista à la cérémonie. Maurice est resté un ami spécial depuis que nous avons fait connaissance en neuvième année au Collège l'Assomption – un homme bourru et direct qui a l'un des plus grands cœurs que j'aie jamais connus. C'est un ami qui m'est très cher, mais on ne le croirait jamais à l'entendre parler de moi. Il trouve toujours à redire sur tout : mes vêtements, mon jeu au golf, mon travail, tout ce qui lui chante! Il prétend que si j'ai publié 40 livres, c'est uniquement parce que je n'arrive jamais à le réussir et que je ne fais qu'essayer d'en écrire un bon. Mes livres, insiste-t-il, ne sont bons qu'à faire des butoirs de porte.

Nous avions tous deux assisté à une réception la veille au Château Frontenac. Au cours de la soirée, alors que j'avais le dos tourné à Maurice, je l'entendis parler sans arrêt, comme à son habitude, à un cercle de personnes. Il affirmait que les Acadiens étaient très fiers de mon œuvre et de ma contribution à mon *alma mater*, l'Université de Moncton. J'avais peine à en croire mes oreilles, mais je ne dis rien. Je ne me retournai même pas. Le lendemain matin, alors que nous nous rendions à pied de l'hôtel à la Citadelle, je lui dis que je lui étais très reconnaissant d'avoir pris le temps d'être là. Je lui dis également que je l'avais entendu faire mon éloge la veille au soir, que j'en étais très touché et que je voulais qu'il le sache. Sa réponse : « Ouais, j'avais trop bu. Je savais plus ce que je racontais. Quoi que j'aie dit, prends-le pas au sérieux. »

Nous sommes arrivés à la Citadelle, et je vis de vieux amis d'Ottawa et quelques Acadiens qui habitaient dans la région de Québec. Roméo LeBlanc prit la parole en disant que Rideau Hall avait préparé un discours qu'il pouvait distribuer, au besoin, mais qu'il n'allait pas le lire. Il désirait plutôt, affirmait-il, parler des Acadiens et des immenses progrès que nous avions accomplis en une quarantaine d'années dans tous les domaines d'activité. Il fit allusion au rôle important que l'Université de Moncton avait joué et continuait de jouer dans notre renaissance. Il déclara à l'assistance que les Acadiens ne faisaient que commencer à apprécier la littérature et l'importance de l'écrit. En préparation de son retour en Acadie, il avait embauché un charpentier du coin pour rénover sa résidence et, notamment, construire des rayons de bibliothèque. À un moment donné, il montra mes livres au charpentier et lui dit : « Tu sais, Savoie est un Acadien comme nous et il a publié tous ces livres. » Le charpentier regarda longuement les livres, réfléchit à la scène pendant un instant puis se tourna vers LeBlanc et déclara : « Savoie a écrit tous ces livres-là? Quand est-ce qu'il trouve le temps de travailler? »

Jean Chrétien fut élu chef du Parti libéral en 1990 et à la Chambre des communes la même année, représentant de Beauséjour, l'ancienne circonscription de Roméo LeBlanc, qui comprend Saint-Maurice et Bouctouche. Nous nous sommes rencontrés à maintes occasions, faisant souvent l'aller-retour entre Moncton et Ottawa. J'avoue que j'ai toujours apprécié et respecté Chrétien, en particulier pour son instinct politique. Il fit preuve d'une grande perspicacité politique en s'attaquant au déficit persistant du gouvernement (1995–1997), en promulguant la *Loi sur la clarté* et en disant non à la guerre en Irak. Nous avions quelque chose en commun : nos deux fils fréquentaient Venta, une école privée d'Ottawa pour élèves ayant des troubles d'apprentissage.

Lors de sa course à la direction du Parti libéral, Chrétien me demanda de lui prêter main-forte dans la préparation d'un document stratégique sur le développement économique régional. Il affirma qu'il s'agirait de l'une de seulement cinq grandes déclarations de principes. Je devais « tenir le crayon » tandis que Rod Bryden, un ancien Néo-Brunswickois, le sénateur Mike Kirby et David Dingwall donneraient l'orientation politique. Je me rappelle que Chrétien faisait l'éloge du ministère de l'Expansion économique régionale (MEER) et de la décision d'Ottawa de décentraliser un certain nombre d'unités vers les régions. Je le mis en garde contre la première initiative : le MEER avait peut-être ses mérites à certains égards, mais c'était une solution du passé. J'étais complètement d'accord avec lui sur les bienfaits de la décentralisation d'unités de l'administration fédérale. Chrétien fit sa déclaration de principes à St. John's, à Terre-Neuve, et souligna la nécessité de transférer davantage d'unités vers les régions mais, pour mon plus grand plaisir, il déclara qu'il n'abolirait pas l'APECA pour revenir à l'époque du MEER. Comme nous en avions discuté, il appela également à la mise en place de nouveaux instruments dans les domaines des infrastructures, de la recherche-développement et du tourisme.

Plus tard, je fus invité à collaborer au livre rouge de 1993, qui était à la base de la campagne électorale de Chrétien et qui guida son gouvernement durant son premier mandat. Je tiens cependant à préciser que je n'ai écrit aucun passage du livre rouge, pas plus que je n'ai participé au débat qui en a façonné le contenu. On me demanda simplement de revoir les pages qui traitaient du développement économique régional et de fournir un avis sur les coûts de la mise en œuvre des engagements du livre rouge à cet égard.

Chrétien fut élu avec une forte majorité en 1993. La première année de son mandat fut consacrée à la mise en œuvre des engagements contenus dans le livre rouge. En 1995, les finances du pays était sérieusement en difficulté et, comme je l'ai souligné plus tôt, le *Wall Street Journal* laissait entendre que le Canada allait frapper le mur de l'endettement. La situation exigeait des décisions difficiles et Chrétien ne répugna pas à les prendre. Le budget fédéral de 1995 serait austère, et nulle part ne serait-il plus difficile à faire avaler qu'au Canada atlantique compte tenu de la dépendance de la région envers les paiements de transfert.

Chrétien décida de venir dans la région pour vendre lui-même son budget. Son bureau me contacta pour savoir si j'accepterais d'organiser un déjeuner-réunion à Moncton et d'inviter des dirigeants communautaires et du monde des affaires à y assister. J'acceptai, et mon institut passa immédiatement à l'action, faisant des réservations à l'hôtel Beauséjour pour un déjeuner-réunion le 9 mars 1995. Un communiqué de presse fut émis le 3 mars pour annoncer l'événement, et des représentants du bureau du premier ministre (BPM), avec des officiers de la GRC dans leur sillage, vinrent prêter main-forte à l'organisation. Tout était prévu à la minute près de 7 h à 10 h. Les billets, au prix de 20 $ chacun, s'étaient tous envolés en quelques jours.

Le soir du 8 mars, autrement dit à la toute dernière minute, un membre du personnel du BPM et l'adjoint exécutif de Doug Young (Young était le ministre du Cabinet responsable du Nouveau-Brunswick) demandèrent à me rencontrer : Chrétien n'allait pas pouvoir venir. L'employé du BPM déclara que Chrétien avait dit que Savoie comprendrait pourquoi et qu'il était désolé de devoir se décommander. La guerre du flétan noir avec l'Espagne s'était envenimée et Chrétien jugeait qu'il devait rester à Ottawa pour gérer la crise. Et effectivement, le lendemain, le *Cape Roger*, un navire du ministère des Pêches et des Océans, fit feu sur un chalutier espagnol au motif qu'il pêchait illégalement. Les yeux du monde entier étaient tournés vers la capitale du Canada et les rumeurs voulaient que Brian Tobin, le ministre responsable de Terre-Neuve et ministre des Pêches, était déterminé à poursuivre ses pressions coûte que coûte.

Dans ses mémoires, Chrétien donne un compte rendu détaillé de ces moments de tension entourant la crise du flétan noir et affirme qu'il n'avait d'autre choix que de jouer un rôle direct. Il écrit que Tobin était dans son bureau, frappant du poing sur son bureau pour l'inciter à se montrer plus agressif, tandis que Jocelyne Bourgon, greffière du BCP, et Jim Bartleman, principal conseiller politique de Chrétien, l'exhortaient à la prudence[4].

Je n'étais pas d'humeur à faire preuve de compréhension le soir du 8 mars. On n'avait pas le temps d'annuler le déjeuner-réunion. Certaines personnes venues du nord du Nouveau-Brunswick, de la Nouvelle-Écosse et de l'Île-du-Prince-Édouard étaient déjà arrivées. Ma réaction fut très semblable à celle que mon père aurait eue : je laissai savoir en termes non équivoques que la situation était loin de me plaire. Ils proposèrent quelqu'un en remplacement : Doug Young. Je demandai : « Doug Young est tout ce que vous avez trouvé de mieux? Où est le ministre des Finances, où est le ministre de l'Industrie? Nous attendons le premier ministre, mais vous voulez que les gens s'assoient et écoutent Young? » Je conclus en soulignant que de nombreux citoyens des Maritimes allaient être déçus au déjeuner le lendemain matin. L'adjoint exécutif de Young baissa la tête et demeura silencieux. Il ne pouvait rien faire, ni personne d'autre.

Lors du déjeuner-réunion, ceux et celles qui étaient venus entendre le premier ministre furent consternés de voir plutôt Doug Young. J'étais assis à la table d'honneur en compagnie de celui-ci, d'autres députés fédéraux et de politiciens provinciaux. La conversation fut polie mais certainement pas chaleureuse. Young avait été mis au courant par son adjoint exécutif de ma réaction de colère. Quelques jours plus tard, un adjoint de Chrétien me rapporta que Young avait déclaré : « Je suis assez bon pour être invité à Bay Street et à Wall Street pour expliquer le budget [ce qui était vrai], mais pas assez bon pour Savoie! » Cela signifiait à tout le moins qu'il ne fallait pas compter sur ma nomination au Sénat! Je note que Doug Young fut défait dans la circonscription d'Acadie-Bathurst aux élections fédérales suivantes.

LE QUÉBEC : ET C'EST REPARTI

L'échec de l'Accord constitutionnel du lac Meech en 1990 plongea le pays, et particulièrement le Québec, dans un exercice d'introspection. Mulroney avait entrepris de négocier l'Accord en grande partie parce que le Québec avait refusé d'approuver le rapatriement de la Constitution en 1982. La province était isolée dans son refus de signer la nouvelle Constitution et Mulroney souhaitait ramener le Québec dans le giron canadien. Mulroney rassembla les 10 premiers ministres provinciaux au lac Meech pour une séance d'intenses négociations. Robert Bourassa, le premier ministre du Québec, posa un certain nombre de conditions, notamment la reconnaissance du Québec à titre de société distincte. Après un marathon de négociations, le premier ministre fédéral et les 10 premiers ministres provinciaux en arrivèrent à une entente : l'Accord du lac Meech.

Une forte opposition à l'Accord ne tarda pas, cependant, à se faire entendre dans différentes parties du Canada. Pierre Trudeau sortit de sa retraite pour le dénoncer. Certains nouveaux premiers ministres provinciaux firent savoir qu'ils ne pourraient pas l'appuyer à moins que des changements n'y soient apportés. Frank McKenna (bien qu'il l'ait signé plus tard) déclara qu'il ne pouvait l'appuyer. Le Manitoba était dirigé par un gouvernement minoritaire, ce qui signifiait que l'appui soutenu de cette province n'était pas assuré, et Clyde Wells, le premier ministre nouvellement élu à Terre-Neuve-et-Labrador, déclara qu'il allait appeler l'Assemblée législative à voter sur l'annulation de l'Accord. Et le délai prévu pour la ratification de l'Accord arriva à expiration sans que tous les 10 premiers ministres y aient apposé leur signature.

Au Québec, l'échec de l'Accord du lac Meech suscita de vives réactions. Le mouvement de ressac incita Lucien Bouchard, un ministre influent du cabinet Mulroney, à démissionner et à fonder un nouveau parti fédéral, le Bloc québécois, qui a pour but d'amener le Québec à quitter la Confédération.

Je devins profondément inquiet que les provinces Maritimes ne soient laissées de côté, réduites au rôle de spectatrices alors que l'avenir du Canada se jouait ailleurs. L'Ouest avait le Parti réformiste, le Québec avait la commission Bélanger-Campeau qui se penchait sur le statut politique et constitutionnel du Québec, et l'Ontario sa puissante infrastructure politique, économique et financière.

Je décidai de contacter divers citoyens et citoyennes de prestige des Maritimes pour explorer la possibilité de constituer un groupe qui apporterait une perspective des Maritimes dans le débat sur l'unité nationale. Je leur dis que je me chargerais de rédiger les documents et que je m'occuperais de toute la logistique. Je décidai que le groupe s'appellerait le Groupe Northumberland d'après le détroit de Northumberland, qui relie les trois provinces Maritimes. Les réactions furent très positives, quoiqu'une personne de l'Île-du-Prince-Édouard ait décliné mon invitation lorsque je dis que nous appuierions le bilinguisme et qu'une autre ait exprimé la crainte que l'adhésion au Groupe ne nuise à son entreprise. Néanmoins, une douzaine de personnes décidèrent de se joindre au Groupe, représentant divers secteurs de la société. Du monde politique, il y avait Louis J. Robichaud et Robert L. Stanfield; du monde des affaires, il y avait Harrison McCain, Allan Shaw, de Shaw Industries, Derek Oland, président de Moosehead, Regis Duffy, homme d'affaires bien connu de l'Île-du-Prince-Édouard, et mon frère Claude; du milieu universitaire, Howard Clark, recteur de la Dalhousie University; de la communauté artistique, Alex Colville et la chanteuse Rita MacNeil, du Cap-Breton; et enfin Harvey Webber, fondateur d'Atlantic Canada Plus.

Récemment, mes recherches à travers mes vieux dossiers en vue de rédiger le présent livre m'ont rappelé que trois personnes en particulier avaient joué un rôle très actif au sein du Groupe Northumberland. J'ai en ma possession un certain nombre de lettres et de notes, certaines rédigées à la main, de Robert Stanfield, de Harrison McCain et d'Alex Colville. Mon frère Claude y joua également un rôle actif, mais principalement dans le cadre de rencontres en personne ou par des appels téléphoniques.

Harrison McCain insista fortement pour que le Groupe appuie l'option d'un Sénat égal et élu. Stanfield, en revanche, s'opposait farouchement à l'idée. J'avais un problème sur les bras et je tentai de trouver un terrain d'entente. Si je pouvais retourner en arrière, et sachant ce que je sais maintenant, je me serais rangé du côté de Harrison. En quelque sorte, Harrison mit un peu d'eau dans son vin et le Groupe Northumberland réclama « un examen complet et un débat ouvert sur le rôle du Sénat dans l'avenir ».

Le Groupe faisait valoir que le Québec pouvait trouver la place qui lui revient dans le Canada, pressait le gouvernement d'éliminer les dédoublements de programmes, soutenait que les Maritimes auraient elles-mêmes à jouer le rôle clé pour libérer la région de son statut de « parent pauvre », et concluait que le gouvernement fédéral devrait conserver suffisamment de pouvoir pour établir le cadre général servant à établir les objectifs nationaux. Le rapport bénéficia d'une large couverture médiatique dans la région, ainsi que dans les médias du Québec et de l'Ontario. De même, Joe Clark, le ministre responsable des Affaires constitutionnelles, écrivit le 18 novembre 1991 pour applaudir le travail du Groupe Northumberland. Je ne veux pas laisser entendre que c'est nous qui l'avons suggéré, mais le gouvernement fédéral chercha bientôt à éliminer le dédoublement de programmes. J'ai toutefois le regret de rapporter que l'exercice donna peu de résultats, à supposer qu'il en ait eu.

Le débat sur l'unité nationale perdit de son acuité lorsque le pays tourna son attention vers la détérioration de la situation financière d'Ottawa. L'accalmie serait toutefois de courte durée. Lucien Bouchard s'agitait dans les Communes à Ottawa et Jacques Parizeau, chef du Parti québécois, un parti séparatiste, fut porté au pouvoir au Québec. Parizeau appela à un référendum sur l'avenir du Québec et le débat sur l'unité nationale reprit de plus belle.

Cette fois, je portai moins d'intérêt à la crise. À l'instar de nombreux Canadiens, j'étais fatigué de ce sempiternel débat sur l'unité nationale toujours axé sur la perspective du Québec. On se souviendra que les forces pro-canadiennes avaient le vent dans les voiles au Québec jusqu'à ce que les choses se gâtent rapidement, lorsque Lucien Bouchard décida de jouer un rôle de premier plan dans le référendum. Les sondages d'opinion indiquèrent bientôt une lutte serrée et même la possibilité que les souverainistes remportent le référendum. Frank McKenna me téléphona pour me dire : « Fais-toi aller les méninges. Les affaires vont mal au Québec. Je propose que nous produisions un texte sur la place du Québec dans le Canada. Il faut agir vite, ajouta-t-il. – D'accord, dis-je, mais nous devons en aviser les forces pro-canadiennes à Ottawa et au Québec. » Il accepta et envoya Georgio Gaudet, son chef de cabinet, à Ottawa et au Québec pour informer les forces pro-canadiennes, tandis que je couchais mes idées sur papier.

Les forces pro-canadiennes, en particulier à Ottawa, exprimèrent des réserves à ce que quelqu'un de l'extérieur du Québec et d'Ottawa se mêle au débat. Qu'importe, je poursuivis la rédaction du document et je terminai bientôt une ébauche pour McKenna qui s'inspirait de ce dont nous avions discuté. Comme convenu, je téléphonai à l'Institut des relations intergouvernementales, à la Queen's University, pour voir s'il serait intéressé à publier le document. Il l'était.

Bientôt, nous avions un document final, mais il y avait un problème. Si j'ai bien compris, les forces pro-canadiennes du Québec étaient favorables à sa publication, mais pas celles d'Ottawa. Celles-ci se disaient confiantes de bien contrôler la situation et estimaient que le document ne ferait que compliquer encore les choses. Les gens d'Ottawa prièrent McKenna de le retirer, ce qu'il accepta de faire, et j'informai l'Institut à Queen's que nous n'allions pas le publier.

Dans ce document, nous faisions valoir que notre système fédéral était très souple et que le fédéralisme du statu quo n'était plus viable. À notre avis, Ottawa était beaucoup trop impliqué dans les affaires provinciales, ce qui créait des problèmes de chevauchement et de dédoublement ainsi que d'incessantes querelles fédérales-provinciales. Nous soulignions que « les fonctionnaires se réunissent plus de 1 000 fois par année pour coordonner des activités entre le fédéral et les provinces ». Nous demandions que les provinces se voient accorder des responsabilités accrues, ne serait-ce que parce que plus un gouvernement est près des citoyens, moins les électeurs sont cléments lorsqu'ils voient un gaspillage de ressources.

Michel Cormier, un bon ami acadien et journaliste à Radio-Canada–CBC en poste à Québec, me téléphona pour me dire qu'il était au courant de la situation. Il avait probablement eu vent du document par l'entourage de Daniel Johnson, alors chef du Parti libéral du Québec et à la tête des forces pro-canadiennes dans cette province. Cormier voulait faire un reportage sur l'histoire. Je le priai – non, je plaidai auprès de lui – de ne pas rendre l'histoire publique. J'expliquai que je ne connaissais pas tous les tenants et aboutissants des discussions menées avec les forces pro-canadiennes, mais si elles avaient jugé que notre participation au débat pourrait nuire à la cause du Canada, je croyais alors qu'elles avaient des raisons valables de le penser.

Cormier garda le silence sur l'affaire, mais après le référendum il fit un long reportage sur le document sur les ondes de Radio-Canada le 7 décembre 1995. Il fit allusion aux discussions entre les forces pro-canadiennes d'Ottawa, du Québec et du Nouveau-Brunswick. Il affirmait que, trois jours avant la tenue du référendum, les forces pro-canadiennes d'Ottawa, sentant que les choses n'allaient pas bien, contactèrent McKenna pour lui demander d'écrire une lettre ouverte aux Québécois. Il était alors trop tard, mais Cormier laissait entendre dans son reportage que McKenna releva l'ironie de la situation car, six mois plus tôt, ces mêmes personnes lui avaient demandé de ne pas publier un document sur la place du Québec dans le Canada.

La nouvelle que McKenna et moi avions effectivement produit un tel document se répandit bientôt, et les médias demandèrent à en recevoir une copie. Le *Reader's Digest* appela le bureau de McKenna pour dire qu'il souhaitait publier le document et promit de ne rien y changer. McKenna suggéra que nous devrions accepter, et je n'y voyais aucune objection bien que je n'aie jamais publié dans un magazine populiste tel le *Reader's Digest*. Nous avons publié le document, nous avons même été payés, et l'article suscita un grand intérêt[5].

GOVERNING FROM THE CENTRE

Je commençai à travailler à la rédaction d'un autre livre qui se penchait sur le rôle des organismes centraux au sein du gouvernement, pas vraiment un sujet qui déclencherait les passions chez les clients du Tim Horton de Bouctouche. Néanmoins, je m'intéressais de près à ce sujet et je décidai d'interviewer des hauts fonctionnaires du gouvernement afin d'obtenir un éclairage nouveau sur la question. J'eus un déjeuner avec un ministre de premier plan de Chrétien, qui me déclara : « Vous ne comprenez vraiment pas, vous les universitaires, pas vrai? Le Cabinet n'est rien de plus qu'un groupe de discussion pour le premier ministre. » Des fonctionnaires du gouvernement à Ottawa m'ont demandé plus d'une centaine de fois de révéler l'identité du ministre en question. Je ne l'ai jamais fait et ne le ferai jamais. L'une des raisons pour lesquelles j'ai la possibilité de jouer au détective privé dans les couloirs du pouvoir, c'est parce que je n'ai jamais trahi la confiance des personnes qui m'ont fait part de leurs opinions et de leurs frustrations. Le fait que tant de hauts fonctionnaires à Ottawa ont cherché à connaître son identité permet de croire que le commentaire du ministre a touché une corde sensible.

Compte tenu du commentaire du ministre, je décidai d'explorer le rôle du premier ministre, du BPM, du BCP et du ministère des Finances dans l'élaboration des programmes et politiques et la prise de décision. Le verdict : les premiers ministres, à commencer par Trudeau, ont progressivement mais systématiquement renforcé leur position aux dépens de toutes les autres instances, depuis le Parlement jusqu'au Cabinet, en passant par la haute direction de la fonction publique.

La publication de *Governing from the Centre* eut lieu en 1999, et j'eus encore une fois la chance de tomber à un bon moment. Le débat faisait rage dans les médias au sujet du rôle nouveau joué par le BPM, alors que l'enquête relative au Forum de l'APEC tenait ses audiences publiques. On se souviendra que la Commission des plaintes du public contre la GRC avait lancé l'enquête à la suite d'allégations d'intervention politique du BPM. L'affaire avait débuté lorsque environ 1 500 manifestants qui s'opposaient au sommet de l'APEC le 25 novembre 1997 se heurtèrent aux agents de la GRC, qui aspergèrent certains d'entre eux de gaz poivré. Les audiences publiques se mirent en branle en mars 1999 et se terminèrent en juin 2000, précisément au moment où les comptes rendus de mon livre commençaient à paraître dans des journaux et des revues.

Dans les premiers mois qui suivirent la sortie de mon livre, je fus invité à une douzaine de talk-shows un peu partout au Canada et je donnai de nombreuses entrevues. Le journaliste André Veniot écrivit que j'étais devenu « une coqueluche des médias » et que j'avais été lu, vu ou entendu par « plus d'un million de Canadiens en l'espace de quelques semaines, ce qui doit être exaltant pour un universitaire habitué à la solitude de sa tour d'ivoire »[6]. Le *National Post*, *La Presse*, l'*Ottawa Citizen* et *Maclean's* publièrent tous un article sur le livre, ainsi que *L'actualité*, où Chantal Hébert signa un long compte rendu intitulé « Premiers ministres ou empereurs? » Le *Hill Times* fit aussi paraître un compte rendu du livre sous le titre « Pourquoi Savoie a fait sensation avec *Governing from the Centre* », suggérant que « s'il y a un livre sur le gouvernement qui a capté l'intérêt parmi les médias, le gouvernement et le grand public en 1999, c'est *Governing from the Centre* » (traduction libre). Le *Globe and Mail* en traita en première page, ce qui est rare pour un ouvrage universitaire, et me décrivit comme quelqu'un de l'intérieur du Parti libéral, ce qui était sans doute suffisant pour agacer Chrétien et ses conseillers[7]. Le magazine *Time* me demanda d'écrire un billet, qu'il publia sous le titre « The King of the Commons », accompagné d'une caricature de Jean Chrétien assis sur un trône, une couronne sur la tête et le pied droit posé sur un castor[8]. Brian Stewart organisa une longue discussion lors du bulletin d'informations nationales de CBC, où Brian Tobin et moi étions invités. Au sujet du livre, Tobin déclara que c'était une théorie universitaire intéressante, mais qu'elle ne saurait s'appliquer dans la pratique. Je croisai Tobin par hasard à l'aéroport de Halifax quelques années plus tard, et il avait alors eu le temps de se forger une opinion différente sur le livre!

Trois ministres de Chrétien me téléphonèrent pour dire que j'avais en plein mis le doigt dessus, mais tous demandèrent que je ne les cite pas. Mel Cappe, le greffier du BCP et un ami, m'envoya une note manuscrite qui disait : « Je te taquine au sujet du livre, mais je trouve en fait qu'il s'agit d'un précieux exposé. » Le compte rendu le plus gratifiant à mes yeux vint de Gordon Robertson, ancien greffier du BCP sous Pearson et Trudeau, que l'on décrit comme le modèle idéal pour les cadres supérieurs de la fonction publique. Il écrivit que j'étais le premier à percevoir un changement dans le mode de gouvernement du Canada qui a déjà entraîné des conséquences néfastes pour notre pays.

Veniot avait raison de dire que l'attention des médias était quelque chose d'exaltant pour un universitaire isolé dans sa tour d'ivoire et que, il va sans dire, elle comportait de nombreux avantages. J'ai ainsi eu l'occasion de partager avec de nombreux Canadiens et Canadiennes ce que je considérais et considère encore comme un important message. Le livre est devenu un best-seller au Canada et en est à sa sixième réimpression. J'ai toutefois un reproche à adresser aux médias sur un point : ils donnèrent l'impression que Chrétien était le seul premier ministre à avoir centralisé le pouvoir dans son bureau. *La Presse*, par exemple, publia trois articles sur le livre dans lesquels Jean Chrétien était directement pointé du doigt. André Pratte signa un excellent article dans *La Presse*, mais celui-ci avait pour titre « Jean Chrétien un peu comme un monarque au temps de Louis XIV[9] ». En fait, mon livre documentait la tendance des premiers ministres, en commençant par Pierre Trudeau, à centraliser de plus en plus de pouvoir dans leur bureau. La tendance s'est poursuivie avec Mulroney et Chrétien, mais Chrétien était loin d'être le seul ni même le principal coupable.

Peu de temps après, j'entendis dire de différentes sources que le BPM n'était pas du tout content du livre. Comme chacun le sait, on a tendance dans les hautes sphères politiques à Ottawa à limiter sa lecture des journaux aux grands titres. À peine quelques mois plus tôt, Lawrence McCauley, le ministre responsable de l'APECA, et son chef de cabinet, Percy Downs, qui deviendrait plus tard le directeur du Secrétariat aux nominations au BPM, m'avaient transmis un message de Chrétien : Étais-je intéressé à diriger l'APECA? J'étais heureux que ce soit à eux que je pus dire non plutôt qu'au premier ministre (il n'est jamais facile de rejeter une offre du premier ministre), mais je déclinai poliment l'invitation. Cependant, à cause de *Governing from the Centre*, ce détective-ci n'aurait plus la possibilité maintenant de parcourir les couloirs du bureau du premier ministre Chrétien. Je crus en effet y déceler une certaine froideur et j'appris que deux recommandations de me nommer à des comités consultatifs fédéraux avaient été bloquées au BPM. Je ne m'en offusquai pas, car j'estime depuis longtemps que les politiciens ont entièrement le droit de nommer qui ils veulent à ces comités et, de toute façon, j'avais mieux à faire, y compris planifier un autre livre.

Un homme d'affaires influent du Québec me reprocha d'avoir écrit *Governing from the Centre*, affirmant que sans cela j'aurais été en excellente position pour faire beaucoup d'argent à Ottawa comme lobbyiste-consultant, compte tenu de mes relations parmi les politiciens de haut rang et les hauts fonctionnaires. Mais sans plus. J'essayai de le convaincre que rien ne m'aurait rendu plus heureux que ce que je faisais, et que j'étais plus que ravi de laisser le lobbying à d'autres.

La dernière chose que j'aurais voulu être ou que je voudrais être, c'est lobbyiste. Il y a trop de lobbyistes qui sont dévorés par l'ambition, qui sont associés à un chef de parti ou à quelqu'un qui est susceptible de le devenir, qui agissent en son nom et qui font ensuite partie d'« équipes de transition » lorsque le chef devient premier ministre. Ils jouent un rôle direct dans les décisions concernant les nominations au Cabinet ou aux postes clés de l'administration publique. Ils se joignent ensuite à un cabinet d'avocats ou créent une firme de lobbying spécialisée pour profiter à fond de leurs relations politiques nouvellement acquises. J'ai vu de nombreuses entreprises faire la file pour signer des contrats coûteux avec ces lobbyistes en vue essentiellement d'avoir accès aux plus hauts échelons du gouvernement. Il m'apparaît tout à fait incroyable de voir des lobbyistes faire des affaires d'or pendant que le « cheval politique » sur lequel ils misent est au pouvoir, mais qui ensuite se retirent discrètement du lobbying lorsqu'il perd le pouvoir politique.

Il est difficile d'imaginer que les lobbyistes contribuent à l'économie ou à l'intérêt public en vendant un accès. En somme, cette pratique se résume essentiellement à utiliser la démocratie représentative et nos institutions politiques et administratives pour se remplir rapidement les poches en vendant l'accès aux principaux politiciens et fonctionnaires du gouvernement. Les entreprises qui peuvent se payer leurs services versent des sommes rondelettes pour pouvoir vendre leur salade aux fonctionnaires administratifs d'importance. Les entreprises qui n'ont pas les moyens de payer doivent rester en ligne en attendant leur tour. La démocratie représentative n'a pas été conçue pour fonctionner de cette façon. Cette pratique alimente également le genre de cynisme qui se fait de plus en plus sentir dans la société ces dernières années envers nos institutions politico-administratives.

Julien et Margaux avaient terminé leurs études secondaires et mes jours de navettage à Moncton tiraient à leur fin. Nos deux enfants avaient eu de bons résultats, et jusqu'à ce jour nous sommes reconnaissants au système scolaire d'Ottawa, qui aida Julien à réussir ses années à l'école primaire et secondaire malgré quelques moments éprouvants pour lui et ses parents. Le temps était venu pour moi de rentrer chez nous. J'avais reçu des offres d'autres universités canadiennes et d'une université américaine, mais je n'avais et n'ai toujours aucun intérêt à quitter l'Université de Moncton.

Rendu à ce stade-ci, le lecteur comprend pourquoi. Même si j'étais beaucoup moins certain de l'enthousiasme de Linda, de Julien et de Margaux devant cette perspective, pour ma part, j'avais bien hâte d'être à la maison tous les jours, toutes les semaines et toutes les fins de semaine.

Chez nous pour de bon : jusqu'à un certain point

Il faisait plaisir se retrouver chez nous et à l'Université de Moncton à temps plein et pour de bon, du moins le croyais-je. Un collègue universitaire d'Ottawa me donna un conseil en guise d'au revoir : « Il faudra que tu sortes de Moncton de temps en temps pour avoir accès aux idées novatrices, refaire le plein d'énergie et alimenter ta réflexion. » C'est ce que je résolus de faire, et j'aurais amplement l'occasion de le faire.

CLAUDE

Claude assura la relève de notre père dans l'entreprise familiale. Sous sa gouverne, celle-ci prit de l'expansion et connut un formidable succès. Nous étions tous deux très près l'un de l'autre. Je lui ai dédicacé mon livre *Governing from the Centre* : « À mon plus grand fan, mon cher ami, mon frère. »

Même quand j'habitais à Ottawa, nous nous téléphonions plusieurs fois par semaine. J'essayais de l'aider de toutes les façons possibles, car Claude était très engagé dans sa communauté. Il fut le premier Acadien à présider une campagne de financement de l'Université de Moncton. L'objectif de la campagne était de 10 millions de dollars, mais Claude en recueillit 18 millions. En collaboration avec Gilbert Finn, il fonda le Conseil économique acadien, rebaptisé plus tard le Conseil économique du Nouveau-Brunswick. Il construisit un immeuble de bureaux de plusieurs étages sur la rue Main, à Moncton, qui abrite, entre autres entreprises, les bureaux régionaux de la Banque Nationale. L'édifice se dresse sur l'ancien site de Lounsbury et en face de l'ancien hôtel de ville de Moncton, où Claude avait pris la tête de la délégation étudiante qui avait rencontré le maire Leonard Jones afin de réclamer des services bilingues de la Ville.

La veille de l'arrivée des déménageurs à notre nouvelle maison, Claude vint me donner un coup de main pour transporter des boîtes. À un moment donné, il perdit l'équilibre. De plus, quelques jours plus tôt, j'avais dû finir d'écrire une lettre pour lui parce qu'il avait du mal à tenir sa plume. Je demandai à Claude ce qui n'allait pas et lui suggérai qu'il devrait sûrement consulter un médecin. Il croyait que son cholestérol élevé était en cause. Il n'y avait pas à s'inquiéter, dit-il, car il avait un rendez-vous à une clinique médicale privée de Montréal le lendemain.

Le lendemain, vers l'heure du souper, Claude téléphona de Montréal pour nous faire part de mauvaises nouvelles : on lui avait trouvé une tumeur au cerveau. « Est-ce qu'elle est maligne? » demandai-je. Il ne savait pas, mais il dit que les médecins tenteraient de déterminer le lendemain s'il en avait d'autres. Le lendemain, il appela pour dire qu'on avait trouvé des tumeurs dans ses deux poumons. Il me demanda de prendre un avion pour Montréal. J'étais sur place le lendemain.

Le cancer était extrêmement agressif. Il s'était répandu d'un poumon à l'autre et, de là, au cerveau. Nous avions la chance, néanmoins, de nous trouver à Montréal, où il avait accès à la meilleure expertise médicale.

J'accompagnai Claude et Angela, son épouse, dans le cabinet du spécialiste, qui entretenait peu d'espoir. Tout était possible, dit-il, mais les pronostics étaient très mauvais. Il compara la situation aux 747 qui traversent l'Atlantique : « on peut prédire qu'ils arriveront sains et saufs de l'autre côté mais, de temps en temps, il y en a un qui s'écrase. Vos chances ne sont pas meilleures. – Combien de temps me reste-t-il? » demanda Claude. Le médecin était réticent à se mettre à la place de Dieu, mais Claude n'avait que faire de ses scrupules et insista. Sa réponse : environ deux mois. C'était déchirant de sortir du bureau du médecin et de voir les quatre enfants de Claude et Angela nous questionner du regard.

Refusant d'accepter un pronostic aussi sombre, les enfants de Claude firent des recherches sur Internet afin de trouver les traitements les plus modernes contre le cancer du poumon et du cerveau. Je sautai sur le téléphone et appelai tous ceux et celles dont je croyais qu'ils pourraient lui venir en aide. Finalement, Claude décida de se rendre au Dana-Farber Cancer Institute de Boston.

Je désirais faire tout ce que je pouvais pour aider Claude, ce que je fis. De plus, je passai autant de temps avec lui qu'il m'était possible de le faire. J'allai le visiter à Boston et je le rejoignis en Floride alors qu'il y était en vacances. Un jour, il dit qu'il voulait conclure un marché avec moi : celui de nous deux qui mourrait le premier allait faire tous les efforts possibles, s'il y a quelque chose de l'autre bord, pour envoyer un signe à l'autre afin de le lui laisser savoir. Il me donna aussi un conseil fraternel : « C'est peut-être trop tard pour moi, mais il n'est pas trop tard pour toi. À partir de maintenant, fais uniquement ce que tu as envie de faire, ne te sens pas obligé de faire quelque chose ou d'assister à des activités parce que c'est ce que tu crois qu'on attend de toi. Le temps qu'il te reste ne t'appartient qu'à toi et à personne d'autre. »

Sachant que le temps jouait contre lui, Harrison McCain soumit la candidature de Claude à l'Ordre du Canada même si j'étais membre du Conseil. Quand on prononça son nom, je sortis de la réunion et je n'étais pas présent pendant qu'on discutait de son dossier. Il fut fait Officier de l'Ordre du Canada. Linda et moi étions avec lui et sa famille lorsqu'il fut admis à l'Ordre à Rideau Hall. Jean Chrétien s'y trouvait également, car un de ses amis était aussi fait Officier ce soir-là. Je demandai à Chrétien s'il accepterait que l'on prenne une photo de lui en compagnie de Claude et de sa famille. Il fut très courtois et montra toute la classe du monde. Il passa aussi quelque temps à bavarder avec Claude. Je me dis alors que c'était probablement l'entourage de Chrétien plutôt que Chrétien lui-même qui avait été indisposé par *Governing from the Centre*. De toute façon, j'ai toujours cru que Chrétien ne devait guère avoir le temps de se préoccuper d'un livre universitaire. Je lui serai toujours reconnaissant pour la gentillesse qu'il témoigna à Claude peu de temps avant sa mort.

En septembre 1999, la Francophonie tenait son huitième sommet international à Moncton. Une cinquantaine de chefs d'État, notre gouverneur général, le secrétaire général des Nations Unies et d'autres dignitaires y participaient. Roméo LeBlanc s'arrangea pour que je reçoive deux laissez-passer permettant d'assister à tous les événements et cérémonies. Linda suggéra que j'invite Claude à m'accompagner plutôt qu'elle-même, dans l'espoir qu'il éviterait ainsi de penser au cancer. Elle avait raison. Claude et moi avons apprécié chaque minute des festivités. Nous avons rencontré Lucien Bouchard et, voulant à nouveau tenter la chance que j'avais eue auprès de Maurice Richard et de Jean Béliveau, j'essayai de le persuader qu'il avait des racines acadiennes. Après tout, Bouchard est un nom assez commun chez les Acadiens. Lucien Bouchard ne voulut rien entendre : ses ancêtres étaient tous des Québécois pure laine.

Claude mena un rude combat contre le cancer. Sa volonté de vivre était vraiment une source d'inspiration. Mais le combat sapait ses forces. Je me souviens de l'avoir sorti de l'hôpital afin de l'emmener voir sa nouvelle maison, dont on venait tout juste de terminer la construction. Sur le chemin du retour, il demanda : « Es-tu fatigué de te battre contre le cancer avec moi? – Non, lui dis-je. – Tu me le diras quand tu seras fatigué?, ajouta-t-il. Je peux te dire maintenant, Claude, que je ne serai jamais fatigué de me battre à tes côtés. » Avec le recul, je comprends maintenant que c'était Claude qui était fatigué de combattre et que c'était sa façon de me le dire. Il mourut seulement quelques jours plus tard. Son combat avait duré 22 mois, pas deux.

Nous avons reçu l'appel nous annonçant que tout était fini vers 5 h du matin. Je fus le dernier à arriver à l'hôpital, car je voulais en retarder le moment aussi longtemps que possible. Quelques heures plus tard, j'étais de retour à la maison. Comme j'y entrais, je vis un petit oiseau jaune perché sur le rebord de la fenêtre de la cuisine, qui regardait à l'intérieur. Nous n'avions jamais vu cet oiseau auparavant. Pendant 15 jours consécutifs, le petit oiseau resta simplement perché là, regardant dans la cuisine. Puis il disparut, et on ne le revit plus jamais. Linda croit que c'était un canari qui s'était échappé de sa cage. Pour ma part, je croirai toujours que c'était Claude qui respectait sa part de notre marché.

LE SOMMET INTERNATIONAL AU
PAYS DE LA SAGOUINE

Il est très regrettable que le Canada anglais ne soit pas en mesure d'apprécier la romancière et dramaturge acadienne de renom Antonine Maillet à sa juste valeur. Certains Canadiens anglais la connaissent pour avoir animé le débat des chefs lors de la campagne électorale de 1998, et certaines de ses pièces ont été traduites en anglais. Elle a donné des entrevues dans des médias de langue anglaise, mais il y a plus, tellement plus à découvrir au sujet d'Antonine.

Antonine habite à Outremont, à Montréal, sur une rue appelée Antonine-Maillet en son honneur. Un jour, Antonine composa le 911 pour signaler un incendie dans sa maison. Elle donna son nom et son adresse, mais on lui dit que c'était impossible. Elle essaya à nouveau, ils argumentèrent encore. À la fin, elle déclara : « Mais quelle différence cela peut-il faire? On réglera la question plus tard. Le feu se propage[1]. » Elle ne mesure que quatre pieds huit pouces, mais c'est une géante à tous les autres points de vue. Comme je l'ai mentionné, elle a remporté le prestigieux prix Goncourt pour son roman *Pélagie-la-Charrette*, la seule non-Européenne à l'époque à l'avoir reçu, et ses livres sont bien connus dans tous les pays francophones. Le livre a aussi été traduit en plusieurs langues.

Antonine fut chancelier de l'Université de Moncton et se décrit comme une « Acadienne plus ». Elle est l'une des meilleures oratrices que j'aie jamais entendues. Elle possède une volonté de fer mais, en même temps, une personnalité chaleureuse et une vive intelligence. En Acadie, on la connaît surtout pour son livre *La Sagouine* et le Pays de la Sagouine, un village thématique situé à Bouctouche et créé d'après le livre. Celui-ci se compose de 16 monologues mettant en vedette une laveuse de planchers pauvre et peu instruite (la Sagouine) qui fait preuve d'une grande sagesse et qui donne son point de vue sur la politique et les défis quotidiens du temps de la Grande Crise.

Un jour, Antonine m'appela pour me demander une faveur. Elle m'expliqua qu'elle avait accepté de donner le discours d'ouverture d'une conférence gouvernementale sur la francophonie en échange d'une rencontre avec Sheila Copps, ministre du Patrimoine canadien. La conférence avait lieu dans moins d'une semaine, et aucune rencontre n'était encore prévue. Est-ce que je pouvais l'aider? Je téléphonai à un haut fonctionnaire du Ministère pour savoir ce qui s'était passé. Il expliqua qu'il y avait eu un « défaut de communication » et qu'un rendez-vous avec la ministre aurait lieu le même jour où Antonine devait prendre la parole à Ottawa.

Je téléphonai à Antonine pour lui faire savoir qu'elle allait rencontrer la ministre Copps à 15 h le jour de son allocution à Ottawa. « Super! répondit-elle. Maintenant, est-ce que je peux te demander une autre faveur? Pourrais-tu me rencontrer dans le hall de l'hôtel Delta à 14 h? » Quand j'arrivai à l'heure fixée, la première chose qu'Antonine me dit fut : « Sais-tu quel est notre plus gros problème, à nous les Acadiens? » Il m'en venait plusieurs à l'esprit, mais je lui demandai à quel problème elle faisait allusion. « Nous sommes trop modestes », dit-elle, ce à quoi je répondis : « Toi et moi mis à part, je crois que tu as raison. »

Elle m'expliqua que les gens du Pays de la Sagouine prévoyaient présenter une demande d'aide de 250 000 $ au gouvernement en vue de construire un terrain de stationnement dont on avait grandement besoin. Elle déclara : « Je pense qu'on devrait demander 750 000 $. – Pourquoi 750 000 $? demandai-je. – Je veux construire une grange, répondit-elle. – Antonine, tu n'as pas besoin de 750 000 $ pour bâtir une grange, repris-je. L'entreprise de mon frère pourrait te construire une grange pour beaucoup moins. – Tu ne comprends pas, dit-elle. Il nous faut un bâtiment fermé pour servir de théâtre… Qu'est-ce que t'en penses? – Antonine, dis-je, si tu construis une grange, tu auras encore un problème de stationnement. Alors, pourquoi pas demander un million? » Je fis valoir qu'il y aurait une cinquantaine de chefs d'État au Pays de la Sagouine à l'occasion du Sommet de la Francophonie et que si l'événement avait lieu n'importe où ailleurs au Canada, « tu peux être sûre que l'infrastructure nécessaire serait en place. Peux-tu t'imaginer, ajoutai-je, si le sommet international avait lieu à Québec, à Ottawa ou à Toronto? Oui, en effet, nous sommes trop modestes. »

Elle se dit d'accord, mais elle poursuivit en disant qu'elle avait un autre problème. « Je suis une fédéraliste au Québec, expliqua-t-elle, et le directeur de l'Agence de développement international est un unilingue anglophone. Ça me pose un problème, et nous devons changer la situation. » Je la mis en garde : « Antonine, ce n'est pas du ressort de la ministre Copps. Elle n'a rien à voir là-dedans. Tu connais Chrétien : appelle-le. C'est lui qui nomme les sous-ministres. Je te recommande fortement de ne pas soulever la question avec Copps. Ne mêle pas les deux dossiers. » Mais Antonine, qui n'est pas du genre à se laisser convaincre, déclara : « C'est une question de principe. »

Elle avait une dernière faveur à me demander : est-ce que j'irais rencontrer la ministre avec elle? Je n'avais jamais rencontré Copps mais, évidemment, j'en avais entendu parler. On nous escorta jusqu'à son bureau, Antonine remercia la ministre de nous recevoir puis elle alla droit au but. Elle souleva la question de l'unilingue anglophone et dit qu'elle causait des problèmes pour les fédéralistes du Québec. Copps traita la question avec beaucoup de tact, déclarant à Antonine qu'elle connaissait le directeur de l'Agence et qu'elle était certaine qu'il était bilingue. Il s'avéra que c'était le chef de cabinet du ministre qui était unilingue anglais.

La ministre Copps demanda ensuite à Antonine ce qu'elle pouvait faire pour elle. Antonine fut prompte à répondre : « J'aimerais recevoir un million de dollars pour construire une grange au Pays de la Sagouine, à Bouctouche. » Copps demanda ensuite s'il y avait un plan d'affaires, affirmant que son ministère allait devoir poser beaucoup de questions. « Pas de problème, répondit Antonine. J'en emmené un économiste avec moi, dit-elle en pointant vers moi. Vous pouvez lui poser toutes les questions que vous désirez. » La ministre se tourna vers moi mais ne posa aucune question. Je décidai néanmoins de dire quelque chose. « Madame Copps, dis-je, nous allons recevoir de nombreux chefs d'État à Moncton dans le cadre du Sommet international, et les cérémonies d'ouverture auront lieu au Pays de la Sagouine, à Bouctouche. Il peut y faire frais dans le mois de septembre, il risque de pleuvoir et nous n'avons pas de bâtiment fermé. Il s'agit d'un événement important pour le Canada, mais encore plus pour l'Acadie. On peut facilement imaginer que, si nous ne réussissons pas, les souverainistes du Québec diront : "Vous voyez : il aurait mieux valu que le Sommet se soit tenu au Québec." »

La ministre ne répondit pas. Elle se tourna plutôt vers Antonine et déclara : « Madame Maillet, il faut que vous sachiez que je suis une de vos fans depuis des années. Nous allons vous aider. Mon propre ministère, le ministère des Affaires étrangères et l'APECA apporteront leur contribution. Il vous faudra peut-être plus qu'un million de dollars. » Ce fut la seule fois de la rencontre où Antonine parla en anglais. Elle se leva et dit : « *Where have you been all my life!* » Copps demanda ensuite à s'entretenir en privé avec elle. Je sortis du bureau et me trouvai face à face avec une vieille amie, Suzanne Hurtubise, la sous-ministre du Patrimoine canadien. « Qu'est-ce que tu fais ici? demanda-t-elle. – Je crois que nous sommes sur le point de dépenser une partie du budget de votre ministère », et j'expliquai ce qui avait ressorti de la réunion.

Antonine me rejoignit, et alors que nous sortions de l'édifice du Centre en marchant, je lui demandai : « Qu'est-ce que la ministre te voulait? – Oh, de dire Antonine, elle m'a demandé si j'accepterais de siéger au Conseil des Arts. Je lui ai dit que ce ne serait pas possible : je suis trop occupée avec le Pays de la Sagouine. »

J'allai au Pays de la Sagouine l'été suivant, mais il n'y avait pas de grange en vue. Il y avait, en revanche, une infrastructure imposante en place pour accueillir les cérémonies d'ouverture du Sommet. « Antonine, demandai-je, où est la grange? – Nous nous occuperons de la grange plus tard, répondit-elle. Peut-être que Harrison

McCain nous donnera l'argent pour la grange, et nous pourrons l'appeler la grange des McCain, étant donné qu'il est dans l'industrie de la patate. » J'ai le plaisir de signaler que les cérémonies d'ouverture du Sommet connurent un succès retentissant et que le temps était chaud et très agréable.

EN MISSION À L'ÉTRANGER

J'ai eu la chance d'être invité par le Programme des Nations Unies pour le développement (PNUD) et la Banque mondiale à travailler à l'étranger à diverses occasions. J'étais réticent au début parce que cela signifiait que je devrais être loin de chez moi les fins de semaine, qui étaient un moment sacré pour la famille alors que nos enfants grandissaient. Il m'avait semblé suffisamment pénible de devoir faire la navette à Moncton pendant des années, que je m'étais fait un point d'honneur d'être rarement absent de la maison les fins de semaine.

À mesure que les enfants développaient des intérêts à l'extérieur, j'acceptai de me voir confier des missions à l'étranger. Je me rendis en Hongrie et en Russie pour aider à la transition entre un État à un seul parti et un État multipartite. J'avais pour tâche d'expliquer aux employés de l'État les mérites d'une fonction publique non partisane. Ce ne fut pas une mince affaire. Dans les pays ayant un régime parlementaire fondé sur le modèle de Westminster, nous tenons beaucoup de choses pour acquises, dont l'une des plus importantes est une fonction publique non partisane. Je peux assurer au lecteur qu'il était extrêmement difficile pour de nombreux fonctionnaires, qui avaient été employés d'un État à un seul parti durant toute leur carrière, de reconnaître la sagesse de servir la population quel que soit le parti qui remporte le pouvoir aux élections générales. Il était non moins difficile pour eux de comprendre comment assurer le bon fonctionnement de leur nouvel univers. C'était comme introduire une nouvelle religion, un nouveau système de croyances. Ils doutaient que cela puisse être mis en pratique, et j'entendis plus d'un fonctionnaire à Moscou demander : « Comment serait-il possible qu'un employé de l'État soit non partisan? » Nous avons préparé un programme d'études et une série de séminaires sur les mérites et les applications d'une fonction publique non partisane.

Au début de 1996, le PNUD me demanda de me rendre en Bosnie-Herzégovine afin d'assister l'une de ses régions dans la reconstruction de son économie dévastée par la guerre. Ce fut une expérience révélatrice. J'observai les tensions ethniques et linguistiques sous une autre perspective. Des gens furent déplacés, évincés de leurs foyers et de leurs villages, simplement parce qu'ils étaient Bosniaques (musulmans, serbes ou croates). Il n'est pas exagéré d'écrire que, dans la région où je me trouvais, certaines personnes avaient subi des expériences semblables à celles que vécurent mes ancêtres en 1755.

Je séjournai quelque temps à Sarajevo et dans le canton d'Una-Santa. Le canton devait rebâtir sa fonction publique et reconstruire son économie ravagée par la guerre, qui passait d'une économie planifiée et centralisée à une économie de marché. À peine quelques mois plus tôt, Bosniaques, Serbes et Croates se tiraient les uns sur les autres dans les rues. Je dormais dans des camps de fortune dans le canton; une nuit, j'entendis des coups de feu à l'extérieur de ma fenêtre. Le lendemain, je demandai à mon guide-interprète ce qui s'était passé. « Oh! répondit-il, ne vous inquiétez pas pour ça. Ce n'est pas sur vous qu'ils tiraient. Ils avaient juste de vieux comptes à régler. »

Le défi, c'était que le taux de chômage avoisinait les 90 %, que le marché noir était florissant et que la fonction publique s'était effondrée. Les fonctionnaires n'avaient pas touché leurs salaires depuis des mois. Il y avait des trous laissés par les balles de fusil sur pratiquement tous les édifices gouvernementaux dans lesquels je suis entré. Le défi consistait donc à tout inventer et réinventer : les maisons, les centrales électriques, les routes, il fallait tout reconstruire ou réparer et mettre en place de nouveaux processus administratifs. Ajoutez à cela la nécessité de faire place à une économie de marché. La liste des choses à faire était interminable.

Le plus grand défi, cependant, était de gérer les attentes. La guerre était à peine terminée, mais les fonctionnaires que j'ai rencontrés voulaient développer un secteur des technologies de l'information, relancer et dynamiser le tourisme et se doter d'un secteur manufacturier. Tout ça du jour au lendemain. Ils s'attendaient à ce que les organisations internationales leur procurent les fonds nécessaires et l'expertise requise. Il n'y avait tout simplement aucune chance que cela se produise. Combien de touristes auraient envie de visiter un pays déchiré par la guerre, où les infrastructures sont pratiquement inexistantes et où les routes sont criblées de mines terrestres?

Nous avons travaillé sur un plan visant à mettre sur pied des unités de politiques et des unités administratives, à se doter avec le temps de secteurs soigneusement choisis et à encourager des universitaires à s'engager dans leur communauté. Nous avons produit un plan, le PNUD a fourni des fonds et un lent processus de reconstruction s'est amorcé. Les récents développements permettent de croire que les choses progressent rondement : la croissance économique est vigoureuse même si elle n'est pas florissante, les institutions publiques sont en place et fonctionnent, plus d'un million de réfugiés ont réintégré leur maison d'avant la guerre et le gouvernement a tenu des élections libres et justes.

Par ailleurs, la Banque mondiale m'invita à effectuer un séjour au Brésil pour aider le gouvernement à renforcer sa capacité à planifier et à administrer son budget des dépenses. Le pays m'a beaucoup plu, tout comme mon affectation et l'expérience de travailler avec sir Alan Walters. Celui-ci était le conseiller économique en chef de Margaret Thatcher de 1981 à 1984 et à nouveau en 1989. Il était aussi un des grands théoriciens mondiaux de la politique monétaire. Le lecteur se souviendra peut-être que Nigel Lawson, chancelier de l'Échiquier (le ministre des Finances de Grande-Bretagne), obligea Thatcher à choisir entre lui et Walters. Thatcher se rangea du côté de Walters, et Lawson démissionna du Cabinet, plongeant le gouvernement Thatcher dans une crise politique.

Walters et Thatcher avaient des liens très étroits et partageaient des opinions semblables sur de nombreuses questions, dont la décision de laisser flotter la devise britannique afin que sa valeur se stabilise d'elle-même, alléguant qu'elle ne pouvait pas échapper aux forces du marché. Walters m'a paru très amical, accessible, visiblement très bien renseigné et heureux de partager des « histoires de guerre » de ses années auprès de Thatcher. J'en appris beaucoup au sujet du 10, Downing Street, des rouages du gouvernement britannique et des questions de politiques publiques pendant le dîner et le souper lors de notre séjour au Brésil. De plus, nous avons eu une relation fructueuse dans le cadre de notre travail, qui avait pour but de conseiller les fonctionnaires du gouvernement sur la gestion du budget des dépenses. Nous leur parlions de l'expérience internationale, des nouvelles approches en matière de budgétisation et de ce qui avait fonctionné dans ce domaine au Canada et en Grande-Bretagne. Dieu seul sait si nous avons eu le moindre impact.

Je me suis rendu deux fois en Chine pour y fournir des conseils sur l'établissement d'un organisme de développement économique régional dans l'ouest de la Chine. Les Chinois se sont inspirés du modèle de l'Agence de promotion économique du Canada atlantique pour créer leur propre organisme. Comme chacun le sait, l'ouest de la Chine n'a pas ressenti les bienfaits de la décision prise par la Chine en 1978 d'abandonner l'économie dirigée au profit d'une économie de marché. Les régions côtières se sont développées à un rythme époustouflant, attirant des travailleurs de l'Ouest chinois. L'exode des régions occidentales de la Chine a exacerbé le problème, d'où la décision d'y établir un organisme de développement économique. Pendant mes séjours en Chine, je participai à un certain nombre de visites sur le terrain, de séminaires et de rencontres avec des représentants du gouvernement afin d'examiner le projet de loi créant l'organisme. Par la suite, le gouvernement adopta une loi instituant un organisme de développement économique de l'ouest de la Chine et mettant en œuvre diverses mesures conçues pour stimuler l'essor économique de la région.

Je suis loin d'être le seul Acadien à être allé en Chine ces dernières années. Il ne se passe pratiquement pas un mois sans qu'un Acadien ou une Acadienne du Nouveau-Brunswick ne s'y rende pour explorer les occasions d'affaires. Bon nombre d'entreprises communes et de nouvelles entreprises y ont été lancées ces dernières années par des entrepreneurs locaux et des entreprises chinoises. Un entrepre-

neur de Moncton du secteur de la transformation du bois y a ouvert
une usine de fabrication d'armoires de cuisine en 2003. Je lui ai
demandé pourquoi. « La raison en est bien simple, de répondre l'entrepreneur. Je peux expédier un arbre du Canada en Chine, fabri-
quer un produit fini dans mon usine là-bas et expédier à nouveau le
produit au Canada à un coût bien inférieur à ce que ça me coûte-
rait pour prendre le même arbre et le transformer à mon usine de
Moncton. »

Comme les choses peuvent changer en une ou deux générations!
Quand j'allais à l'école de Saint-Maurice, je faisais don de 5 ¢ pour
aider l'Église catholique à sauver des âmes en Chine. Je me rappelle
clairement les visages de ces enfants chinois vivant dans la pauvreté,
que l'Église appelait les païens, collés sur les images qu'on donnait
à ceux qui faisaient un don. Stimulé par ces images, j'imaginais de
quoi avaient l'air les pays du tiers monde, et il était impensable
qu'un jour quelqu'un de ma région, à part un missionnaire, puisse
visiter une contrée aussi lointaine.

De nos jours, il n'y a plus de contrées lointaines, et l'espace économique occupe maintenant une place plus grande et plus importante que l'espace politique. En définitive, le sort de l'Acadie dépend
de la mesure dans laquelle les Acadiens et les Acadiennes réussiront
à tirer leur épingle du jeu dans l'espace économique.

DU CONSEIL DU TRÉSOR À GOMERY

L'année 2003 a marqué la publication de mon livre *Breaking the
Bargain: Public Servants, Ministers, and Parliament*, dont la sortie
tomba encore une fois à un moment bien opportun. Le pays s'intéressait de plus en plus au scandale des commandites, qui avait
dominé dans les médias pendant plusieurs années. Au cœur du scandale se trouvait la relation entre les fonctionnaires, les ministres et
le Parlement, et les médias accordèrent encore une fois une couverture considérable à mon livre, mais ce ne fut pas tout. La relation
entre Chrétien et Martin était rompue et Martin évoquait souvent
la nécessité de régler le « déficit démocratique » du pays. Il cita

Governing from the Centre lorsqu'il cibla directement la concentration du pouvoir entre les mains du premier ministre et de son bureau. La seule façon dont on faisait avancer les choses à Ottawa à ce moment, insistait-il, dépendait des gens que l'on connaissait au bureau du premier ministre. Sous sa direction, soulignait-il, les choses seraient différentes.

Grâce à une demande d'accès à l'information, Daniel LeBlanc, journaliste au *Globe and Mail*, obtint des renseignements révélant que le gouvernement avait versé 550 000 $ à la firme de communications Groupaction Marketing pour un rapport qui n'existait pas, ou du moins qui était introuvable. À Ottawa, la rumeur voulait que ce n'était que la pointe de l'iceberg. Chrétien répondit en demandant à la vérificatrice générale, Sheila Fraser, d'examiner la question. Lorsqu'elle déposa son rapport au Parlement, Paul Martin occupait le fauteuil du premier ministre. Le rapport de Fraser était une dénonciation cinglante de ce qui avait transpiré du programme de commandites. Elle employa des mots tels que « scandaleux » et « flagrant » et accusa les hauts fonctionnaires d'avoir « enfreint toutes les règles ». Martin réclama une enquête publique et chargea Reg Alcock, président du Conseil du Trésor, de prendre des mesures pour assurer que des scandales semblables à celui des commandites ne puissent plus se reproduire.

Alcock avait entendu parler de mon livre *Breaking the Bargain*, et nous nous étions rencontrés à Ottawa à quelques reprises. Jim Judd, alors secrétaire du Conseil du Trésor, et lui me prièrent de leur donner un coup de main dans l'élaboration des nouvelles mesures. Je n'avais pas du tout envie de retourner vivre à Ottawa et je fus très clair sur ce point. Depuis quelque temps, le Secrétariat du Conseil du Trésor disposait d'une bourse de chercheur invité à l'intention d'universitaires canadiens, la bourse Simon Reisman. Cette bourse permettait au gouvernement d'emprunter les services d'un ou une universitaire pour lui confier une mission spéciale et de rembourser son salaire à l'université qui les lui prêtait. On m'offrit la bourse, et je me retrouvai une fois de plus à faire le trajet entre Moncton et Ottawa.

Dans une entrevue que je lui accordai, le magazine *University*

Affairs rapportait que « les médias ont embelli la situation en disant que vous avez été appelé en renfort par le gouvernement Martin afin de revigorer la fonction publique et d'apporter une solution à l'effritement des institutions démocratiques du Canada ». Je répondis que personne « de ce monde ne serait à la hauteur de la tâche »[2]. Je doute même maintenant que quelqu'un de l'autre monde le serait. Quoi qu'il en soit, mon travail était beaucoup moins ambitieux : assister le Conseil du Trésor dans l'examen des responsabilités et des responsabilisations des ministres et des hauts fonctionnaires, de la régie des sociétés d'État et des dispositions de la *Loi sur la gestion des finances publiques.*

Mon travail fut aussi simplifié par d'autres facteurs. Ainsi, j'examinai attentivement la réforme proposée par le Secrétariat relativement à la régie des sociétés d'État et elle ne me posait pas de difficulté. Le seul changement que je proposai était que ce soit le conseil d'administration au lieu du gouvernement qui nomme le président des sociétés. Voilà le rôle principal des conseils d'administration dans le secteur privé, et sans un tel mandat, les conseils sont inévitablement laissés à se débattre. Les conseils d'administration ne doivent pas et ne peuvent pas gérer une entreprise, mais ils doivent choisir qui en dirige la gestion et tenir cette personne responsable du rendement de l'entreprise. Le personnel du Secrétariat était d'accord avec moi : le problème, soulignait-il, se situait sur le plan politique. Je ne pouvais pas y faire grand-chose et rien n'avait encore été fait.

J'ai appris que les premiers ministres n'accepteront jamais facilement de renoncer à leur pouvoir de nomination. Le fait de récompenser ou de punir une société d'État ou d'en diriger les travaux constitue un instrument extrêmement puissant. Le premier ministre est la seule personne habilitée à modifier le processus de nomination et, pour cette raison, j'entretiens peu d'espoir que nous verrons un changement significatif à cet égard dans un avenir prochain.

En ce qui a trait aux responsabilités et aux responsabilisations des ministres et des hauts fonctionnaires, j'en vins à la conclusion que personne, à vrai dire, ne souhaitait vraiment apporter de changements marqués à l'ordre des choses. Nous avons eu de nombreuses réunions, et il devint bientôt évident que le statu quo se poursuivrait advienne que pourra. Il est dans l'intérêt de chacun au gouvernement, semble-t-il, de s'accrocher au statu quo. Les arrangements actuels permettent à tout le monde de se dire responsable quand les choses vont mal tout en refusant d'en assumer la faute. Quant à trouver la ou les personnes à blâmer au sein du gouvernement, autant chercher à attraper de la fumée.

Nous avons eu aussi de nombreuses réunions sur une possible révision de la *Loi sur la gestion des finances publiques*. La Loi établit les règles que les fonctionnaires doivent respecter dans l'exercice de leurs fonctions, et je m'appliquai avec autant d'attention que quiconque à réviser ses exigences, car il arrive que des réformes provoquent l'apparition d'un nouvel ensemble de problèmes.

Alors que j'étais au Conseil du Trésor, le juge John Gomery me téléphona pour me donner rendez-vous à Montréal. Plus tôt, le premier ministre avait désigné Gomery, un ancien juge de la Cour supérieure du Québec, pour diriger l'enquête publique sur le scandale des commandites. Je rencontrai le juge Gomery pour déjeuner à Montréal en compagnie de divers avocats, dont Bernard Roy, le procureur en chef de la Commission. Gomery rapporta que « quelqu'un à Ottawa » lui avait fortement recommandé de lire *Breaking the Bargain*. Il l'avait lu et l'avait trouvé très instructif. Il me demanda si j'accepterais de me joindre à la Commission d'enquête en tant que directeur de la recherche pour la phase II de ses travaux.

Je déclarai aux personnes présentes que je n'étais pas à l'aise de discuter de toute possibilité d'association à l'enquête étant donné que j'étais encore boursier Reisman et chercheur invité au Conseil du Trésor. Je devais d'abord discuter de la question avec les représentants du Conseil du Trésor et, deuxièmement, je désirais réfléchir au rôle que je pourrais y jouer. Nous avons tout de même eu des échanges intéressants sur le rôle des ministres et celui des fonctionnaires.

À mon retour à Ottawa, j'eus une rencontre avec Reg Alcock et Jim Judd pour leur rapporter ma discussion avec le juge Gomery. Mon mandat en tant que boursier Reisman touchait à sa fin, et Alcock et Judd m'encouragèrent tous deux à accepter l'invitation.

Judd affirma que ma nomination pourrait éviter qu'on ne cherche à réinventer la roue.

Je rencontrai Gomery pour déjeuner à Ottawa au moment où je quittais le Conseil du Trésor. J'acceptai de diriger le volet recherche de la phase II. Les enquêtes publiques se déroulent en deux phases : la première, où l'on enquête sur la nature du problème et détermine qui a fait quoi; et la deuxième, où l'on formule des recommandations en vue d'empêcher que le problème ne se reproduise. Mon rôle se limitait à la phase II, et c'est exactement ce que je souhaitais. Je connaissais personnellement certains des joueurs qui seraient appelés à témoigner devant la commission d'enquête au cours de la phase I. De plus, je tenais plusieurs d'entre eux en haute estime, ce qui est toujours le cas, et je leur accorderais encore une très bonne note pour leur intégrité et leur désir de servir l'intérêt public.

Ce sont les avocats qui menèrent la première phase des travaux, et c'était tant mieux. Je n'étais pas présent à leurs séances d'information ou à leurs réunions avec Gomery. Je pris connaissance des témoignages des diverses personnes ayant comparu devant la commission Gomery à Ottawa et à Montréal, en lisant les transcriptions des audiences. Cependant, je n'assistai à aucune d'entre elles.

Je produisis un document visant à cerner les principales questions découlant de la phase I. Le document était essentiellement descriptif et ne fut jamais publié. J'y soulignais que ceux qui parurent devant la Commission avaient une vison confuse du rôle approprié des ministres et des fonctionnaires, et qu'ils ne s'entendaient pas sur la question. Les témoins interprétaient de façon différente ce qu'on entendait par la responsabilisation, la responsabilité et la reddition de comptes. Même deux greffiers du Conseil privé avaient des interprétations différentes du sens de ces mots, l'un (Himelfarb) insistant pour dire que si l'autre (Bourgon) avait parlé de « reddition de comptes » au lieu de « responsabilité » ou de « responsabilisation », il aurait été d'accord avec elle. Il y avait là à mon avis une espèce de flou, une zone grise qui, concluais-je, servait bien les ministres et les sous-ministres. Cette zone grise permet aux ministres d'assumer la « reddition de comptes » mais aussi de blâmer les fonctionnaires quand les affaires vont mal. Selon moi, la phase I de l'enquête publique constituait essentiellement un exercice consistant à pointer du doigt des coupables, et il y avait amplement de cibles tout autour pour pointer du doigt tout le monde et dans toutes les directions.

Je rencontrai Gomery à plusieurs reprises lors de la planification de la phase II du rapport. Gomery tenait à s'assurer qu'il s'agirait de « son » rapport et de « ses » recommandations. Je n'y voyais aucune objection, étant donné que c'était sa commission et qu'il devrait endosser le rapport, ses conclusions et ses recommandations pour la postérité.

Dès le début de mes fonctions, il lança tout un défi à l'équipe de recherche en demandant : « Savez-vous ce qui fait un bon juge? » Je ne connaissais pas la réponse, ce que dut certainement trahir mon air perplexe, et il répondit très vite à sa propre question : « Deux bons avocats devant le juge, chacun représentant de façon très compétente l'une ou l'autre partie dans l'affaire. » J'avais tout de suite compris : le juge Gomery était prêt à se pencher sur toute question tant et aussi longtemps que le programme de recherche était en mesure de monter un dossier solide de part et d'autre. À aucun moment le juge Gomery n'exprima le moindre préjugé sur une question, pas plus qu'il ne fit part d'idées préconçues ou ne suggéra à l'équipe de recherche d'examiner une question donnée d'un point de vue particulier. J'en vins à la conclusion que Gomery était un homme intègre et je n'ai pas changé d'avis. Il en arrivait à prendre une position après avoir examiné divers arguments et, une fois qu'il l'avait adoptée, il était très difficile de le faire revenir sur sa position, voire impossible. On m'a dit que c'est ainsi que font les juges. Cela dit, ce fut très agréable de travailler avec le juge Gomery. Je voyais en lui un homme qui avait le sens du devoir que lui conférait sa robe, qui était profondément attaché à servir l'intérêt public et à faire la bonne chose.

Gomery dut faire la transition entre le tribunal, où les délibérations sont relativement exemptes de toute considération partisane et où l'on travaille dans un isolement relatif, et un environnement politique très tendu. Pour survivre dans un environnement politique partisan, il faut posséder un instinct politique aiguisé, attaquer le point faible de son adversaire au bon moment et savoir anticiper le prochain mouvement de l'adversaire. Jean Chrétien était parfaitement à l'aise dans cet environnement, et l'on eut le pressentiment que, tôt ou tard, il allait de quelque façon faire payer à Gomery l'affront d'avoir déploré le « *small town cheap* » de Chrétien, dont le gouvernement avait fait produire des balles de golf portant sa signature. Gomery allait apprendre à ses dépens que la politique est un jeu de survie où il faut toujours rester sur ses gardes. Bref, Gomery n'était pas préparé pour ce monde et il allait en payer le prix.

Je recrutai Ned Franks, du Département de sciences politiques de la Queen's University, afin qu'il collabore au programme de recherche. Ned a publié abondamment dans le domaine et a des opinions bien arrêtées sur le rôle du Parlement et la responsabilisation. Il y consacra de longues heures et fut responsable de nombreuses questions, dont le projet qui lui tenait le plus à cœur : l'introduction du concept d'« agent comptable » au Canada.

Lorsque Gomery déposa ses rapports, je décidai de ne pas commenter publiquement ses conclusions et recommandations. Il aurait peut-être été divertissant pour certain (un très petit nombre, je le soupçonne) de voir sur quels points j'étais en désaccord avec Gomery ou quelles recommandations j'endossais, mais c'eût été aussi inapproprié.

Je tiens cependant à faire une mise au point sur une question. Un groupe d'éminentes personnalités canadiennes écrivirent au premier ministre Harper pour appuyer certaines recommandations de Gomery, mais aussi pour le mettre en garde contre les conséquences désastreuses qu'aurait la mise en œuvre de certaines autres par le gouvernement. Ces personnes rendirent leur lettre publique et les médias en firent grand cas.

Elles y faisaient valoir ce qui suit : « Une autre partie du Rapport qui nous préoccupe sérieusement touche la recommandation à l'effet que, dans l'avenir, les sous-ministres soient choisis par leurs ministres. Nous croyons fermement que le Canada devrait maintenir la pratique actuelle selon laquelle la nomination des sous-ministres relève du Premier ministre. Cette pratique sert à souligner à tous les intéressés que les connaissances, la loyauté et l'engagement d'un sous-ministre doivent s'étendre au-delà d'un seul ministère à l'ensemble du gouvernement. » Gomery ne recommanda *jamais* que le pouvoir de nommer les sous-ministres soit dévolu à chacun des ministres. Voici ce qu'il recommanda : « Recommandation 12 – Le Canada devrait adopter une procédure de concours ouvert pour le choix des sous-ministres en s'inspirant du modèle de l'Alberta. » Gomery expliquait comment devait se dérouler « une procédure de concours ouvert » puis il soulignait clairement que, d'après le modèle albertain, « le premier ministre possède un droit de veto » sur les nominations.

Je note également que les avocats représentant Jean Chrétien s'adressèrent aux tribunaux pour contester les conclusions de Gomery. Les médias rapportèrent que les avocats de Chrétien semblaient s'inquiéter « particulièrement de l'opinion d'un professeur d'université, Donald Savoie, selon qui le pouvoir était concentré au cabinet du premier ministre pour le programme des commandites ». Je ne me rappelle pas avoir insinué une telle chose. De toute façon, la Cour fédérale statua que « M. Gomery a consulté M. Savoie pour la rédaction de son deuxième rapport uniquement, et non pour son premier[3] », qui blâmait les responsables du scandale. La Cour avait raison.

Au printemps de 2007, le premier ministre Shawn Graham, du Nouveau-Brunswick, me demanda de diriger l'examen de la loi provinciale sur le droit à l'information. Le Nouveau-Brunswick fut la deuxième province canadienne seulement à se doter d'une telle loi, mais celle-ci n'avait pas fait l'objet d'une mise à jour depuis son adoption en 1978.

J'acceptai de m'acquitter de cette tâche à titre bénévole. Je ne désirais pas être rémunéré pour ce travail notamment parce que je voulais aider ma province (ma contribution à l'effort du Nouveau-Brunswick pour atteindre l'autosuffisance), mais aussi parce que j'estimais qu'il y avait déjà trop de consultants qui, souvent, produisaient des rapports bâclés et demandaient habituellement des tarifs exorbitants. Je ne voulais pas être complice d'une telle pratique. De plus, je voulais avoir la liberté d'appeler un chat un chat et de dénoncer ce qui m'apparaissait être des politiques publiques mal avisées. Ainsi, j'ai critiqué la décision du gouvernement Graham d'abolir le programme provincial d'immersion précoce en français et exprimé des inquiétudes au sujet de sa réforme des soins de santé. Il est certain qu'une partie de notre rôle en tant qu'universitaires est de dire la vérité aux personnes qui détiennent le pouvoir. Pourtant, ces dernières années, j'ai trop souvent vu des consultants et des collègues universitaires qui exécutaient des contrats du gouvernement en écrivant simplement ce que le gouvernement souhaitait entendre.

Il y a certains inconvénients à travailler gratuitement pour le gouvernement. Je demandai seulement que l'on me rembourse mes dépenses, mais comme mon travail était bénévole, les fonctionnaires du gouvernement eurent beaucoup de mal à traiter mes comptes de dépenses – au début, du moins, je devais attendre presque trois mois avant de recevoir un remboursement. Il semble que le gouvernement ait perdu sa capacité de travailler avec des personnes qui sont disposées à donner gratuitement de leur temps.

Nous avons produit le rapport à temps, selon l'horaire prévu, au coût de 19 000 $ (essentiellement des frais de traduction et de publication). Je n'embauchai aucun consultant pour préparer les rapports d'information ou travailler à l'examen de la Loi. Le rapport contenait 43 recommandations qui se fondaient sur la notion voulant que les fonctionnaires du gouvernement à tous les niveaux ne devraient pas demander, comme c'est pratique courante, pourquoi des citoyens et des citoyennes auraient accès au gouvernement, mais plutôt pourquoi pas? Le rapport a été bien reçu par les médias et, je crois, par le gouvernement Graham.

Je me réjouis que ce rapport n'ait coûté que 19 000 $ aux contribuables du Nouveau-Brunswick. Il a fallu 18 mois au Groupe d'étude de l'accès à l'information d'Ottawa pour réaliser ses travaux, qui ont engendré un certain nombre de rapports de consultants et coûté des millions de dollars. On ne sait toujours pas clairement, cependant, comment Ottawa compte s'y prendre pour mettre à jour sa loi sur l'accès à l'information.

Ottawa n'est pas le seul à lancer l'argent des contribuables aux consultants. Ces dernières années, le gouvernement du Nouveau-Brunswick a commandé rapport après rapport à des consultants sur pratiquement toutes les questions de politiques publiques imaginables. Entre 2007 et 2008, le gouvernement a embauché des consultants pour examiner, *parmi de nombreux autres sujets*, l'éducation postsecondaire (1,2 million de dollars), le programme d'immersion précoce en français (180 000 $), le travail des groupes bénévoles (200 000 $) et la conception d'un nouveau modèle d'engagement public (coût inconnu). Le rapport sur l'éducation postsecondaire a été jeté à la poubelle et le rapport Croll-Lee sur l'immersion précoce en français a été jugé particulièrement mauvais et écarté. Des universitaires de l'Université du Nouveau-Brunswick (UNB), de Mount Allison et de l'Université de Moncton, tous des experts dans le domaine ou en méthodologie de recherche, ont décrié le rapport. Ils ont qualifié le rapport de « partial », son raisonnement, de « boiteux » et ses conclusions, de « trompeuses ». Vingt et un membres du corps professoral de l'UNB sont allés jusqu'à signer une lettre de plainte à l'ombudsman. Même le gouvernement a reconnu que c'était un rapport mauvais et il prétend maintenant que d'autres facteurs ont mené à sa décision d'abolir le programme d'immersion précoce. On ne peut que se demander : quels sont ces autres facteurs? Le gouvernement n'a jamais précisé la nature de ces facteurs, laissant la population du Nouveau-Brunswick libre de spéculer sur ce qu'ils peuvent être. Cela porte à croire que le gouvernement avait déjà pris la décision de mettre fin au programme d'immersion précoce avant même de commander le rapport. Dans ces conditions, pourquoi avoir dépensé 180 000 $? Les deux consultants embauchés ne sont pas venus défendre leur rapport, et aucun expert dans le domaine ne s'est porté à leur défense.

J'ai lu le rapport. Il est mauvais, comme chacun le sait. On ne peut s'empêcher de penser que les consultants sont allés rencontrer le gouvernement et lui ont demandé : que voulez-vous que nous écrivions? Ensuite, ils ont livré la marchandise.

Mais le problème en cause est encore plus vaste : la responsabilisation. Les consultants devraient être tenus responsables du travail bâclé qu'ils produisent et les représentants du gouvernement qui les ont embauchés devraient être tenus responsables non seulement d'avoir accepté un travail insatisfaisant, mais aussi d'en avoir payé les auteurs. Les contribuables voient le problème et ils se sentent impuissants. Il fut un temps où le secteur public était imprégné d'une culture de parcimonie à tous les points de vue, mais cette culture a disparu. Pas étonnant que le secteur public ait une si mauvaise réputation et que le dénigrement des fonctionnaires soit devenu un sport en vogue dans les démocraties anglo-américaines. C'est aussi ce qui explique, du moins en partie, la montée du néo-conservatisme dans les démocraties occidentales.

TRISTES SEMAILLES, DOUCES MOISSONS

Le 5 décembre 2003, le gouvernement du Canada ratifiait une proclamation royale qui reconnaissait les torts causés aux Acadiens lors du Grand Dérangement. Un certain nombre d'Acadiens avaient réclamé des excuses du monarque britannique pour les événements de 1755 et ils réussirent finalement à obtenir une proclamation royale reconnaissant la déportation. Je n'ai jamais été un partisan de cette initiative, car je crois que des excuses ou une reconnaissance de torts ne régleraient rien mais ne feraient que témoigner d'un événement historique regrettable.

Néanmoins, quand Sheila Copps en fit l'annonce au nom du gouvernement, nombreux sont les Acadiens et les Acadiennes qui se dirent satisfaits. La ministre révéla même qu'elle aussi avait des racines acadiennes. Comme l'a déjà fait remarquer Antonine Maillet, « c'est à la mode de nos jours de dire qu'on a des racines acadiennes. Il y a 40 ans, il était impossible de trouver quelqu'un, en dehors des petits villages acadiens, qui aurait volontiers admis avoir des racines acadiennes. » Ne serait-ce que pour cette seule raison, nous avons fait de grands progrès.

Copps affirma que la Proclamation royale marquait un « moment historique », ajoutant que les Acadiens étaient « un modèle de courage et de détermination ». Elle désigna le 28 juillet « Jour de commémoration du Grand Dérangement ». Copps remit une copie de la Proclamation royale à Euclide Chiasson, président de la Société Nationale de l'Acadie. Pour sa part, Chiasson déclara simplement qu'il était « très heureux du dénouement positif qu'a connu ce dossier »[4].

Jean-Claude Villiard, un ami et, à l'époque, sous-ministre d'Industrie Canada, fut invité à signer la Proclamation en tant que sous-registraire général du Canada. Sa signature serait l'une des deux seules apposées sur la Proclamation (l'autre étant celle de Morris Rosenberg, sous-procureur général du Canada). Villiard décida d'emporter le document chez lui pour le signer, afin que son fils de 14 ans puisse être témoin de l'événement solennel. Il s'assit à la table de la cuisine avec la Proclamation à la main et expliqua à son fils ce qu'il s'apprêtait à faire. Il lui dit : « Cette proclamation est une forme d'excuses pour le Grand Dérangement. Sais-tu ce qu'est le Grand Dérangement? » Son fils réfléchit à la question pendant un instant puis il avança une réponse possible : « Est-ce la fois où la LNH a suspendu Maurice Richard? »

Le *Globe and Mail* m'invita à rédiger un article sur la Proclamation royale, qui parut en français dans *Le Devoir* sous le titre « Tristes semailles, douces moissons ». J'aimerais reproduire ici des passages de ce billet, qui reflète le message central du présent livre. J'y écrivais que mes parents et leurs ancêtres m'avaient enseigné comment accepter le fardeau de l'histoire. Un peuple qui prend le parti de l'amertume, de la rancœur et de la vengeance s'engage dans une voie sans issue. C'est leur capacité de mettre de côté l'amertume qui explique que les Acadiens n'ont pas cherché de compensation financière ou un règlement judiciaire dans le cadre de la Proclamation royale. Leur objectif était simplement d'obtenir la reconnaissance officielle d'un événement historique.

« J'ai bien appris les leçons de l'histoire. J'ai étudié en Angleterre, et à aucun moment je n'ai éprouvé le moindre relent de ressentiment contre les Britanniques. Je m'y suis plutôt fait de nombreux amis et c'est là que j'ai découvert le génie des institutions politiques britanniques. J'ai passé les 20 dernières années de ma vie à écrire à leur sujet et au sujet de leur application au Canada, chantant leurs louanges et mettant en garde contre le danger de s'éloigner de leurs préceptes fondamentaux. Il est approprié aujourd'hui que ce soient ces mêmes institutions qui ont engendré la Proclamation royale. À mon avis, la capacité de protéger les minorités que démontrent les institutions politiques d'inspiration britannique se comparent avantageusement à celle de n'importe quelles autres institutions, y compris les institutions françaises et américaines. Les Acadiens du Nouveau-Brunswick, par exemple, s'en tirent beaucoup mieux que nos cousins cajuns de la Louisiane en ce qui concerne la préservation de leur identité et de leur langue. À bien des égards, l'histoire des Acadiens et de la Proclamation royale témoigne des valeurs canadiennes. Le Canada donne aux peuples et aux individus la possibilité de rebâtir leurs communautés et de reconstruire leurs vies brisées. Il existe un parallèle entre leur histoire et celle de la déportation des Acadiens – et c'est peut-être pour cette raison, et en raison des expériences éprouvantes qu'ont vécues mes ancêtres, que je suis toujours fier de voir mon pays ouvrir ses frontières à de nouveaux Canadiens et Canadiennes en quête d'un nouveau foyer où refaire leur vie. Les néo-Canadiens se voient offrir une multitude de nouvelles possibilités à condition qu'ils abandonnent leurs vieilles querelles derrière eux et qu'ils renoncent au ressentiment et à l'amertume. La Proclamation royale contient de nombreux messages. Il y en a deux que j'aimerais retenir, à savoir que le Canada rend possible la dignité collective et que nos institutions politiques fonctionnent. Tant le pays que ses institutions politiques nous ont bien servis, et nous devrions nous garder de les tenir pour acquis. »

UN RETOUR À OXFORD

J'ai pris à cœur le conseil de mon ami qui me recommandait de sortir de Moncton de temps en temps pour refaire le plein d'énergie. Grâce à mon récent passage au Conseil du Trésor en tant que boursier Reisman et à mon travail pour la commission Gomery, j'étais resté au courant des derniers développements en administration publique.

Il n'était pas moins important pour moi de me garder au fait des nouvelles publications et des idées novatrices issues des milieux universitaires. J'eus la chance d'être choisi boursier principal de la Fondation Fulbright pour l'année universitaire 2001–2002 et je passai l'année aux universités Harvard et Duke. Je pus constater par moi-même les avantages qu'offrent les grandes bibliothèques et les salles de travail bien équipées, et j'appréciai beaucoup mes rencontres avec des membres du corps professoral au dîner dans des cercles de professeurs bien aménagés. L'expérience me fut très profitable et me permit de compléter mes recherches en vue de mon livre *Breaking the Bargain*.

Je terminai également les recherches préparatoires à *Visiting Grandchildren: Economic Development in the Maritimes*. Ce livre serait mon dernier sur le développement économique régional. Alex Colville accepta que j'utilise une de ses toiles sur la couverture du livre. Il m'écrivit pour dire qu'il admirait le travail que je faisais au nom de ma région et que, pour sa part, il avait parfois l'impression de prêcher dans le désert. Il ajouta : « Bien sûr, il y a aussi du beau dans le désert, et toi et moi en parlons peut-être d'une voix semblable. » C'est un livre superbe et je voulus en envoyer un exemplaire à Colville marqué d'une dédicace particulière. Je voulais écrire quelque chose d'original, pas l'habituel « avec mes meilleurs vœux » ou « tous mes remerciements pour ton appui ». J'écrivis finalement une dédicace dont il me dit plus tard qu'il l'avait vraiment appréciée. Elle se lisait comme suit : « Voici un livre que les gens, je l'espère, jugeront par sa couverture. »

Cependant, c'est à Oxford que je suis retourné maintes et maintes fois. Je suis devenu un visiteur régulier au Nuffield College. Ces visites fréquentes m'ont permis d'établir des contacts avec des praticiens de Londres et de renouer mes liens avec la communauté universitaire d'Oxford. Je visitai Geoffrey Marshall et Nevil Johnson à maintes occasions, et tous deux affirmèrent qu'ils aimaient lire mes livres. Marshall en particulier déclara qu'à son avis *Governing from the Centre* avait beaucoup de mérite. Il soutenait que la thèse au cœur de mon œuvre trouvait de plus en plus écho en Grande-Bretagne. Il m'indiqua qu'il se ferait un plaisir de parrainer ma candidature au doctorat ès lettres (D. ès L.) d'Oxford.

Cette nouvelle signifiait beaucoup pour moi. Il y a 40, 30 ou même 20 ans, il aurait été impensable pour un Acadien d'imaginer qu'un jour un professeur d'Oxford proposerait de lui rendre un tel honneur. À cette époque, Geoffrey Marshall avait été promu recteur du Queen's College. Il affirma plus tard que la présentation de ma candidature fut l'une des dernières fonctions officielles qu'il exerça en tant que recteur.

Le doctorat ès lettres d'Oxford est attribué par un comité qui examine le travail d'universitaires diplômés d'Oxford. Le comité est composé d'universitaires d'Oxford et d'au moins une autre université. Son rôle consiste à déterminer si l'œuvre d'un ou une universitaire « constitue une contribution originale à l'avancement des connaissances, dont la nature et le mérite confèrent au candidat ou à la candidate un statut d'autorité dans une ou plusieurs disciplines » (traduction libre). Le 3 mars 2000, Oxford me contacta pour m'annoncer que l'université allait me décerner un D. ès L. En apprenant la nouvelle, je me souvins de mon oncle Calixte et des luttes difficiles qu'il avait menées quelque 70 ans plus tôt pour amener la province du Nouveau-Brunswick à permettre les écoles de langue française de la première à la troisième année.

L'attribution du D. ès L. m'incita à accepter que mon nom figure sur la liste des candidats à une bourse de recherche de l'All Souls College. Comme le lecteur se le rappellera d'après la description que j'en ai faite plus tôt, All Souls n'a pas d'étudiants, uniquement des boursiers. C'est également l'un des collèges les plus riches d'Oxford, qui abrite la célèbre bibliothèque Codrington, et il s'agit du seul collège où les universitaires sont en grande partie libres de se consacrer à la recherche. All Souls fut fondé en 1438 pour le salut des âmes de ceux qui étaient tombés au combat lors de la guerre de Cent Ans avec la France.

Les chercheurs boursiers sont élus par les autres boursiers sur le principe du mérite et ils ont accès au collège durant six ans. Ils proviennent des quatre coins du monde. Il arrive parfois qu'un politicien ou un fonctionnaire chevronné y est élu, mais c'est rare. Lorsque Julie Edwards, secrétaire du comité des boursiers, m'appela pour m'annoncer que j'étais l'un des neuf boursiers élus cette année-là, je lui dis que j'étais honoré, mais je l'avertis que j'allais prier pour « l'autre côté ». Elle répondit que les boursiers devraient peut-être reconsidérer leur décision et procéder à un nouveau vote!

All Souls se classe parmi les expériences les plus enrichissantes de ma vie. J'y trouvai la meilleure table, le meilleur vin et des conversations parmi les plus fascinantes que l'on puisse espérer. Pour moi, c'était comme aller au ciel sans avoir à mourir. À All Souls, on peut lire, penser et écrire tout à loisir : le personnel du collège s'occupe de tout le reste. Linda et moi avions un charmant logement de deux chambres à coucher doté de tous les services et commodités modernes. Pendant mon séjour à All Souls, je terminai la rédaction de *Court Government and the Collapse of Accountability in Canada and the United Kingdom*. Ce livre n'aurait pas été possible sans All Souls.

Il y a beaucoup de choses à All Souls dont on peut profiter, et le moment fort de la journée est toujours le souper à la table d'honneur en compagnie des boursiers. Ceux-ci appartiennent à diverses disciplines, soit la jurisprudence, l'économie, les sciences politiques, les mathématiques, la philosophie et l'histoire. Je me rappelle un souper où j'écoutai une discussion fascinante au sujet des récents développements en mathématiques. C'était un monde nouveau pour moi de découvrir qu'on pouvait étudier un problème particulier tout en sachant qu'il serait impossible de le résoudre au cours de sa vie. L'objectif était de faire progresser l'état des connaissances afin d'améliorer les chances que la prochaine génération d'universitaires puisse résoudre le problème.

Un soir, Gary Hart, ancien sénateur et candidat à la présidence des États-Unis, se joignit à nous pour le souper. Le lecteur se rappellera peut-être que Hart était nettement en avance dans la course à la candidature démocrate lors des élections de 1988. Toutefois, la rumeur courut que Hart avait une relation extra-conjugale, ce qu'il nia. Par la suite, le *Miami Herald* obtint des photos montrant Hart en compagnie d'un mannequin de 29 ans, Donna Rice, à bord d'un yacht, le *Monkey Business*. Hart décida de se retirer de la campagne présidentielle. Il retourna à l'université, reçut un doctorat en sciences politiques à Oxford et est maintenant professeur titulaire d'une chaire dotée à la University of Colorado.

Hart me sembla très aimable, intéressant et bien renseigné même sur des questions concernant le Canada. Un étudiant que j'avais rencontré auparavant se joignit à la conversation et demanda à Hart : « Si vous deviez tout recommencer depuis le début, y a-t-il quelque chose que vous feriez différemment? » L'étudiant, un jeune et brillant Anglais qui n'avait qu'une connaissance limitée de la politique américaine de la fin des années 1980, ignorait tout des difficultés que Hart avait rencontrées au cours de la campagne électorale. Hart répondit : « Cette question appelle une réponse longue et détaillée, mais la réponse courte est non. » Après le souper, j'informai l'étudiant de l'histoire entre Hart et Donna Rice et de la décision de Hart de se retirer de la campagne. L'expression de son visage changea complètement et il s'écria : « Je dois aller lui présenter des excuses. » Je l'exhortai à ne pas le faire, alléguant qu'il risquait d'empirer les choses, sachant que Hart savait intuitivement que l'étudiant n'avait pas la moindre idée de ce qui s'était passé à bord du yacht *Monkey Business*.

Les boursiers d'All Souls me parurent courtois, généreux et intéressants – tous sauf un, pour qui j'acquis une certaine antipathie. Il était prétentieux, il connaissait toujours la réponse à toutes les questions, que ce soit dans son domaine de recherche ou non, il attachait une grande importance au protocole et cherchait sans cesse à savoir qui recevait tel bureau ou tel avantage. Je ne tardai pas à découvrir que les autres boursiers ne se bousculaient pas pour s'asseoir à ses côtés au moment des repas.

Un soir, je fus invité, ainsi que neuf autres boursiers, à une dégustation de vins de la cave du collège. J'avertis notre hôte, qui était non seulement responsable du cellier mais aussi un connaisseur de vins très respecté au Royaume-Uni, que je ne m'y connaissais pas beaucoup en vins. « Ça ne fait rien, dit-il. Quand il est question de vins, je suis suffisamment arrogant pour n'écouter que moi-même. Viens, et tu vas aimer l'expérience. » J'arrivai à l'heure fixée dans l'une des meilleures salles d'All Souls. Je remarquai un grand crachoir posé sur une table et entouré d'une trentaine de bouteilles. J'allai y jeter un coup d'œil de plus près et constatai que le crachoir était fait d'argent massif et datait de 1728 : il était donc antérieur au Grand Dérangement. Dix boursiers seulement étaient présents, y compris le prétentieux. C'était tout un spectacle de nous voir : chaque personne reniflait le vin, en prenait une gorgée, faisait tourner le vin dans sa bouche, gonflant ses joues l'une après l'autre pendant quelques secondes puis, au bout d'un moment, se rendait au crachoir et recrachait le vin. « Si seulement les Acadiens de Bouctouche pouvaient voir ça! » me dis-je. Et qu'auraient pensé les deux *bootleggers* de Saint-Maurice de recracher du vin coûteux dans un crachoir? Je fis remarquer à mon ami le connaisseur que le vin était délicieux mais que, par principe, je n'allais pas le recracher. « Très bien, déclara-t-il, mais fais attention au cadre de porte quand tu sortiras. »

Le boursier prétentieux s'approcha de moi pour engager la conversation. Avec un accent très aristocratique, il dit : « Je crois comprendre que vous êtes du Canada. – Oui, répondis-je. – De quel coin du Canada? – De Bouctouche. – Bouctouche… de dire le boursier d'un ton hautain. Oh, oui. » C'est là-dessus que notre conversation prit fin. J'imagine que, le lendemain matin, il fit des recherches sur Google pour trouver où diable Bouctouche est située.

Je suis profondément attaché à mes racines, tout comme de nombreux Acadiens et Acadiennes de ma génération. Mes racines m'ont à la fois défini et motivé. Nous n'avons pas de territoire que nous pouvons appeler le nôtre ni d'importantes institutions politiques qui nous appartiennent en propre. Nous avons appris à survivre contre vents et marées parce que des gens comme Calixte Savoie, Clément Cormier et Louis J. Robichaud ont lutté afin de nous donner les outils non seulement pour survivre, mais aussi pour prendre notre place dans la société. Plusieurs de ma génération ont connu du succès parce que, depuis l'époque qui a précédé 1755, nous avons été les premiers à bénéficier de l'infrastructure et du soutien nécessaires pour y parvenir. À bien des égards, nous n'avons pas voulu laisser tomber Louis J. Robichaud. Puisque nous n'avions rien d'autre, nos racines sont devenues notre pierre angulaire, notre appel à l'action et notre motivation.

L'Acadie d'aujourd'hui n'est pas la même que l'Acadie de ma génération. La nouvelle génération d'Acadiens et d'Acadiennes doit se tourner vers d'autres sources de motivation. Comme tout le monde

dans la société, les Acadiens sont présentement témoins d'une tendance à privilégier l'individu plutôt que la collectivité. Cette tendance a pour effet de soulever des questions sur l'avenir de l'Acadie
et des Acadiens.

12

Les Acadiens : façonnés et refaçonnés par l'expérience

S'il me fallait tout recommencer, j'essaierais bien sûr d'éviter telle ou telle erreur, mais le cours principal de ma vie resterait inchangé. J'ai été façonné par les expériences de mes parents et de leurs parents avant eux, et ainsi de suite en remontant dans le passé. Les gens de ma génération, de la génération de Louis J. Robichaud, nous avons vécu à une période de transition entre l'époque où les Acadiens de Moncton qui s'appelaient Brun devenaient des Brown et ceux qui s'appelaient LeBlanc devenaient des White, et l'époque où le peuple acadien a vu dans ses racines et son histoire la source d'une grande fierté.

De nos jours, ça fait chic d'être Acadien, mais il n'en a pas toujours été ainsi. Nous avons quelques points en commun avec les Cajuns de la Louisiane. Dans son étude sur les Cajuns, Griffin Smith fils a écrit qu'il fut un temps où « cajun » n'était pas un beau mot. On peut en dire autant du mot « acadien ». Il a écrit également : « Je n'ai jamais rencontré de Cajun qui se donnait des airs[1]. » On peut en dire autant des Acadiens. Toutefois, il y a maintenant d'éminents historiens de Yale et des politologues de Toronto et d'ailleurs qui ont décidé de visiter l'Acadie, de la découvrir et d'écrire sur nous. Nous sommes maintenant à la mode, et les luttes que nous avons menées au cours de l'histoire sont devenues un sujet d'intérêt chez les intellectuels canadiens. Les historiens contemporains nous décrivent comme les premiers « *boat people* » dont les ancêtres furent soumis à une forme de nettoyage ethnique[2]. Il y a 150 ans, les historiens nous auraient décrits comme un peuple à moitié sauvage, illettré, obstiné et indigne de confiance[3].

En une génération, j'ai vu un peuple se transformer littéralement. Robichaud fut certainement le catalyseur de cette transformation, mais ses initiatives ont également déclenché une série d'événements qui allaient provoquer une onde de choc aux quatre coins de l'Acadie, du Nouveau-Brunswick et des autres provinces Maritimes. Sa présence et son succès politique ont envoyé un message à chaque Acadien et Acadienne : il était maintenant possible d'avoir une place au gouvernement, tant dans l'administration publique qu'en politique. Les mesures de Robichaud ont cependant engendré un mouvement d'agitation dont Leonard Jones est devenu le symbole.

L'ennemi se montrait maintenant au grand jour. Il n'opérait plus discrètement dans les chambres d'hôtel de Fredericton ou en toute quiétude dans les couloirs du pouvoir politique, auxquels peu d'Acadiens étaient conviés. Ceux qui y étaient invités n'étaient pas assez nombreux et n'avaient pas la capacité nécessaire pour remettre en question le statu quo et espérer avoir la moindre chance de succès. Maintenant, nous étions soudain en présence de deux camps opposés, celui de Robichaud et celui de Jones, et en fin de compte c'est Robichaud qui l'a emporté. Depuis avant le Grand Dérangement, c'était la première fois que notre camp remportait la victoire, et si Robichaud pouvait réussir, nous le pouvions nous aussi.

Depuis, les Acadiens de la génération de Robichaud ont été à l'origine de nombreuses histoires de réussite remarquable. Parmi les entrepreneurs florissants, on compte Bernard Cyr; Paul LeBlanc a remporté un Oscar; Rhéal Cormier a terminé récemment une longue carrière de lanceur dans les ligues nationale et américaine de baseball; Raymond Bourque a été un défenseur étoile dans la Ligue nationale de hockey; plusieurs Acadiens ont participé aux récents Jeux olympiques d'été et d'hiver; bon nombre de professeurs acadiens de l'Université de Moncton font de plus en plus sentir leur présence dans les publications savantes; des Acadiens occupent maintenant des postes aux échelons supérieurs des fonctions publiques fédérale et provinciale; et la liste se poursuit. Camille Thériault, un Acadien et un de mes anciens étudiants, est devenu premier ministre du Nouveau-Brunswick en 1998. Nous sommes tous des enfants de Louis Robichaud. Bien qu'elle ne fasse pas partie de la génération de Robichaud, Antonine Maillet s'est imposée comme une figure dominante de la littérature de langue française. Toutes ces réussites sont le fruit d'une population d'environ seulement 300 000 habitants des provinces Maritimes.

Façonnés par des expériences partagées, nous, de la génération de Louis Robichaud, avons beaucoup de choses en commun. Nous avons atteint la majorité à l'époque des *baby-boomers*, nous avons été la première génération à posséder notre propre université (par opposition aux collèges classiques) et nous avions un ennemi commun et très visible (Leonard Jones et ce qu'il représentait). Mais surtout, nous étions la première génération à quitter en masse de petits villages qui se caractérisaient tous par un fort esprit communautaire et un sens profond de l'histoire. Les valeurs qui animaient ces petits villages ont fait de nous ce que nous étions.

C'est par le pouvoir politique, dont Robichaud a constitué le premier exemple, mais aussi Pierre Trudeau, que ma génération a pris vie, qu'elle a trouvé sa raison d'être et son énergie. Trudeau cherchait à renforcer le Canada français en faisant la promotion des communautés francophones hors Québec. Son gouvernement a investi dans nos institutions et nous a encouragés à créer de nouvelles associations afin d'accroître notre capacité à exiger plus de droits et une représentation accrue dans les milieux gouvernementaux, à formuler de nouvelles demandes en vue de favoriser l'épanouissement de nos communautés et de générer un meilleur accès aux programmes gouvernementaux. Tout à coup, les gouvernements étaient de notre côté.

Alors que Trudeau se faisait le promoteur d'une perspective pancanadienne du Canada français, un grand nombre de Québécois se sont retournés vers l'intérieur. En bref, ils ont perdu l'intérêt de regarder à l'extérieur de leurs frontières territoriales, et le Canada français en tant qu'entité a commencé à battre de l'aile. Par le passé, ce qui définissait le Canada français n'était pas un territoire, mais une langue commune, une religion commune et des institutions semblables, depuis les écoles et les collèges classiques jusqu'aux hôpitaux. À compter des années 1970, il y a eu cependant deux Canadas français : l'un au Québec et l'autre hors Québec. Celui du Québec a entrepris de devenir maître chez lui tandis que celui hors Québec a continué de partager son foyer avec la majorité anglophone.

Nous avons découvert que lorsque les Québécois ont commencé à se proclamer maîtres chez eux, ils voulaient dire le Québec et seulement le Québec. De leur côté, les Acadiens n'avaient pas de territoire, uniquement des racines. Si nous voulions devenir maîtres chez nous, nous allions devoir chercher d'autres moyens. Nous avons dû nous tourner vers nos racines, vers le sentiment de fierté de notre identité (par exemple, le Congrès mondial acadien, entre autres nombreux événements inventés au cours des 20 dernières années environ afin de célébrer l'Acadie) et vers la participation au monde des affaires, à la pratique des arts et des sports et au gouvernement. Ce n'est qu'en obtenant une plus grande influence et une présence accrue dans tous les secteurs que nous allions pouvoir devenir maîtres chez nous. Mis à part nos autorités sanitaires et nos conseils scolaires locaux, nous n'avions pas de territoire, mais seulement une identité partagée et le désir de prendre notre place de droit dans toutes les facettes de la société.

Les Acadiens ont été mis de côté pendant que les forces fédéralistes et souverainistes s'affrontaient dans l'arène au Québec. Les Acadiens pouvaient se sentir solidaires du Québec lorsqu'il envoyait 75 députés fédéralistes sur 75 à Ottawa, mais cela ne leur était plus possible lorsque Lucien Bouchard et son parti souverainiste remportèrent une majorité des sièges au Québec, ou lorsque le parti souverainiste fut porté au pouvoir à Québec. Le Canada français n'existait plus, du moins aux yeux de nombreux Québécois.

Il y a eu d'autres changements tout aussi lourds de conséquences. Ottawa a décidé de renforcer les communautés francophones hors Québec en faisant d'elles des groupes de pression, en finançant des associations aux vocations les plus variées et en soutenant des groupes représentant pratiquement tous les segments de la société acadienne, ce qui a entraîné la bureaucratisation des mouvements acadiens. Le bénévolat a cédé la place en grande partie aux conseils rémunérés. « Les fonds du fédéral, gages de voyages » ont donné lieu à des bureaucraties parallèles sur place, dont le personnel se compose d'Acadiens mais qui sont financées par Ottawa. Un collègue de l'Université de Moncton a observé récemment que, présentement, le gouvernement fédéral appuie directement ou indirectement quelque 300 associations francophones ou événements de langue française à l'extérieur du Québec, quoique dans certains cas le financement accordé soit bien modeste.

Les associations acadiennes ont bientôt commencé à manifester certaines caractéristiques des bureaucraties gouvernementales. Il est devenu important pour elles de préserver leur chasse gardée et leur budget de dépenses, et elles ont appris qu'il ne faut pas mordre la main qui les nourrit. Elles ont contesté des politiques gouvernementales mais seulement jusqu'à un certain point. Elles ont servi les fins de Trudeau en s'affirmant davantage et en réclamant de meilleurs services gouvernementaux dans les deux langues officielles. Mais ensuite? Que faire des associations de revendication une fois qu'elles sont parvenues à leurs fins? Les gouvernements ne sont pas particulièrement habiles à mettre fin à quelque chose, à remettre en question le statu quo ou l'existence d'organismes. Les organismes financés par le gouvernement vont trop souvent au-delà de leur date d'expiration, en quête d'un nouveau rôle, d'une nouvelle vision ou d'un nouveau mandat.

On exagère à peine en suggérant que l'on paie maintenant les groupes de revendication rémunérés pour qu'ils se tiennent tranquilles. Comme dans d'autres bureaucraties, les gestes audacieux s'y font rares. Le personnel des associations a depuis longtemps commencé à concentrer son attention davantage sur les bureaucrates fédéraux, tels ses homologues de Patrimoine canadien, et moins sur les communautés acadiennes mêmes. Je n'ai pas de sondage d'opinion publique en main, mais je soupçonne que bien peu d'Acadiens sont au courant des activités de la Société Nationale de l'Acadie (SNA), organisme financé par le gouvernement. Et la SNA est loin d'être la seule association acadienne à recevoir du financement fédéral et les autres ne sont pas moins visibles. C'est ainsi que sont apparus ceux que Maurice Basque a qualifiés d'« Acadiens d'État », c'est-à-dire des Acadiens subventionnés par l'État.

Loin de moi l'intention de prétendre que la SNA ou d'autres associations n'ont pas eu de retombées positives. Elles en ont eu, surtout dans les premières années. On ne peut pas lancer des millions de dollars de fonds gouvernementaux à des associations ou à des causes sans produire un certain impact. Le fait est, néanmoins, que les Acadiens sont maintenant devenus excessivement dépendants de ces fonds – pourquoi se préoccuper de droits linguistiques, de développement économique et de stratégie d'éducation alors qu'il y a des gens payés pour le faire? Le temps est venu de se poser la question : est-il nécessaire qu'on nous paie pour être Acadiens?

En raison de mon expérience, on pourrait bien m'accuser d'être un nostalgique du bon vieux temps. C'est-à-dire qu'il vient un temps dans la vie de la plupart des gens où l'on devient découragé par la laideur du présent comparativement à une époque révolue, où les gens étaient plus autosuffisants. Je n'y fais pas exception. Je suis en admiration devant les 5 000 Acadiens qui autrefois se sont réunis à Memramcook sans que le gouvernement ait payé leurs dépenses, encore moins un salaire, pour choisir des symboles nationaux et un hymne national, et définir les moyens de résister à l'assimilation.

Trudeau a légué aux Canadiens et aux Canadiennes une *Charte des droits et libertés* qui a eu une profonde incidence sur la société canadienne, et encore une fois l'Acadie n'a pas été en reste. Les articles 16 à 23 de la Charte précisent les droits linguistiques et les droits à l'instruction dans la langue de la minorité. Ce sont maintenant des avocats et des tribunaux qui font ce qu'ont fait autrefois Calixte Savoie, Clément Cormier et Louis Robichaud. La Charte a remplacé en quelque sorte le pouvoir politique, et nous avons découvert que les droits juridiques s'avèrent particulièrement importants pour ceux et celles qui détiennent peu de pouvoir politique ou économique. Ces droits procurent également un sentiment de sécurité aux groupes linguistiques minoritaires, de sorte qu'il est ainsi moins nécessaire de mobiliser les Acadiens pour qu'ils s'engagent en politique parce que les tribunaux s'occuperont des questions qui surgissent.

L'ACADIE : ET MAINTENANT?

Un jour, j'ai demandé à Antonine Maillet : « Est-ce que l'Acadie sera encore là dans 100 ans? » Elle a réfléchi un moment avant de répondre : « Je ne sais pas et je crois que personne ne le sait. Mais nous allons nous battre en diable! » L'objectif, comme toujours, est de survivre, c'est-à-dire de résister à l'assimilation et de promouvoir des communautés fortes et dynamiques. À son tour, la survie signifie que les communautés acadiennes doivent être fortes culturellement. L'Acadie ne survivra culturellement que si elle prospère économiquement et si elle devient de plus en plus autosuffisante. Transcendant l'espace et le temps, la force économique peut accélérer les décisions politiques. C'est elle la nouvelle frontière pour les Acadiens, et nous avons besoin de modèles dans le domaine des affaires tout comme nous avions besoin de Louis Robichaud il y a une cinquantaine d'années.

La Constitution canadienne procure aux Acadiens un puissant instrument juridique qui n'est offert à aucun autre groupe mis à part la majorité anglophone du pays. Jamais peut-être ne serons-nous, Acadiens, plus forts politiquement que nous ne le sommes présentement. Les néo-Canadiens et les néo-Canadiennes transforment le paysage politique et exerceront avec le temps une influence profonde sur l'ordre du jour politique et les priorités du pays.

Les Acadiens comptent en revanche de nouveaux alliés politiques, des alliés avec qui nous devons apprendre à cultiver des liens et à collaborer. Nous en avons vu les signes dans la foulée de la décision jugée mal avisée du gouvernement néo-brunswickois d'éliminer son programme d'immersion précoce en français. L'organisme Canadian Parents for French a lancé une vigoureuse campagne contre cette décision. Au milieu du débat, j'ai reçu un courriel de Rob Hoadley, un citoyen anglophone de 26 ans de Moncton, qui me demandait conseil sur les moyens de faire pression sur le gouvernement pour qu'il revienne sur sa décision. Il affirmait que sa génération n'a aucun souvenir de Louis Robichaud ni de Leonard Jones et que, pour lui, le bilinguisme n'était pas un rêve mais un projet. Il ajoutait que nous avons aujourd'hui « un pont entre les anglophones et l'Acadie, tandis que par le passé le pont était seulement à sens unique : seuls les Acadiens le traversaient ». Il m'a dit qu'il avait conçu un site Web pour appuyer l'immersion précoce et qu'en quelques jours 5 500 citoyens et citoyennes du Nouveau-Brunswick s'y étaient inscrits pour exprimer leur appui au programme. À bien des égards, Hoadley poursuit le même combat que celui mené par Calixte Savoie, Louis Robichaud et Clément Cormier il y a quelque 50 ans. Mais il est un Néo-Brunswickois de langue anglaise, non un Acadien. Hoadley est le produit d'un Moncton très différent de celui où j'ai déménagé en 1959.

Il ne faut pas oublier par ailleurs que le maire Brian Murphy est celui qui a amené le Conseil municipal à proclamer Moncton ville officiellement bilingue, la première ville du Canada à le faire. Nous attendons toujours qu'Ottawa, la capitale nationale, en fasse autant. Le vote du Conseil municipal de Moncton fut unanime et la salle du Conseil était remplie de représentants de la communauté. Ceux-ci réservèrent une ovation au Conseil. Alors que Leonard Jones se retournait probablement dans son cercueil, les Acadiens en sont venus à constater qu'ils bénéficient maintenant d'alliés dans la lutte pour leur survie.

Il importe de reconnaître qu'il existe une communauté acadienne de plus en plus urbaine, autonome et, relativement parlant, prospère économiquement. Son défi consiste à résister à l'assimilation. Une autre communauté acadienne est rurale. Elle est vulnérable sur le plan économique, tout comme le sont devenues de nombreuses autres communautés rurales du Canada et axées sur les ressources. Son défi consiste à assurer sa survie économique. En Acadie comme ailleurs, on observe une hausse de la migration vers les villes. La région de Moncton-Dieppe a attiré des habitants du nord du Nouveau-Brunswick en grand nombre et Halifax attire des Acadiens des trois provinces Maritimes.

Les résidents de Caraquet, dans le nord du Nouveau-Brunswick, vivent en français, et la langue utilisée dans les infrastructures collectives est presque exclusivement le français. Un bon nombre d'entre eux ne parlent pas l'anglais. Caraquet, entre autres localités de la Péninsule acadienne, n'est certainement pas menacée d'un point de vue linguistique ou culturel. Caraquet demeurera une communauté francophone tout autant que Matane, au Québec, par exemple, dans la mesure où la communauté pourra assurer sa survie économique.

Pour les Acadiens qui vont s'établir à Halifax ou à Toronto, le défi qui se présente est bien différent de ce qu'il était lorsqu'ils habitaient à Bouctouche ou à Caraquet. Les mariages mixtes sont maintenant chose courante. À l'heure actuelle, environ 30 % des élèves admissibles à l'école de langue française au Nouveau-Brunswick ont un parent dont la langue est l'anglais. De plus, le taux de natalité chez les Acadiens, qui était élevé jusque dans les années 1960, a chuté considérablement à mesure que l'Église catholique a perdu de son influence.

De bien des façons, cependant, toutes les communautés acadiennes sont maintenant urbaines. Les valeurs sociales ont changé. Comme ailleurs au Canada, l'Acadie est maintenant plus laïque et moins révérencieuse. Dans son livre *Bowling Alone*, Robert Putnam faisait valoir que le capital sociétal avait grandement diminué aux États-Unis depuis les années 1950, minant l'esprit communautaire et l'engagement civique[4]. Cette observation vaut tout autant pour les Acadiens que pour n'importe quels autres Canadiens et Américains. Comme ailleurs, les Acadiens, nous allons moins souvent à la messe, nous avons un taux de divorce à la hausse, nous sommes moins portés vers le bénévolat, nous avons moins tendance à être membres d'un parti politique que par le passé et nous regardons davantage la télévision. Tous les foyers acadiens ont maintenant leur propre téléviseur; on ne regarde plus la télévision en communauté comme j'en ai eu l'expérience à Saint-Maurice.

L'Acadie doit maintenant se vendre aux nouveaux Canadiens et Canadiennes. Nul besoin de rappeler au lecteur ce que les néo-Canadiens apportent au pays : une nouvelle façon de voir, des idées nouvelles, de la vigueur et le désir d'un nouveau commencement. Bref, ils insufflent un dynamisme dans nos communautés. L'Acadie a réussi à attirer de nouveaux arrivants et il suffit de regarder l'exemple de l'Université de Moncton pour se convaincre de leur contribution. Mais nous devrons faire davantage pour démontrer que l'Acadie accueille favorablement la diversité et que, compte tenu de notre histoire, nous sommes une collectivité ouverte et tolérante.

IL N'EN TIENT MAINTENANT QU'À CHACUN DE NOUS

Chaque Acadien et chaque Acadienne devra décider ce que l'avenir réserve à l'Acadie. La société a pris un virage vers le néo-libéralisme et nos relations sociales sont passées de collectivistes à individualistes. L'urbanisation, la télévision, Internet et les jeux électroniques ont tous produit un effet d'isolement, et les vastes centres commerciaux linéaires ont remplacé le magasin du coin. Il est moins probable que les gens conservent le même emploi durant toute leur vie active, et la quête de meilleures perspectives économiques aura souvent pour effet de déraciner des familles.

La montée du capitalisme de marché a renforcé les valeurs libérales et accéléré la tendance chez les individus à adopter des comportements qui réduisent notre capacité à faire des choix collectifs. Les attributs de l'individu ont maintenant une plus grande importance que ceux de la collectivité. Les gouvernements ont cherché à réduire la dépendance des communautés envers leurs programmes. Malgré le peu de succès qu'ils ont obtenu, on sent que la survie d'un certain nombre de programmes fédéraux qui appuient diverses associations acadiennes ne tient qu'à un fil. Certains signes semblent indiquer que l'époque des Acadiens subventionnés par l'État tire à sa fin, alors qu'Ottawa redéfinit sa relation avec les groupes linguistiques minoritaires. En outre, des renseignements non scientifiques suggèrent que l'idée d'Acadiens subventionnés par l'État semble peu attrayante chez les jeunes Acadiens. C'est ce que j'entends de la part de mes étudiants et étudiantes.

La mondialisation a imposé une discipline de marché dans de nombreuses activités, et rien ne laisse croire, à vrai dire, que son influence diminuera dans les prochaines années. Nous pouvons faire comme le roi Canut et essayer d'empêcher la marée de monter, mais tout comme il se révéla incapable d'écarter les vagues, nous ne réussirons pas davantage à ordonner à la mondialisation de retourner là d'où elle est venue.

La voie de l'avenir pour l'Acadie et les Acadiens est de faire place au changement et de se mesurer à la concurrence avec enthousiasme. Il nous faut voir la mondialisation d'un bon œil, car elle est porteuse d'innombrables débouchés économiques. La mondialisation valorise la réussite économique, non l'espace ou le territoire, et l'espace économique est devenu plus important que l'espace politique. Si l'espace politique a perdu de son importance, si la responsabilité des droits linguistiques et en matière d'instruction a été cédée aux tribunaux et si les Acadiens ont maintenant une place dans les institutions nécessaires à leur croissance, il appartient alors aux individus d'assurer la prospérité des communautés acadiennes. L'Acadie avait besoin de Louis Robichaud pour sortir de sa coquille en 1960. Aujourd'hui elle a besoin de personnes engagées dans tous les secteurs si elle veut conserver son dynamisme.

Les gouvernements ou les programmes qu'ils financent ne peuvent mener le rude combat dont parlait Antonine Maillet. Nous avons maintenant les lois et les institutions, les compétences, les modèles et la confiance pour relever la concurrence. Nous avons une présence sur la scène mondiale qui fait peut-être l'envie de nombreux petits États. Des universitaires du Japon ont fait paraître récemment deux ouvrages sur l'Acadie, des universitaires allemands en ont publié quatre, et la liste se poursuit. Nous devons maintenant exploiter pleinement le potentiel économique qui accompagne une telle présence sur la scène mondiale.

Je ne saurais trop insister sur le fait que la survie de l'Acadie repose sur les épaules des individus et sur leurs actions. Ce n'est qu'individuellement que nous pouvons livrer le rude combat. Le gouvernement peut donner un coup de main, mais il ne peut pas faire beaucoup plus. Le lecteur aura sans doute conclu que je vois des limites au rôle que les gouvernements peuvent utilement jouer dans la société ou pour promouvoir une Acadie plus forte, et ce, pour deux raisons. J'ai constaté que l'intervention gouvernementale mène trop souvent à la dépendance. Les individus et même les communautés acquièrent une dépendance envers les dépenses gouvernementales et perdent leur capacité à se suffire à eux-mêmes – et peut-être même l'intérêt de le faire.

J'ai aussi observé les rouages du gouvernement de l'intérieur, et il y règne trop souvent le gaspillage et les pratiques inefficaces. Il y a soit une incapacité, soit une absence de volonté de régler la question des individus au rendement insatisfaisant. Personne, apparemment, n'est en mesure de contrôler la croissance de la fonction publique, et les gouvernements semblent impuissants à réduire les activités après qu'elles ont été en place durant quelques années. L'appareil gouvernemental semble de plus en plus organisé en fonction d'un monde qui appartient au passé. Le monde d'aujourd'hui est très concurrentiel, et les économies régionales et même nationales se sont métamorphosées en une économie mondiale. La loyauté envers les communautés, les régions, l'espace et les employeurs n'est plus aussi forte qu'elle l'était il y a 40 ans, loin de là. Il est nécessaire que les Acadiens s'ajustent à ce nouveau monde afin de mener le rude combat.

Réduite à sa vraie signification, la mondialisation est une question de pouvoir politique et économique. L'Acadie y survivra dans la mesure où des personnes et des entreprises voudront individuellement se définir comme acadiennes dans ce nouveau monde. Le défi à relever sera énorme car les frontières du monde politique et du monde économique ne sont plus très nettes. Mais nous avons tout ce qu'il nous faut pour nous mesurer à la concurrence dans le monde des affaires, le milieu des arts et le domaine des connaissances, la clé de la croissance économique.

La mondialisation signifie également que les limites et les frontières sont en train de tomber. Les gouvernements ont de moins en moins la capacité d'exercer leurs activités à l'intérieur de frontières géographiques définies (l'État-nation, une province ou une municipalité). Autrefois, les frontières marquaient le lieu où s'exerçait une autorité donnée, mais ce sont de plus en plus le marché et les institutions transnationales qui exercent le pouvoir. Les Acadiens n'ont jamais eu de frontières pour les protéger et ils ont dû improviser pour survivre depuis littéralement leurs tout débuts. Cela devrait bien nous servir au moment où chacun cherche à s'adapter au nouveau monde car, d'une certaine façon, nous naviguons sur ces eaux depuis 1755. Les limites, les frontières et le territoire ont toujours appartenu à d'autres, pas à nous.

Le pouvoir est dispersé comme jamais auparavant – entre des premiers ministres et leurs courtisans, des entreprises multinationales qui ont des activités sur tous les continents, des tribunaux, des lobbyistes rémunérés, des médias et, encore une fois, la liste est longue. Les Acadiens en tant qu'individus doivent saisir leur part de pouvoir, mais il nous faut avant tout mieux cerner où se trouve le pouvoir. Voilà le sujet de mon prochain livre.

Notes

INTRODUCTION

1 Calixte F. Savoie, *Mémoires d'un nationaliste acadien*, Moncton, Éditions d'Acadie, 10. Il est à noter que le sénateur Calixte F. Savoie était mon oncle.

2 Site Internet de Tourisme Nouveau-Brunswick : http://www.tourismnewbrunswick.ca/fr-CA/HNTravelTrade/HNI tineraries/HNIExplorerCircle.htm (consulté en avril 2008).

3 Communiqué de Communications Nouveau-Brunswick, sur Internet : http://www.gnb.ca/cnb/newsf/tp/2008fo153tp.htm (consulté en avril 2008).

4 Voir « Introduction », dans Savoie, *Mémoires d'un nationaliste acadien*.

CHAPITRE 2

1 Les meilleures études sont celles de John Mack Faragher, *A Great and Noble Scheme: The Tragic Story of the Expulsion of the French Acadians from their American Homeland*, New York, W.W. Norton and Company, 2005; Naomi Griffiths, *From Migrant to Acadian: A North American Border People 1604–1755*, Kingston et Montréal, McGill-Queen's

University Press, 2005; et James Laxer, *The Acadians: In Search of a Homeland*, Scarborough (Ont.), Doubleday Canada, 2000; ainsi que divers ouvrages publiés par Maurice Basque au fil des ans. Voir, parmi de nombreux autres, Maurice Basque *et al.*, *L'Acadie de l'Atlantique*, Moncton, Centre d'études acadiennes, 1999 et Nicolas Landry et Nicole Lang, *Histoire de l'Acadie*, Sillery (Qc), Septentrion, 2001.

2 Il y a lieu de noter que, selon certains observateurs, le premier établissement français fut celui de l'île Sainte-Croix.

3 Faragher, *A Great and Noble Scheme*, 3.

4 *Ibid.*, 18.

5 *Ibid.*, 30.

6 *Ibid.*, 40 (traduction libre).

7 Naomi Griffiths, « Acadians », dans Paul Robert Magosci (dir.), *Encyclopedia of Canada's Peoples*, Toronto, University of Toronto Press, 1999, 144.

8 À noter que cette version des faits est celle de mon ancêtre.

9 Faragher, *A Great and Noble Scheme*, 59.

10 Griffiths, « Acadians », 114.

11 *Ibid.* (traduction libre).

12 Faragher, *A Great and Noble Scheme*, 50.

13 Griffiths, « Acadians », 115 (traduction libre).

14 *Ibid.* (traduction libre).

15 Faragher, *A Great and Noble Scheme*, 147 (traduction libre).

16 Griffiths, « Acadians », 115.

17 *Ibid.*

18 Faragher, *A Great and Noble Scheme*, 145.

19 *Ibid.*, 145 (traduction libre).

20 Le gouverneur britannique de la Nouvelle-Écosse, Richard Phillips, acceptait la neutralité des Acadiens.

21 Jean Daigle, « L'Acadie de 1604 à 1763, synthèse historique », dans Jean Daigle (dir.), *L'Acadie des Maritimes*, Moncton, Chaire d'études acadiennes, Université de Moncton, 1993, 28.

22 Cité dans : Faragher, *A Great and Noble Scheme*, 226 (traduction libre).

23 *Ibid.*, 262 (traduction libre).

24 Cité dans : Yves Cazaux, *L'Acadie, histoire des Acadiens du XVII*^{e}* siècle à nos jours*, Paris, Albin Michel, 1992, 313.

25 Griffiths, *From Migrant to Acadian*, 463.

26 *Ibid.*

27 Cité dans : Naomi Griffiths, « The Acadian Deportation: Causes and Development », thèse de doctorat, London University, 1969, 176 (traduction libre).

28 Cité dans : Cécile Chevrier, *Acadie : esquisses d'un parcours*, Dieppe, Société Nationale de l'Acadie, 1994, 55.

29 Faragher, *A Great and Noble Scheme*, 371.

30 *Ibid.*, 375-376 (traduction libre).

31 Cité dans : *ibid.*, 410 (traduction libre).

32 *Ibid.*, 439 (traduction libre).

33 Griffiths, « Acadians », 118.

34 *Ibid.*, 122.

CHAPITRE 3

1 Mike Dunn, « Archie Moore's Most Memorable Triumph », www.eastsideboxing.com, 23 juillet 2004; et « Moore vs Durelle » et « The Night Sugar Ray Robinson Got Lucky », www.thesweetscience.com (traduction libre; consultés en mai 2008).

CHAPITRE 4

1 Calixte F. Savoie, *Mémoires d'un nationaliste acadien*, Moncton, Éditions d'Acadie, 1979, 145.

2 *Ibid.*, 158.

3 Della M.M. Stanley, *Louis Robichaud: A Decade of Power*, Halifax, Nimbus Publishing, 1984, 47–48 (traduction libre).

4 *Ibid.*, 48 (traduction ibre).

5 « Brief submitted to the Deutsch Commission by Saint Joseph College », présenté à Moncton (N.-B.) le 11 décembre 1961 (non paginé). Voir aussi *Rapport de la Commission royale d'enquête sur l'enseignement supérieur au Nouveau-Brunswick*, Fredericton, Imprimeur de la Reine, 1962, 34–59.

6 *Ibid.*

7 Robert A. Young, « Le programme Chances égales pour tous : une vue

d'ensemble », dans *L'ère Robichaud, 1960–1970*, Moncton, Institut canadien de recherche sur le développement régional, 2001, 32.

8 « Nouveau-Brunswick », *L'Encyclopédie canadienne Historica*, http://www.thecanadianencyclopedia.com/index.cfm?PgNm=TCE& Params=F1SEC903239 (consulté en mai 2008).

9 Cité dans : Stanley, *Louis Robichaud*, 146 (traduction libre).

10 *Ibid.*, 151 (traduction libre).

11 *Ibid.*, 209.

12 Les porteurs honoraires étaient : Yvon Fontaine, Wallace McCain, Viola Léger, Antonia Barry, l'hon. Norbert Thériault, l'hon. Bernard Jean, l'hon. W.W. Meldrum, l'hon. Ernest Richard, Jim Irving, l'hon. Henry Irwin, l'hon. Bobby Higgins, l'hon. Frank McKenna et Donald J. Savoie.

13 « Special Farewell for Louis », *Daily Gleaner*, 11 janvier 2005.

14 Stockwell Day, « Towards a Modern Confederation: Canada's Renaissance Must Include Quebec ». Notes d'une allocution prononcée par Stockwell Day, chef du parti de l'Alliance canadienne, à Québec le 18 mai 2000, 5 (traduction libre).

CHAPITRE 5

1 Hugh Thorburn, *Politics in New Brunswick*, Toronto, University of Toronto Press, 1961, 68 (traduction libre).

2 « Procès-verbal de la réunion du conseil d'administration de l'Université de Moncton », tenue à Moncton, Nouveau-Brunswick, le 24 juin 1963 (non paginé).

3 Voir, par exemple, Margaret Daly, *The Revolution Game: The Short, Unhappy Life of the Company of Young Canadians*, New York, New Press, 1970 (traduction libre).

CHAPITRE 6

1 Della M.M. Stanley, *Louis Robichaud: A Decade of Power*, Halifax, Nimbus Publishing, 1984, 210.

2 Louis J. Robichaud, cité dans : *ibid.*, 212 (traduction libre).

CHAPITRE 7

1 « Geoffrey Marshall, constitutional theorist, he bridged the gap between law and politics », sur Internet : http://www.guardian.co.uk/ news/2003/jun/30/guardianobituaries.obituaries, le 30 juin 2003 (consulté en mai 2008) (traduction libre).

CHAPITRE 8

1 Ministère des Finances, *Les relations fiscales fédérales-provinciales dans les années 80*, mémoire soumis au groupe de travail parlementaire sur les accords fiscaux entre le gouvernement fédéral et les provinces, ministère des Finances, 23 avril 1981, 12.
2 Ministère des Finances, *Le développement économique du Canada dans les années 80*, Ottawa, novembre 1981, 11.
3 Voir Statistique Canada, « Emploi, salaires et traitements dans l'administration publique fédérale, pour les régions métropolitaines pour le mois de septembre », CANSIM II, tableau 183-0003; compilation de l'auteur.
4 Consultation avec B. Guy Peters, de la University of Pittsburgh, octobre 2003.
5 *Australian Public Service Statistical Bulletin*, Canberra, Public Service and Merit Protection Commission, 2002–2003, 7.
6 « La venue de 2 usines à Bouctouche créera 1,000 emplois dans Kent », *L'Évangéline* (Moncton), 17 juillet 1981, 3.

CHAPITRE 9

1 « PM Launches New Agency for Atlantic Canada », *Sunday Herald*, 7 juin 1987, 1.

CHAPITRE 10

1 Canada, École de la fonction publique du Canada, Ottawa, Conseil du Trésor du Canada, 2006–2007, www.tbs-sct.gc.ca.

2 « All hail the supreme ... prime minister? », *Globe and Mail*, 8 mai 1999, D10 (traduction libre).

3 « Would that be a Table for Two? The Spedi Giovanni Comino Story », *Capital Style* (Ottawa), sans date, 63–66.

4 Jean Chrétien, *Passion politique / Jean Chrétien*, Saint-Laurent (Qc) et Montréal, Dimédia et Boréal, 2007, 114-16 (traduction de *My Years as Prime Minister*).

5 Frank McKenna et Donald J. Savoie, « The Real Choice Facing Canada », *Reader's Digest*, septembre 1996, 37–42.

6 « Donald Savoie has gained the attention of the Canadian press. His fear? Focussing criticism on centralized government », *Telegraph Journal*, 1er mai 1999, E1-E7 (traduction libre).

7 « Modern PMs growing even more powerful, Liberal insider holds », *Globe and Mail*, 19 avril 1999, A1-A2.

8 Donald J. Savoie, « The King of Commons », *Time*, 3 mai 1999, 64.

9 « Jean Chrétien un peu comme un monarque au temps de Louis XIV », *La Presse*, Montréal, 8 juin 1999, A16.

CHAPITRE 11

1 « Antonine Maillet », *The Gazette* (Montréal), 19 novembre 1995, C1-C2 (traduction libre).

2 Léo Charbonneau, « Our Man in Ottawa », *University Affairs* (Ottawa), mai 2004, 16–19 (traduction libre).

3 « La Cour fédérale déboute en bonne partie Chrétien, Gagliano et Pelletier », Presse canadienne, 16 juin 2006. Sur Internet : http://qc.news.yahoo.com/s/16062006/1/nationales-la-cour-federale-de-boute-en-bonne-partie-chretien-gagliano.html (consulté en juillet 2008).

4 « La ministre Copps annonce la journée de commémoration du Grand Dérangement », communiqué, Ottawa, Patrimoine canadien, 10 décembre 2003. Sur Internet : http://www.pch.gc.ca/newsroom/index_f.cfm?fuseaction= displayDocument&DocIDCd=3N0412 (consulté en juillet 2008).

CHAPITRE 12

1 Griffin Smith Jr., « Loving Life », *National Geographic* (octobre 1990), 47 et 53 (traduction libre).
2 Voir John Mack Faragher, *A Great and Noble Scheme: The Tragic Story of the Expulsion of the French Acadians from their American Homeland*, New York, W.W. Norton and Company, 2005, ch. 16; et James Laxer, *The Acadians: In Search of a Homeland*, Toronto, Doubleday, 2006, 3ᵉ partie.
3 Voir, entre autres auteurs, James Hannay, *The History of Acadia: From its First Discovery to its Surrender to England by the Treaty of Paris*, Saint John (N.-B.), J. & A. MacMillan, 1879.
4 Robert Putnam, *Bowling Alone: The Collapse and Revival of American Community*, New York, Simon and Schuster, 2000.

Index

Aberdeen, école, 69
aboiteaux, 24, 34–5
Acadie: après 1970, 118–21; après le Grand Dérangement, 35–8; avant le Grand Dérangement, 20–30; Canada et l', 5, 226–7; Congrès mondial acadien, 280; des années 1950, 3–4; et l'Église catholique, 3–4, 27, 33, 36, 57–8, 68, 129, 285; fête nationale de l', 37; géographie de l', 35–6, 280; et le Grand Dérangement, 30–5; Johnson et, 169–70; l'âge d'or de l', 24; les Mi'kmaq et, 21, 22, 226; la mondialisation et, 286–9; peuple sans territoire, 37, 280; la Proclamation royale et, 268–70; renaissance de l', 5, 13, 16, 226–7, 231–2, 287; survie de l', 286–9
L'Acadie, l'Acadie, 114
L'Acadie Nouvelle, 187
Acadiens/Acadiennes: assimilation, luttre contre, 283, 284; associa-
tions et groupes de pression, 127–9, 280–2, 286; *boat people,* 278; *Charte des droits et libertés,* 228; la Confédération et les, 36–7, 117, 169; la Constitution canadienne et les, 283; de Moncton, 64–5, 120–1; "d'État," 282; les droits linguistiques et, 104–5, 116–8, 287; en Chine, 257–8; esprit communautaire des, 11–2, 279, 286; étude de productivité MIT, 196; fierté des, 277, 280; et la fonction publique, 137–9; histoire orale des, 8–9, 11–2, 36; identité des, 8–9, 23, 31, 37, 38–9, 115, 118, 280; langue française et, 67, 152, 156; promotion des, 146; Robichaud et, 277, 278–9; sécularisation des, 129, 285; et le serment d'allégeance, 23, 24–5, 27, 29, 39; sujet d'étude, 277–8, 287; Thorburn et les, 129, 280; Trudeau et les, 127–30, 279–80, 281, 282;

Federal Government (Wheare),
168
fédéralisme: document DJS et
McKenna, 239; Johnson et le,
155; rôle du gouvernement fédéral, 188–9; thèse doctorale de
DJS, 160–1; Wheare et le, 168,
169; *Voir aussi* relations fédérales-provinciales
Federal-Provincial Collaboration
(Savoie), 188–9
Fergusson, Rodrigue, 111
Fête nationale de l'Acadie, 37, 96
financier, secteur, 176
Finn, Gilbert, 109, 187–8, 190–1,
247
Fisher, Douglas, 222
Fitzpatrick, Patrick, 132
Flemming, Hugh John, 72–4
flétan noir, crise du, 234
fonction publique: acadiens à la,
131, 136, 137–9; distribution
des bureaux de la, 177–9; DJS
à Fredericton, 137–41; DJS stagiaire en gestion à Ottawa, 134,
137; le droit à l'information et,
266; en Bosnie-Herzégovine,
255–6; *Governing from the
Centre* et, 240–1; morale de la,
216–8; qualité de rédaction de
la, 167–8; qualité non partisane
de la, 254–5; *Voir aussi* Centre
canadien de gestion (CCG)
Fondation Donner, 135
Fondation Fulbright, 270–1
Fonds monétaire international,
222
Fontaine, Yvon, 15, 88, 91
France: en Acadie, 20–3, 26; les
déportés et la, 32; l'Université de
Moncton et, 108–9, 115, 190
La Francophonie, 249

Franks, Ned, 264
Fraser, Sheila, 259
Fredericton,: DJS au Conseil du
Trésor, 137, 139–41; DJS au
ministère de la Santé, 137, 141;
DJS à UNB, 131–3; fonction
publique de, 131, 136, 137
French, Richard, 222
Friedmann, John, 198
Front de la libération du Québec
(FLQ), 128
Fulton, Wendell, 17

Galbraith, A. L., 113
Galbraith, John K., 196–7
Gaudet, Georgio, 238
Gaulle, Charles de, 108–9
Gautreau, Denis, 120
Gendarmerie royale du Canada
(GRC), 51, 80, 111, 113, 241
George II, roi, 34
Gérard à Johnny, 124–5
Getting it Right (McGee), 170–1
Gladstone Chair of Government,
155, 168
Globe and Mail, 217, 222, 225,
241, 259, 269
Godin, Alcide, 17
golf, 55
Gomery, John, 261–5
Goncourt, prix, 250
Goodale, Ralph, 179
Gotlieb, Alan, 134–5, 137, 139,
145
Governing from the Centre (Sa-
voie), 9, 97, 225, 240–3, 246,
249, 259, 271, 272
Graham, Shawn, 95, 97–9, 102,
265–6
Grand Dérangement: bicentenaire
à Saint-Maurice, 39; Bosnie-
Herzégovine et le, 255; 1968 et,

politiques qui favorise l', 176–7, 179, 180–2, 208–9

Ordre de Jacques-Cartier (La Patente), 109

Ordre du Canada: Claude Savoie et l', 248–9; Conseil consultatif de l', 229–30; DJS et l', 201, 229

Osbaldeston, Gordon, 179

Ottawa: culture politique d', 176; DJS au BCP, 189–90; DJS au Conseil du Trésor, 134–5, 216, 218; DJS et la bourse Simon Reisman, 259, 260–1; DJS et la commission Gomery, 262–5; DJS et l'association étudiante du Parti progressiste-conservateur, 125–6; DJS et le CCG, 218–21, 223–4; DJS et le MEER, 173, 174–5, 179–80, 182–6; DJS stagiaire en gestion, 134–5, 137; fonction publique à, 177–8

Ottawa Citizen, 241

Ottawa-Gatineau, 177

Ouellette, Roger, 17

Ouest canadien: développement régional et l', 174, 176, 178, 179; Parti réformiste de l', 223, 236

Oxford: arrivée et installation, 150–3; études doctorales, 148–9, 155, 157, 159, 160–1, 167–71; la famille Savoie à, 159–60; la grammaire anglaise à, 156, 157–8; Johnson et, 155–6, 157–8, 161, 164, 167, 168–70, 171; Linda à, 158–9; Marshall et, 154–5, 161, 171; méditation transcendantale (MT), 157; naissance de Julien à, 164–5; *New Course in Practical English*, 157–8; retour à, 271–6; sentiments de DJS envers, 166–7; vie

à, 19, 153, 162–3; *Voir aussi* collèges individuels

Pacte de l'automobile, 177

paiements de transfert, 181–2

Parizeau, Jacques, 238

Partenariat technologique Canada (PTC), 208–9

Parti acadien, 117

Parti conservateur: DJS et, 95, 96–7, 99–100; du Nouveau-Brunswick, 73, 82, 141; voyage des étudiants à Ottawa, 125–6; *Voir aussi* Hatfield, Richard; Mulroney, Brian

Parti libéral: DJS et, 94–5, 96–7, 98–101; livre rouge du, 233; Robichaud et, 72, 73, 84, 102; *Voir aussi* Chrétien, Jean; Martin, Paul; Robichaud, Louis J.; Trudeau, Pierre E.

Parti québecois, 238

Parti réformiste, 223, 236

partis politiques au Canada, DJS et, 98–9, 101–2

Patente, la, 109

Patrimoine canadien, 251, 281

Pays de la Sagouine, 12, 18, 96, 250–4

Pearson, Lester, 108–9

Pélagie-la-Charrette (Maillet), 11, 250

Pelletier, Gérard, 139

Pères de Sainte-Croix, 105, 106, 108

Perroux, François, 198–9

Peters, B. Guy, 224

Phillips, Richard, 27, 29, 292n20

Pichette, Robert, 17, 91

Pitfield, Michael, 219, 220

Planters, 35